FAZENDO O QUE IMPORTA

James M. Kilts
Ex-chairman e CEO da Gillette Company

com a colaboração de John F. Manfredi e Robert L. Lorber

FAZENDO O QUE IMPORTA

*Como alcançar resultados que façam a diferença —
uma abordagem revolucionária dos métodos
tradicionais de administração*

Tradução
MARIA DA GRAÇA BUENO

Editora
Cultrix
SÃO PAULO

Título original: *Doing What Matters*.

Copyright © 2007 James M. Kilts.

Todos os direitos reservados. Nenhuma parte deste livro pode ser reproduzida ou usada de qualquer forma ou por qualquer meio, eletrônico ou mecânico, inclusive fotocópias, gravações ou sistema de armazenamento em banco de dados, sem permissão por escrito, exceto nos casos de trechos curtos citados em resenhas críticas ou artigos de revistas.

A Editora Pensamento-Cultrix Ltda. não se responsabiliza por eventuais mudanças ocorridas nos endereços convencionais ou eletrônicos citados neste livro.

Dados Internacionais de Catalogação na Publicação (CIP)
(Câmara Brasileira do Livro, SP, Brasil)

Kilts, James M.
  Fazendo o que importa : como alcançar resultados que façam a diferença : uma abordagem revolucionária dos métodos tradicionais de administração / James M. Kilts ; com a colaboração de John F. Manfredi e Robert L. Lorber ; tradução Maria da Graça Bueno. — São Paulo : Cultrix, 2009.

  Título original: Doing what matters
  ISBN 978-85-316-1037-0

  1. Administração 2. Eficiência organizacional 3. Executivos — Biografia 4. Gerência 5. Sucesso em negócios I. Manfredi, John F. II. Lorber, Robert L. III. Título.

08-12368   CDD-658.409

Índices para catálogo sistemático:
1. Sucesso profissional : Executivos : Administração de empresas 658.409

O primeiro número à esquerda indica a edição, ou reedição, desta obra. A primeira dezena à direita indica o ano em que esta edição, ou reedição, foi publicada.

Edição	Ano
1-2-3-4-5-6-7-8-9-10-11	09-10-11-12-13-14-15

Direitos de tradução para o Brasil
adquiridos com exclusividade pela
EDITORA PENSAMENTO-CULTRIX LTDA.
Rua Dr. Mário Vicente, 368 — 04270-000 — São Paulo, SP
Fone: 2066-9000 — Fax: 2066-9008
E-mail: pensamento@cultrix.com.br
http://www.pensamento-cultrix.com.br
que se reserva a propriedade literária desta tradução.

Para minha mãe e meu pai que me ensinaram tudo o que importa
— James M. Kilts

Para os membros da minha família que, no final das contas, são as pessoas que realmente importam
— John F. Manfredi

Para meu ex-sócio e amigo, H. Kef Kamai, meu parceiro e de Jim durante os anos trabalhados na Kraft, que sempre soube Fazer o Que Importa, tanto no trabalho como na vida
— Robert L. Lorber

SUMÁRIO

INTRODUÇÃO "Acho que você será despedido" 9

SEÇÃO I. FUNDAMENTOS, ATITUDES E PESSOAS IMPORTAM

1. Como saber o que realmente importa? 21
2. Focar nos fundamentos importa 35
3. Integridade intelectual importa... 52
4. Entusiasmo importa 71
5. Ação importa 90
6. Entender as coisas certas importa 108

SEÇÃO II. LIDERANÇA IMPORTA

7. A equipe certa importa 131
8. Processo de liderança importa 158
9. O primeiro dia importa 185
10. Ignorar o que importa — Entrada no círculo do fracasso 203

SEÇÃO III. O FUTURO IMPORTA

11. O plano de rota (*road map*) certo importa 223
12. Pensar a longo prazo importa 241

SEÇÃO IV. FAZER AS COISAS CERTAS IMPORTA

13. Políticos e mídia importam 271
14. Aprendizado importa — Reflexões sobre estar constantemente insatisfeito com sua carreira 291

APÊNDICE: Indicadores financeiros da Gillette, 2001-2005 309

AGRADECIMENTOS 315

SOBRE OS AUTORES 317

INTRODUÇÃO

"ACHO QUE VOCÊ SERÁ DESPEDIDO"

Anos atrás comecei a aprender o significado de "fazer o que importa" quando, em certa ocasião, minha mãe me chamou ao telefone, dizendo: "É o supervisor da fábrica. Acabaram as embalagens de papelão. Vão interromper a linha de montagem. Acho que você será despedido."

Naquela época, meu primeiro emprego foi numa fábrica da General Foods Kool-Aid em Chicago enquanto cursava a faculdade de administração de empresas na University of Chicago. Eu era responsável pelos pedidos de compra de materiais e simplesmente esqueci de fazer o pedido de embalagens de papelão para uma das linhas de montagem de bebidas. Liguei de casa, à noite, para o vendedor da empresa fornecedora das caixas e pedi-lhe que enviasse as embalagens. Naquela mesma noite, ajudei a descarregar o caminhão, carreguei as caixas para dentro da fábrica e, felizmente, consegui manter o meu emprego.

Aquela simples lição sobre como fazer o que importa — *o que você deve fazer para ser bem-sucedido nos negócios e, não menos importante, as coisas que você deve ignorar* — tem sido o foco principal da minha ascensão profissional, de assistente de fábrica até chegar a CEO.

O QUE ACONTECE NO MUNDO REAL?

Seja fazendo pedidos de caixas de papelão para a linha de produção ou administrando grandes empresas, como foi o meu caso nos últimos vinte anos, a simplicidade da abordagem de *Fazendo o Que Importa* funciona em ambos os casos. Certamente foi esse o meu caso, na posição de CEO da Kraft Foods, quando era responsável por uma empresa de mais de US$ 25 bilhões que atuava no mundo todo. O mesmo se aplicava à Nabisco, cujas marcas eram verdadeiros ícones globais: Oreo, Ritz, Chips Ahoy!, nozes Planters, confeitos Life Savers e várias outras marcas. E, mais recentemente (de 2001 a 2005), a abordagem de *Fazendo o Que Importa* foi testada quando liderei uma das mais conhecidas e lucrativas empresas de consumo do mundo — a Gillette.

Apesar da minha vasta experiência empresarial, a ideia de *Fazendo o Que Importa* só começou a se cristalizar no período compreendido entre minha saída da Kraft e entrada na Nabisco como palestrante convidado e executivo residente na escola de administração na qual me formei — a Graduate School of Business da University of Chicago. Trabalhar com os estudantes foi emocionante, tanto dentro da sala de aula como nas reuniões informais fora dela. Além de serem os melhores e mais brilhantes alunos, eles absorviam uma enorme quantidade de princípios, aplicações e conceitos das teorias da administração. Entretanto, a questão recorrente durante todo o ano letivo era a seguinte: "O que acontece quando termina a faculdade e entro no mundo real dos negócios? Com tantas opções e tanta informação à disposição, como faço — como administrador — para decidir e fazer o que realmente importa?"

Foi aí então que comecei a refletir que saber muito é ótimo, mas saber *como* usar esse conhecimento é o que realmente importa no mundo dos negócios. Talvez eu pudesse ajudar a traduzir esse conhecimento em um recurso útil para a ação prática. Talvez minha experiência profissional pudesse servir de elo de ligação entre a instrução formal — princípios e teorias relacionados aos negócios — e a tradicional e antiga aplicação prática — por meio de tentativas, erros e acertos — do que realmente importa em termos de negócios.

Ao longo dos oito anos seguintes, minha mente e energia se desviaram das salas da universidade para mergulhar de corpo e alma na tarefa de conduzir os negócios da Nabisco e da Gillette e resolver os sérios problemas que ameaçavam sua existência. Contudo, durante todos esses anos, a questão sobre decidir — para em seguida fazer — o que importa continuava sendo para mim um projeto de reflexão em andamento.

CONCILIAR "REVOLUCIONÁRIO" COM "ESCOLA TRADICIONAL"

Por exemplo, o subtítulo aparentemente contraditório deste livro, *Como alcançar resultados que façam a diferença — uma abordagem revolucionária dos métodos tradicionais de administração*, é resultante dessas experiências. Escola tradicional significa os fundamentos e a importância de sempre mantê-los à frente e no centro das questões. O pedido das embalagens de papelão foi feito? Do contrário, a linha de montagem teria sido interrompida.

Mas os fundamentos por si sós não são suficientes, a menos que sejam aplicados ao ambiente de alta velocidade em operação nos dias de hoje. Digamos que você tenha herdado uma força de vendas que tenha sofrido uma reorganização da ordem de US$ 50 milhões, mas que continue em franca trajetória de colisão e explosão, como foi o caso da Nabisco. Você deve agir de modo radical pouco antes do impacto.

Não apenas você tem que decidir sobre os elementos nos quais deve concentrar sua atenção mas também aqueles que deve ignorar e fazê-lo numa velocidade e com uma determinação *revolucionária*. Ainda assim, mesmo com um desastre iminente à frente, as pessoas, dos níveis hierárquicos mais baixos aos mais altos, de várias empresas na maioria das vezes preferem "reorganizar os móveis do escritório". Fazem falsas promessas para incrementar o desempenho mas, na prática, dão continuidade às atividades, trabalhando da mesma maneira de sempre.

Com certeza, esse era o caso da Gillette. Sua posição de número um entre os fabricantes de lâminas e giletes não enfrentava concorrência nem desafios em nenhuma região do mundo. Sua capacidade produtiva era incomparável, e suas áreas de engenharia, pesquisa e desenvolvimento de novos produtos não encontravam concorrentes dentro do segmento de produtos para o consumo.

Além de ter inventado o aparelho de barba seguro e a dupla lâmina de barbear, a Gillette comercializava há mais de cem anos o ultra-avançado sistema de barbear úmido. Aparentemente, nos últimos anos, a máquina de desenvolver produtos da Gillette parecia estar operando melhor do que nunca. O sistema de barbear Mach3 foi lançado no mercado em 1998 com grande sucesso e gerou mais de US$ 2,5 bilhões em vendas durante os primeiros três anos — um produto com preço especial, rentabilidade excepcional e adorado pelos homens do mundo todo.

ONDE ESTÁ O CRESCIMENTO?

Mas, então, qual era o problema?

Começando com *vendas líquidas, lucros líquidos* e *operacional* confinados numa situação de *crescimento zero*, com Wall Street e o conselho de administração da Gillette convencidos de que o pior estava por vir. Ainda em 2001, como novo CEO da Gillette, o primeiro estrangeiro a dirigir a empresa em mais de setenta anos, fui informado pelo vice-presidente de recursos humanos de que 65% dos gerentes tinham recebido avaliações de desempenho "*acima das expectativas*" ou "*desempenho excepcional*". A Gillette não estava apenas numa crescente espiral de queda de desempenho. Ela havia mergulhado profundamente num círculo de fracasso.

Meu trabalho era virar o jogo e fazê-lo sem perda de tempo. Sim, tínhamos de preservar o que era importante: marcas mundiais de alta qualidade, vasta e incomparável tradição em tecnologia e inovação, integridade e respeito pelas pessoas. Entretanto, eu estava lá também para liderar uma revolução usando o passado como ponto de partida. A abordagem da escola tradicional seria construída sobre essa base, adaptada e, em muitas ocasiões, totalmente transformada e destruída de modo a recuperar os dias de glória da Gillette e colocar seus gerentes entre os mais premiados do segmento.

Vamos pegar o sistema de avaliação do desempenho como exemplo do que devia ser feito. Assim como muitas empresas, a Gillette utilizava o sistema composto por cinco notas de avaliação: *Não Atingiu as Expectativas, Precisa Melhorar, Atingiu as Expectativas, Acima das Expectativas e Desempenho Excepcional*. Infelizmente, quanto pior for o desempenho da empresa, maior a probabilidade de mais pessoas serem avaliadas com uma nota maior.

Os diretores não querem desmotivar seus funcionários em tempos de crise, portanto eles os elevam na escala de notas. Essa era a razão pela qual dois terços dos gerentes da Gillette estavam no topo da escala de desempenho apesar da queda de resultados enfrentada pela empresa.

Ao longo do tempo, o sistema perde seu significado e começa a prejudicar o desempenho de fato. *Fazendo o Que Importa* utiliza um sistema numérico com escala de 1 a 100%. É isso mesmo, estamos de volta nos tempos de escola. Você pode conseguir uma nota de 53% ou 99%... ou qualquer nota compreendida nesse intervalo. Cada simples ponto percentual é significativo, não apenas por orgulho pessoal, mas também porque as notas são compartilhadas e conhecidas por todos os colegas! O sistema de *Fazendo o Que Importa* pega as pessoas pelo lado emocional, faz com que saibam exatamente qual é sua posição, impregnando o desejo de atingirem a excelência e de mudança já!

A abordagem revolucionária da escola tradicional nunca foi tão necessária na inovação e no desenvolvimento de produtos, mesmo tendo a Gillette a tradição em excelência na inovação de produtos de sucesso. Os sucessos de vendas incluíam o sistema de lâminas duplas Atra, que foi substituído em 1989 pelo primeiro aparelho Sensor para homens com lâminas duplas e de montagem rápida e independente; seguido pelo aparelho Sensor para mulheres, lançado no ano seguinte. Menos de uma década depois, veio o Mach3 com cabeça de três lâminas, que conquistou a preferência de dois homens para um em termos de desempenho em relação ao Sensor.

DECIFRAR O NOVO CÓDIGO DE DESENVOLVIMENTO DE PRODUTOS

Esse tipo de jogo referente ao desenvolvimento de produtos por substituição — inovações de sucesso — representa o Santo Graal para todas as empresas de consumo. Ele fornece uma vantagem competitiva que quase sempre leva ao crescimento acelerado e aos lucros. Parece que a Gillette conseguiu decifrar o código.

À primeira vista, a bem-definida abordagem da Gillette de fabricar produtos de alto desempenho, e oferecê-los pelo mundo todo a um bom preço para usuários cuja lealdade à marca era imutável, parecia estar funcionando de modo infalível. Infelizmente, o contrário era verdade.

A área de desenvolvimento de produtos de sucesso na Gillette era a província de uma pequena irmandade de grandes gênios. Produtos substitutos revolucionários requerem a concentração e o envolvimento de todos com a inovação. Mas como é possível criar um produto revolucionário e ao mesmo tempo evitar o erro de jogar fora o bebê junto com a água da banheira? Parte dessa resposta é encontrada no processo de três pontas chamado de Inovação Total (IT).

Não eliminar a inovação de produtos de sucesso é essencial. Acrescentar mais duas camadas: *desenvolvimento continuado* e *inovação incremental* — e fazer uma pirâmide. Finalmente, expandir a base de inovação a partir de um pequeno grupo de pesquisadores, criadores e engenheiros até atingir todas as pessoas da empresa, do topo à base, independentemente do cargo, função ou experiência — ou falta dela. Na Inovação Total, todos participam.

A redução dos custos é outro exemplo de como *Fazendo o Que Importa* conjuga fundamentos de ambas as escolas revolucionária e tradicional. A estratégia de redução dos custos é bastante comum, mas é geralmente empregada durante tempos de crise como último recurso. Porém, a globalização dos negócios significa que você está competindo com fornecedores de baixo custo de todos os cantos da Terra. A abordagem de *Fazendo o Que Importa* pressupõe um Crescimento Zero de Custos Operacionais (Zero Overhead Growth — ZOG). Isso significa a eliminação de custos desnecessários como um meio de vida — um princípio estratégico — e não apenas um instrumento a ser usado no curto prazo como primeiros socorros.

NOVAS ATITUDES E DISPOSIÇÕES MENTAIS SIMPLIFICAM OS PROBLEMAS

Vejamos algumas outras transformações sofridas pela abordagem da escola tradicional.

- Quebrar barreiras e promover a comunicação entre pessoas de diferentes unidades e departamentos geralmente é um expediente ilusório. A abordagem diferenciada de *Fazendo o Que Importa* reúne as pessoas com o propósito de compartilhar planos e trocar informações.

- Vários gerentes bem-intencionados e que trabalham arduamente acabam caindo em ciclos sombrios de baixo desempenho. A abordagem de *Fazendo o Que Importa* pode auxiliar pessoas e empresas a evitar sua entrada no *Círculo do Fracasso* — ou facilitar uma fuga rápida dele.
- Abundantes fórmulas para a escolha de bons profissionais. As práticas de *Fazendo o Que Importa* fornece às empresas uma grande equipe de profissionais bem como prepara CEOs e executivos para várias outras empresas constantes do ranking da revista *Fortune*.
- Vários especialistas concentram-se na importância de seus primeiros cem dias num novo cargo. Em *Fazendo o Que Importa*, mostramos a você como usar o primeiro dia — em seu novo emprego — para preparar o palco para seu futuro sucesso.
- Planos estratégicos requerem enormes esforços e recursos em sua preparação, mas geralmente acabam juntando poeira. A versão duplo-A de *Fazendo o Que Importa* garante ação e prestação de contas e transforma seu plano estratégico num guia essencial e diário para os negócios.

Fazendo o Que Importa não trata apenas de técnicas, mas de um conjunto completo de ideias e atitudes para transformar problemas complicados em simples. Por meio de ilustrações e anedotas sobre minhas experiências na Gillette, Nabisco e Kraft, *Fazendo o Que Importa* prepara a base para seguir adiante num mundo incerto, no qual a manutenção do *status quo* é a receita para o fracasso.

O livro reacende o interesse e o entusiasmo pelos fundamentos de modo que você possa enfrentar a concorrência e gerar valor para os acionistas fazendo com que as pessoas mudem e avancem juntas.

A EQUIPE CERTA PARA A TAREFA

Agora falarei um pouco sobre meus co-autores — John Manfredi e Bob Lorber. Eles não são coautores típicos. Em outras palavras, eles não são pessoas às quais me juntei para escrever este livro. Eles fizeram parte do processo que conduziu à reflexão constante neste livro — John foi membro da minha equipe de executivos por mais de oito anos e Bob, consultor externo e conselheiro.

Na verdade, meu relacionamento com John data de mais de trinta anos, quando eu trabalhava na gerência de produtos e ele com marketing de produtos na empresa General Foods. Nos últimos anos, ele trabalhou comigo diariamente, enquanto desenvolvíamos e implementávamos os planos para virar o jogo na Nabisco e depois na Gillette. Bob Lorber trabalha comigo e com os membros de minhas equipes de executivos desde meus tempos de Kraft e novamente na Gillette. Além de ser um grande professor e tutor, Bob escreveu em coautoria com Ken Blanchard o *best-seller Putting the One Minute Manager to Work*. Desse modo, somos os autores.

COMO JUNTAR TODOS ESSES ELEMENTOS

Antes de começarmos, vou falar sobre como este livro foi organizado. Ele tem quatro seções.

O que importa para os líderes. A primeira seção trata da análise fundamentalista, que é a base para administrar um negócio, e dos atributos pessoais, que são cruciais para dirigir um negócio.

A análise fundamentalista o ajuda a descobrir seu caminho usando uma série de mitos e conceitos errados sobre a administração. Fornece uma base sólida sobre a qual você pode definir seus alvos e estabelecer seus objetivos. Em resumo, essa análise o coloca no caminho certo para fazer o que importa.

Os atributos pessoais o conduzem diretamente para aquilo que importa para os líderes. Baseado no conhecimento adquirido durante anos na contratação, treinamento, desenvolvimento, promoção e, é claro, algumas vezes demitindo pessoas, pude identificar quatro atributos premonitórios de líderes bem-sucedidos: integridade intelectual; comprometimento emocional/entusiasmo; orientação pela ação; e uma forte compreensão dos negócios e das pessoas. Dedicamos um capítulo a cada um desses atributos, explicando como eles influenciam o desempenho, a cultura e, em última análise, o sucesso das atividades empresariais.

Evitar o mergulho na espiral da morte. A segunda seção trata do processo e dos procedimentos que fazem toda a diferença na condução e na administração de uma empresa. Escolher a equipe certa e fazer com que seus membros compreendam o processo de liderança que guia a empresa é um ponto crítico. Nem todas as pessoas no mundo dos negócios têm que ser estudantes de administração de empresas. Mas pelo menos devem ter um bom entendimento de como tocar uma empresa, ou será impossível dirigir uma. Para enfatizar a importância desse tópico, vamos ver como o que chamamos de "entrar no Círculo do Fracasso" pode levar uma empresa a mergulhar em uma espiral mortal.

Argumentar/Contra-argumentar — Necessidades imediatas *versus* necessidades de longo prazo. A terceira seção volta-se para uma das mais difíceis áreas dos negócios, particularmente no ambiente corporativo atual. Trata da visão e do planejamento de longo prazo, essenciais a todas as empresas. Como equilibrar a necessidade de desempenho a curto prazo e, ao mesmo tempo, definir uma visão e estratégia de longo prazo que transmita a todos aonde você quer chegar? Trata-se de uma questão que frequentemente gera um ambiente de muita incerteza e tensão dentro das empresas. Mas, sem dúvida alguma, é imprescindível que seja executado corretamente.

Encarar a mídia e os políticos. A quarta e última seção cobre duas áreas: uma delas tende a ser a menos familiar de todas e, em vários aspectos, a mais assustadora para as pessoas no mundo dos negócios: políticos e a mídia; e a outra observa determinadas lições que aprendi ao longo de minha carreira. Embora distintas, essas duas áreas estão ligadas por um tema central comum que é a importância de se fazer as coisas certas.

Começamos agora *Fazendo o Que Importa*.

Jim Kilts

SEÇÃO I

FUNDAMENTOS, ATITUDES E PESSOAS IMPORTAM

CAPÍTULO 1

COMO SABER O QUE REALMENTE IMPORTA?

Quando as notícias de minha chegada como novo CEO da Gillette se espalharam, uma das primeiras ligações que recebi foi de um colega de profissão que trabalhava em Boston. "Jim, conheço muitos executivos da Gillette. Meu conselho: *vá devagar*." Disse ele: "O pessoal da Gillette não gosta de estrangeiros, essa é a razão pela qual o último CEO de fora da empresa a assumir o cargo foi há setenta anos, e ele fracassou vergonhosamente." Meu amigo continuou dizendo: "Dê um tempo para as pessoas o conhecerem melhor antes de você começar a mudar as coisas. É a mais correta atitude que você pode tomar."

Esse telefonema foi seguido por vários outros, juntamente com dezenas de propostas de profissionais, incluindo consultores, banqueiros, especialistas em remuneração e entendidos em motivação de vendas. Cada uma dessas pessoas tinha um plano ou recomendação que eu deveria assumir como prioridade máxima se quisesse ser bem-sucedido na Gillette.

No meio de tantos conselhos, como decidir o que realmente importa? Um dos maiores impedimentos para obter sucesso nos negócios — tanto para os indivíduos como para as empresas — é falhar nesse processo de entendimento.

> **Você sempre se confrontará com um volume incalculável de informações e de opções possíveis.**

Seja você o CEO de uma empresa multibilionária, gerente de marcas de um produto que passa por dificuldades, diretor de recursos humanos ou um empresário que decide abrir seu próprio negócio, sempre se confrontará com um volume incalculável de informações e uma quantidade de opções, opiniões conflitantes e teorias de administração tão confusas quanto infindáveis.

Tomar esse tipo de decisão não é tarefa para pessoas tímidas ou de coração mole. É preciso muita coragem para dizer: "Essas são as coisas que realmente importam. Não vou dar a menor atenção ao resto." Esse é o desafio que todos enfrentam. Este livro o ajudará a superar esse desafio.

PERDA DE VALOR EM US$ 40 BILHÕES, SEM LUZ NO FIM DO TÚNEL

Por exemplo, nunca enfrentei desafios maiores do que as decisões que tive de tomar durante meus primeiros meses na Gillette. Até o início de 2001, a empresa não havia conseguido atingir o desempenho operacional estimado por quinze trimestres consecutivos. Vendas e resultado operacional permaneceram inalterados nos últimos quatro anos. Sua participação no mercado vinha caindo drasticamente. Gastos com propaganda, a tábua de salvação dos produtos voltados para o consumo, haviam sido cortados ano após ano. Custos operacionais eram altos e crescentes. E a concorrência se acirrava cada vez mais.

O mercado financeiro de Wall Street já havia perdido a paciência com esse baixo desempenho crônico; consequentemente, o preço da ação da Gillette espelhava esse desapontamento. Do maior valor alcançado em março de 1999 de US$ 64,25, o preço da ação caíra para US$ 24,50 em 2001. Essa queda de 62% num período de dois anos correspondia a uma perda em seu valor de mercado de aproximadamente US$ 40 bilhões e não havia luz no fim do túnel.

Logo, era de se esperar que os analistas de mercado e investidores surgissem com várias ideias sobre o que deveria ser feito. O problema era que não havia duas sugestões iguais e muitas delas eram conflitantes. Cabia a mim decidir quais delas realmente importavam. Ou se seria melhor descartar todas as sugestões e desenhar um novo percurso.

PARA MÚLTIPLAS OPÇÕES NÃO HÁ RESPOSTAS SIMPLES

Não eram decisões simples. Estabeleciam a diferença entre a sobrevivência e prosperidade da Gillette, ou a continuidade do seu declínio agudo. Algumas das alternativas disponíveis naquele momento são apresentadas abaixo. Muitas delas resultariam na venda da empresa.

- **Vender a unidade de negócios da Duracell que estava com problemas.** Essa unidade de negócio valia US$ 2 bilhões, sendo que a Gillette havia gasto cerca de US$ 8 bilhões em sua compra apenas quatro anos antes. Sua *performance* pós-aquisição foi catastrófica. A Duracell deixou de ser uma das marcas de melhor desempenho financeiro no setor de produtos de consumo e virou uma nulidade, um caso perdido. Sua participação no mercado despencou quase 15% — de 46% para 40% no mercado de pilhas alcalinas dos Estados Unidos. E a pressão da concorrência estava crescendo. Portanto, em vista dessa situação, a venda do negócio Duracell e o corte de quaisquer gastos adicionais pareciam uma ideia muito boa.
- **Explorar o negócio Duracell**, mas reduzir drasticamente os preços. Em outras palavras, deveríamos reconhecer que a aquisição da Duracell por um preço tão elevado havia sido um grande erro. Admitir que pilhas enquadravam-se como *commodities* e não numa categoria de produtos com maior rentabilidade. E recuperar o investimento realizado, em vez de tentar restabelecer o negócio. Essa outra abordagem também parecia plausível, uma vez que lutar contra moinhos de vento nunca é uma boa alternativa.
- **Vender os negócios de barbeadores elétricos e de eletrodomésticos da Braun.** A Braun representava uma antiga aquisição da Gillette, que

datava de 1967. Infelizmente, a *performance* da Braun era mais desoladora e persistia por muito mais tempo do que a da Duracell. A última vez que a Braun registrou um balanço anual positivo havia sido há tanto tempo que nenhum dos membros da diretoria atual conseguia se lembrar de quando. Sem sombra de dúvida, o desempenho inconsistente e o investimento pesado e oneroso na Braun representam um enorme atraso nos negócios da Gillette.

- **Vender o negócio de Cuidados Pessoais** que incluía marcas como a Right Guard, Dry Idea e Soft & Dri de antitranspirantes e desodorantes, bem como a Gillette Foamy e os produtos para barbear da Gillette Series. Não apenas a participação no mercado desses produtos estava caindo, mas também seus lucros estavam se deteriorando, com margens operacionais muito inferiores às de seus concorrentes.
- **Dividir a empresa e vender todos os ativos, exceto o negócio de aparelhos e lâminas de barbear que era altamente rentável**; conduzir a Gillette como uma empresa pura em um único setor apenas. As vendas serão menores, porém as margens de lucro serão tão altas que o preço das ações deverá subir como um foguete.
- **Reconhecer que a Gillette é coisa do passado e inventar uma estratégia de crescimento nova e completa.** Entrar em novos setores de produtos considerados pelos analistas como "prósperos". Múltiplas aquisições vão redefinir a Gillette e acelerar o desempenho de suas ações no mercado.
- **Ou, reconhecer que a Gillette é coisa do passado e jogar a toalha.** Reunir os banqueiros e investidores para chegar à melhor saída possível para o "fim de jogo".

Havia uma extensa e conflitante gama de opções, e essas não eram todas elas. Havia dezenas de outras tratando de todos os assuntos, desde negócios e estratégias operacionais até onde deveria localizar-se o escritório central da Gillette (na ocasião, a matriz ficava no edifício alugado e caro da Prudential Tower, localizada na região de Back Bay em Boston). Eu poderia preencher os meus dias apenas organizando por categorias a pilha interminável de opiniões e sugestões que me foram oferecidas sobre como administrar a Gillette. No fim das contas, trabalhei junto com minha equipe para definir nossa própria estratégia para recuperar a Gillette e levá-la de volta ao primeiro lugar na arena de produtos de consumo.

DECIDIR O QUE REALMENTE IMPORTA

Mas como tomar essas decisões? Como saber o que realmente importa? Existe uma abordagem que funcione independentemente das circunstâncias? Algo que possa colocar você no rumo certo com mais frequência? Existe sim. É o que eu chamo de *processo de eliminação via exame rápido*. Em várias ocasiões durante minha carreira — especialmente quando trabalhava no meio do fogo cruzado de opiniões conflitantes — consegui encontrar a direção certa ao responder algumas poucas questões críticas que me permitiam eliminar a maioria das opiniões, quando não todas elas.

Voltemos às alternativas da Gillette para ver como funcionam.

Vender a Duracell. Com o objetivo de vender os ativos da Duracell, era preciso que alguém tivesse interesse em comprar a Duracell. Logo, a Duracell precisava ter valor para alguém mais além da Gillette. Mas, não havia ninguém interessado. O segmento de pilhas era tão irracional e competitivo que nenhuma empresa com capacidade financeira para adquirir a Duracell estava disposta a entrar nessa batalha. E mesmo se o fizesse, o índice preço/lucro (ou lucro por ação — LPA) — correspondente ao preço que os investidores pagariam por ação expressa como um múltiplo de seus lucros — era muito superior ao índice preço/lucro (P/L) de qualquer possível comprador. Portanto, o valor da Duracell era muito maior para a Gillette do que para qualquer outro investidor. Usando o processo de eliminação via exame rápido, consegui eliminar a opção de "vender a Duracell". Não havia necessidade de uma segunda avaliação.

> Um exame rápido me levava à resposta certa, sem precisar me debater em um pântano de detalhes.

Explorar a Duracell. Uma segunda opção era reduzir drasticamente os preços praticados pela Duracell, reconhecer que se tratava de um produto *commodity*, sem diferencial competitivo, e explorar o negócio recuperando o investimento feito nele. Nesse caso, apliquei minha experiência profissional ao processo de exame rápido. A pilha Duracell era mais ou menos *commodity* do que o produto da Kraft Singles — fatias de queijo que tinham, em média, preço 25% superior aos outros produtos de marca própria comercializados no mercado, na época em que eu dirigia os negócios da Kraft? (Literalmente, durante testes cegos de experimentação do produto, os consumidores conseguiram detectar apenas uma pequena diferença entre o produto da Kraft e os outros produtos de marcas próprias).

As diferenças entre as pilhas Duracell e as demais baterias de marcas próprias e de preços diferenciados eram percebidas pelos consumidores de maneira significativa de acordo com uma série de fatores, entre eles: confiabilidade e durabilidade. Além disso, a diferença do desempenho entre a pilha alcalina da Duracell e as pilhas de zinco para uso genérico era enorme. Então, por que abrir mão da Duracell, um produto de marca com ótimo valor patrimonial e histórico impecável de elevado crescimento e rentabilidade por vinte anos, só porque havia tropeçado em alguns obstáculos nos últimos três anos? Mais uma vez, o exame rápido nos levou à resposta certa sem que precisássemos nos debater em um pântano de detalhes. (Não me interprete mal; posteriormente fizemos um estudo exaustivo sobre o negócio de pilhas e baterias. Nossa nova equipe de gerenciamento teve que calcular o potencial econômico do setor e determinar o melhor meio de alcançá-lo. Esse trabalho exigiu uma análise detalhada.)

O exame rápido nos mostrou que a Duracell era líder de mercado no segmento de pilhas alcalinas, significando que a empresa deveria ter *disciplina para liderar* o segmento e *saber impor disciplina* quando os não-líderes saíram da linha. A Duracell não havia feito nenhuma das duas coisas.

O líder do segmento de produtos ao consumidor deve investir em marketing para conseguir crescer e incentivar o consumo e a preferência do consumidor pela marca. Em vez disso, a Duracell cortou gastos com propaganda de maneira substancial.

O líder da categoria deve demonstrar que não vai permitir que os concorrentes roubem parte de sua fatia de mercado. A Duracell permitiu repetidos roubos de fatias de mercado por competidores relativamente menores, incentivando-os a futuras investidas. Líderes da categoria devem evitar a geração de gastos promocionais frenéticos e fora de controle com o objetivo de incrementar resultados de curto prazo. A Duracell sucumbiu ao modelo descrito por frequentes e pesadas atividades promocionais.

Nenhuma dessas observações exigiu análise profunda ou extensa. São fatos embasados e verificáveis. É preciso saber o que observar.

Em se tratando de produtos ao consumidor, o primeiro aspecto a ser observado — além da tendência de vendas e de lucros — é a participação de mercado. É ascendente ou decrescente? Os índices de propaganda *versus* vendas — outra vez, estão subindo ou caindo? E também os índices relativos a gastos com promoções e distribuição *versus* vendas — uma tendência de alta sinaliza a existência de problema.

Em outros negócios, as estatísticas-chave podem variar. Mas elas sempre existem e possibilitarão a leitura rápida de que você necessita para seguir em frente. É isso mesmo. É preciso voltar atrás e gastar um tempo conduzindo a análise necessária para executar um plano de ação. Quanto deveria ser investido na área de marketing? O que o modelo do *marketing-mix* lhe diz sobre em qual área investir? Quanto de defasagem de preço sua marca e diferencial de mercado permitem ter? Qual a eficácia de sua força de vendas ao trabalhar com seus clientes? Qual canal de vendas está conduzindo ao crescimento? Sua estratégia de canais de distribuição é a correta? Há vários aspectos a serem abrangidos, mas você não pode deixar que eles o impeçam de dar início ao processo. Você deve usar o método de exame rápido para poder agir.

Vejamos mais uma opção, a mais arrasadora delas.

Vender Tudo. Vender tudo, exceto o negócio de aparelhos, lâminas e produtos de barbear, e concentrar-se na franquia mais forte e mais lucrativa da Gillette. Com todos seus ativos combinados, a Gillette era uma empresa de comercialização de produtos ao consumidor de médio porte. Registrava US$ 10 bilhões em vendas, em comparação com os US$ 48 bilhões da Unilever e US$ 70 bilhões da Nestlé. Depois de dividir e vender a

> Estatísticas-chave podem variar, mas sempre existem.

Gillette, mantendo apenas a unidade de aparelhos e lâminas de barbear, restaria uma empresa de US$ 4 bilhões. Mas que tipo de presença essa reduzida Gillette teria para negociar com seu principal cliente, a Wal-Mart com um cacife de US$ 300 bilhões? Mínima ou nenhuma. Melhor seria pendurarmos uma faixa de liquidação na porta da empresa.

A abordagem do exame rápido não elimina todas as opções. Uma variação da regra 80/20 é aplicada nesse caso. Quase sempre é possível analisar 4/5 das alternativas, o que significa que aquilo que importa encontra-se nos 20% restantes. De fato, algo que parece ser maior do que tudo na vida, nesse momento é reduzido a uma escala de proporções administráveis. Você encontrará os passos específicos para a aplicação dessa abordagem no final do capítulo.

> Sua avaliação deve ser muito bem pensada e baseada em fatos.

NEGLIGÊNCIA BENIGNA LEVA A MAUS RESULTADOS

Ao usar o processo de eliminação expressa por meio de exame rápido, é importante reduzir as questões aos seus elementos mais simples. No entanto, sua avaliação deve ser muito bem pensada e estar baseada em fatos. A aplicação superficial de conceitos, mesmo de conceitos bons e bem-fundamentados, vai lhe causar grandes problemas.

Por exemplo, dois dos meus princípios de conduta são: a importância do alinhamento e o valor da utilização de escala. Esses foram os preceitos que levaram os membros da administração anterior da Gillette a investir US$ 800 milhões no segmento de Cuidados Pessoais, parte integrante da Unidade de Negócios de Aparelhos & Lâminas. Eles acreditavam que os produtos de preparação do barbear — como Gillette Foamy (espuma de barbear) e Gillette Series — e os antitranspirantes e desodorantes (AT/DEO) — como Right Guard, Dry Idea, Soft & Dri e Gillette Series — deveriam estar intimamente ligados aos aparelhos de barbear e lâminas da marca Gillette. A escala de todos os produtos combinados causaria impacto sobre os clientes, que se traduziria em uma maior presença dos produtos de Cuidados Pessoais dentro das lojas.

Esses são bons conceitos. Porém, aplicados ao segmento de Cuidados Pessoais causaram problemas. Enfiado dentro da Unidade de Negócio de Aparelhos de Barbear & Lâminas, o segmento de Cuidados Pessoais foi administrado sem o devido cuidado, como se fosse um enteado e não um filho legítimo. Há ocasiões em que a negligência benigna é a melhor ação para um negócio de baixa rentabilidade e crescimento lento. No entanto, quando a negligência causa ferimentos autoinfligidos então é hora de mudar. Essa era a situação instalada quando comecei a trabalhar na Gillette.

Peter Klein, meu colega de longa data, trabalhou na unidade de Cuidados Pessoais da Gillette na década de 1970. Na ocasião, ele fazia parte da nova equipe responsável pela administração da Gillette e indicou que a linha de desodorantes e antitranspirantes requeria grande atenção aos detalhes e um constante fluxo de lançamento de novas fragrâncias, formatos e outros benefícios oferecidos ao consumidor de modo a manter a empresa acima da concorrência. Mas como parte integrante de uma unidade de negócios muito maior e mais rentável, no caso a Unidade de Negócios de Aparelhos de Barbear & Lâminas, a unidade de Cuidados Pessoais ficou relegada a um segundo plano para reconsideração futura. Era uma unidade de treinamento para novos gerentes e não uma área que contava com grande conhecimento institucional sobre as particularidades do segmento de perfumaria.

Foi essa compreensão e discernimento que usei para a abordagem de exame rápido e que resultou em minha decisão de colocar o segmento de Cuidados Pessoais como uma unidade de negócios separada. Em vez de focar principalmente na utilização da escala e limitação de despesas de pessoal associadas ao gerenciamento da unidade de Cuidados Pessoais, decidimos prestar atenção à vitalidade das marcas e ao aumento de controle dos custos que uma administração direcionada pudesse trazer a esses produtos. Dentro de um prazo de três anos depois da separação da divisão de Cuidados Pessoais, a participação de mercado dos produtos estava crescendo, os lucros retornaram em níveis competitivos e o cronograma de lançamento de novos produtos estava em franca atividade de inovação.

AQUELA PEQUENA GILETE VERMELHA

Outro elemento do processo de exame rápido é ponderar sua própria experiência ao avaliar uma nova opção ou ao tomar uma decisão. Sua avaliação deve ser bem pensada e estar baseada em fatos. Você não pode confiar apenas em seus instintos para chegar à decisões cruciais. Por outro lado, você também não pode permitir que supostos fatos ou julgamentos sólidos atropelem sua experiência e bom senso. Frequentemente você vai encontrar alguns fatos que se tornarão "velhas verdades" que nunca foram testadas ou desafiadas.

Uma de minhas histórias favoritas sobre velhas verdades da Gillette envolve a que passou a ser chamada de "aquela pequena gilete vermelha". Falaremos mais sobre esse "problema" no capítulo 12, que na verdade demonstrou ser uma oportunidade. Mas a essência da história envolve uma velha verdade defendida fortemente pelos gurus do marketing e da pesquisa de mercado da Unidade de Aparelhos de Barbear & Lâminas. O talento de marketing em geral nessa unidade era inexpressivo. Muitos dos diretores seniores estavam na empresa há vinte ou até trinta anos! Essas pessoas estavam em uma excelente posição para saber velhas verdades.

> **Não deixe que fatos ou julgamentos supostamente sólidos atropelem sua experiência e bom senso.**

Em 2001, a Gillette lançou uma variação do nosso aparelho Mach3 destinada a aumentar seu apelo de vendas e penetração no segmento de jovens começando a se barbearem. O produto foi chamado de *Mach3 Cool Blue*. Como o próprio nome diz, era uma lâmina de barbear Mach3 em um aparelho atraente de cor azul-vibrante. E nada mais. Nenhuma característica diferente. Nenhuma vantagem extra em termos de desempenho. Apenas uma cor azul nova. No entanto, a cor produziu exatamente o efeito que se esperava dela. Ampliou o apelo do produto junto aos homens jovens e gerou um considerável aumento de 15% nas vendas dos aparelhos de barbear Mach3 como um todo.

Agora, vamos avançar cerca de seis meses na linha do tempo até a data da reunião de planejamento com nossa Unidade de Negócios de Aparelhos & Lâminas de Barbear. Revisamos uma série de opções de novos produtos para o futuro. Durante a discussão, sugeri que deveríamos pegar carona no sucesso de nossa nova gilete azul e lançarmos a gilete vermelha. Bem, tomando por base a reação do pessoal de marketing da área de Aparelhos

& Lâminas de Barbear em relação à ideia, você poderia pensar que eu havia sugerido vender lâminas cegas como se fosse o lançamento inovador de todos os tempos.

Você não sabia que vermelho é a cor do *sangue*? Que qualquer coisa que faça referência a sangue evocaria no subconsciente dos consumidores o medo que eles têm de se cortar fazendo a barba? Que uma gilete vermelha não só *não* alavancaria nossas vendas como também induziria incontáveis milhões de consumidores fiéis a trocarem de marca? Essa era uma das velhas verdades determinadas e fixas. Fui duramente criticado, para dizer o mínimo, mas não fiquei totalmente convencido. Nosso pessoal de marketing da unidade de Aparelhos & Lâminas de Barbear era esplêndido, tão afiado quanto seus próprios produtos. Nesse caso, entretanto, achei que eles tinham tomado a decisão errada. De qualquer modo, deixamos o assunto de lado.

Agora, vamos avançar mais um ano até a época em que nosso mega concorrente Schick desbancou nosso Mach3 com um aparelho de barbear com quatro lâminas, chamado Schick Quattro. Segundo nossos testes do produto, o Schick Quattro resultava num barbear muito inferior ao nosso Mach3 Turbo. Mas precisávamos de algo capaz de enfraquecer a anunciada campanha de marketing de US$ 75 milhões feita pela Schick para lançar o Quattro. Nosso novo produto de sucesso só estaria pronto para ser colocado no mercado dentro de mais quinze meses.

Aquela pequena gilete vermelha que poderia reintroduzir o aparelho de barbear de cor vermelha. Não totalmente convencido sobre a validade da velha verdade fundamentada na relação corte x sangue para eliminar a cor vermelha em um aparelho de barbear, voltei à Unidade de Negócios de Aparelhos de Barbear & Lâminas e pedi que fizessem um teste do aparelho vermelho com urgência.

Os resultados, apoiados por um excelente programa de marketing, foram surpreendentes. A gilete vermelha virou nosso *Mach3 Turbo Champion*. O conceito que fortaleceu a iniciativa de marketing baseou-se nos campeões das corridas automobilísticas ao volante de carros *vermelhos* superpotentes. Homens poderosos dentro de carros de alto desempenho enfrentando o desafio de participar de corridas de alta velocidade.

O conjunto de imagens, simbolismo e atributos encaixou-se perfeitamente no conceito de marca que queríamos atribuir ao Mach3 Turbo Champion. Ele se transformou no produto de maior sucesso em termos de extensão jamais introduzido pela Gillette, além de derrubar as vendas do Quattro. Um ano depois do seu lançamento, a participação de mercado do Quattro era de 4%, enquanto a participação do Mach3 chegava aos 34%. Ao encontrar o presidente do conselho da empresa controladora da Schick em um evento de negócios, ele me disse que não acreditava que havíamos causado um estrago daquele tamanho apenas com "aquela pequena gilete vermelha". É um bom exemplo que resume o que pode ser dito sobre a validade de velhas verdades supostamente fundamentadas por fatos concretos.

Ao fazer o que importa e utilizando a abordagem do exame rápido, tomamos decisões e definimos estratégias para a Gillette que poderiam levar meses, ou mesmo um ano, se tivéssemos nos embrenhado dolorosamente no meio de todos aqueles conselhos jogados sobre nossa cabeça no início. Nem todas as decisões que tomamos estavam certas, tivemos que fazer correções no meio do caminho. Mas as decisões importantes saíram vencedoras. Apostamos no forte crescimento da Duracell, e em três anos suas vendas aumentaram, seus lucros triplicaram e sua participação no mercado subiu. Concentramos nossos esforços em Cuidados Pessoais, e a nova unidade de negócios foi capaz de elevar a margem de lucro do patamar mais baixo ao mais alto de sua categoria de produto. Além disso, mantivemos a Braun e a transformamos de um buraco negro financeiro num negócio inovador de alta potência que abasteceu o crescimento das unidades de Cuidados Bucais e de Aparelhos de Barbear & Lâminas, além do seu próprio negócio.

CHEGAR AO CENTRO DA QUESTÃO

Iniciei este capítulo com a observação de que o sucesso nos negócios se resume em saber o que realmente importa para então fazê-lo. Independentemente de sua posição dentro de uma empresa ou organização, há sempre uma enxurrada de informações e dados além de uma série de ideias e opiniões conflitantes. No final das contas, como chegar ao centro da questão é o que vai defini-lo como líder. Apesar de não existirem fórmulas simples, há abordagens que ajudam a facilitar o processo. O processo de eliminação por meio de um exame rápido é um dos meios de dirimir opiniões conflitantes. Ele ajuda a encontrar uma direção no sentido de responder a poucas questões críticas que lhe permitirão eliminar outras considerações. Esse é o tipo de pensamento que vamos demonstrar e discutir ao longo do livro.

> Como chegar à essência do que importa é o que vai defini-lo como líder.

COLOCANDO PARA FUNCIONAR O PROCESSO DE EXAME RÁPIDO

- Reduzir o problema ou a discussão a seus elementos mais simples; retirar os fatores extrínsecos. Zerar as estatísticas ou indicadores primordiais. No segmento de produtos ao consumidor, por exemplo, olhar além dos indicadores de vendas e rentabilidade para os dos lucros e observar a participação de mercado e os índices de marketing e promoção em relação às vendas como barômetros de saúde. Para outros setores, descobrir estatísticas comparáveis em termos de importância.
- Faça perguntas baseadas em fatos que exijam que você dê respostas com base em fatos. Vá além das generalizações. Por exemplo: dizer que um produto "virou uma *commodity*" oferece pouca percepção sobre seu potencial de crescimento e de rentabilidade caso ele seja bem administrado. Afirmativas e crenças não baseadas em fatos podem facilmente desviá-lo do caminho certo.
- Forçar-se a dar respostas simples e claras; respostas complexas e multifacetadas provavelmente não estão focadas nos conceitos básicos. Por exemplo: você não precisa de dados derivados do modelo do *marketing-mix* ou de um estudo de segmentação para saber se tem um produto ou serviço com diferencial competitivo dentro de uma categoria em expansão. Mantenha as coisas num nível simples no início para que possa agir e não inibir a ação.
- Decidir se é necessária uma análise adicional imediata. Tendo em mãos sua melhor opção, uma análise adicional *nesse momento* traria mais

clareza e uma melhor decisão? Ou só atrasaria o tempo para a ação? Descobri que, na proporção de 4 para 5, você pode rejeitar as propostas ou ideias sem chance de sucesso ou inviáveis e ficar confiante de que identificou a alternativa vencedora.

- Conduzir uma análise detalhada e coletar os dados necessários para agir na hora certa. Tomar uma decisão preliminar não significa que nada mais possa ser feito. Existe a hora certa para atacar um problema. Porém, não deixe que a necessidade de ação futura resulte em uma paralisia imediata, em tempo real.

CAPÍTULO 2

FOCAR NOS FUNDAMENTOS IMPORTA

Quando se é jovem e impulsivo, tudo parece possível. Até mesmo fazer tudo de uma só vez não parece intimidador. Mas a experiência ensina que nada é realizado quando você tenta fazer coisas demais. Ou você anda em círculos ou entra numa paralisia ao enfrentar infinitas opções simultaneamente.

Embora a relevância dessa observação simples relativa ao mundo dos negócios pareça evidente, é impressionante a quantidade de homens inteligentes, bem treinados e executivos experientes que caem na armadilha de tentar fazer tudo eles mesmos em suas empresas e para todas as pessoas. É particularmente verídico o caso de CEOs e CFOs que tentam realizar todos os desejos e caprichos dos analistas e investidores, ainda que o desejo do pessoal de Wall Street não coincida com o melhor interesse de suas empresas.

Em vez de buscar realizar esses desejos e caprichos, você deve focar nos fundamentos que estabelecem a direção, o andamento e o caminho certos para o seu negócio. Mas como saber quais os fundamentos que devem ser focados? Deixe-me usar minha experiência para ilustrar quais fundamentos realmente influenciam tudo e, no caso contrário, quando a falha em não focar nesses fundamentos resulta em problemas na prática.

A BUSCA EQUIVOCADA PARA SER O NÚMERO UM

Vivemos numa sociedade na qual todo homem, mulher e criança quer ser o número um. Ficar em segundo lugar é a causa de muita tristeza e exposição ao ridículo. Todos nós conhecemos as expressões: "Perder por pouco não é melhor do que perder feio"; "Não há prêmio para quem chega em segundo lugar"; "Vencer é tudo".

> Definir o objetivo de ser o número um o tempo todo, na prática, acaba garantindo exatamente o oposto.

Até certo ponto, executivos em geral, especialmente os CEOs, demonstram essa característica. "Quero que minha empresa seja a melhor da categoria, o tempo todo, ou haverá problemas". É irônico que ao definir esse objetivo de ser o número um o tempo todo, na prática, acaba garantindo exatamente o oposto.

Ao longo dos anos, fiz alguns estudos sobre corporações líderes de mais de uma dezena de setores distintos — desde produtos alimentícios e de cuidado pessoal até bens de consumo durável e produtos industrializados. Apesar de existirem algumas variáveis específicas a determinados setores, um aspecto era comum a todos eles.

Em um período de cinco anos, em cada setor, a empresa com melhor desempenho entre todas as demais não ficava em primeiro lugar, nem em segundo, na maioria das vezes. Era a empresa que se posicionava entre *as três primeiras* no ranking do setor, de modo *consistente* durante todo o período de cinco anos.

Evitar o efeito ioiô. Isso significa que manter a consistência entre os melhores do setor é muito mais importante para se tornar o "melhor da classe" do que dedicar-se exclusivamente em ser *sempre* o número um. Se, por um lado, alcançar o primeiro lugar traz uma euforia no curto prazo, por outro lado, a consequência inevitável no longo prazo é o que chamamos de "efeito ioiô". As empresas atingem o topo por um ou dois anos para então despencarem nas profundezas por um período de um ou dois anos. Depois, conseguem voltar ao topo. Em seguida, nova escorregada para baixo. E o ciclo continua.

Imagine o seguinte cenário. Você está numa empresa classificada em 30º lugar no ranking do setor. Para ser a melhor da categoria, ela deverá ter um desempenho correspondente às três primeiras do setor por cinco anos consecutivos. Durante esse período, sua classificação poderá variar da terceira posição para a sétima e depois para a quarta — inclusive com um primeiro ou nono lugar, como bônus; desse modo, você terá uma excelente probabilidade de conseguir ser o melhor da categoria num período de cinco anos.

Uma de minhas maiores batalhas para continuar no curso de crescimento com lucros consistentes aconteceu quando eu estava no comando da Kraft. Ironicamente, a situação envolvia a empresa Nabisco que emergia de um desgastante processo de compra alavancada de participação acionária (*leveraged buyout* — *LBO*). Suas previsões foram calculadas com base num crescimento de vendas superior a 30% ao ano, de modo que a empresa pudesse começar a pagar a montanha de dívida negociada a altas taxas de juros que a Kohlberg Kravis Roberts (KKR) acumulou ao fazer a maior LBO do mercado.

Por dois anos a Nabisco seguiu montanha-russa acima, o que levou os executivos seniores da Philip Morris Companies, empresa controladora da Kraft, a questionar por que a Kraft não conseguia atingir o desempenho da Nabisco.

Se a Nabisco era capaz de crescer acima dos 20% ao ano, perguntava Geoff Bible, CEO da Philip Morris, por que a Kraft só conseguia aumentos de apenas dois dígitos? Por que não acelerar os lucros da Kraft e desse modo fazer com que a Nabisco não fosse a única "queridinha do setor de alimentos"? Geoff era um dos patrões mais durões e brilhantes com quem eu já trabalhei, pressionando fortemente para extrair o máximo de retorno possível para os acionistas.

Não precisei de muita pesquisa para descobrir que a Nabisco encontrava-se bem dentro do "ciclo do ioiô" de crescimento não-sustentável de lucros. Com sua forte posição no mercado — as marcas da Nabisco representavam nove entre as dez primeiras marcas de biscoitos e bolachas mais vendidas nos Estados Unidos — era relativamente fácil aumentar os preços de modo substancial sem implicar uma queda imediata e acentuada das vendas. Eram salgadinhos, docinhos e itens para lanche ingeridos por prazer, que os consumidores não se importavam em pagar por eles. Logo, os lucros da Nabisco chegaram às alturas e ela atingiu o primeiro lugar da categoria por dois anos consecutivos.

Mas era enorme a diferença de preço que a Nabisco abriu entre suas marcas e as marcas dos pequenos duendes da Keebler, sua maior concorrente. Apesar de seus consumidores serem fiéis a marcas poderosas como a Oreo, Chips Ahoy!, Newtons e Ritz, eles tinham seus limites. Com diferenças de preço de 30 a 50% e com a retirada de praticamente todo suporte de marketing dos seus produtos, a Nabisco encontrava-se montanha-russa abaixo numa velocidade alarmante.

No início de 1989, a Nabisco estava em trajetória de colisão e explosão quando me tornei seu novo CEO. Como eu havia previsto em minhas pesquisas, de modo geral as participações de mercado no negócio da Nabisco nos Estados Unidos estavam caindo em mais de 90% e minha nova equipe precisava começar a planejar sua virada.

Para perceber a importância da consistência no desempenho, o crescimento mensurado é um exemplo de análise fundamental capaz de guiá-lo no sentido de entender quais alvos devem ser estabelecidos e quais objetivos devem ser alcançados. Isso possibilita a definição da base prática sobre a qual todo o resto deverá ser construído.

CRESCIMENTO A QUE TAXA?

Vejamos outro tipo de análise fundamental que ajuda a identificar a taxa correta de crescimento para o seu negócio, não somente para um ano ou dois, mas uma taxa de crescimento que possa ser sustentada no médio e longo prazos.

> Concentro a máxima atenção no cálculo da correta taxa de crescimento dos lucros.

Particularmente, não acredito em planos de dez anos. Meus planos estratégicos trabalham com um ciclo de três anos. Dificilmente o mundo real se enquadra nos modelos padronizados de planejamento. É muito difícil prever o futuro e, dadas as piores probabilidades, seu planejamento deve estar fundamentado em premissas sólidas como rochas, sendo a mais importante delas o cálculo da correta taxa de crescimento dos lucros.

Para ilustrar meu ponto de vista, consideremos o setor alimentício em que trabalhei boa parte da minha carreira. Se o crescimento populacional dos Estados Unidos for de 1% ao ano, a taxa de inflação for de 3% ao ano e os aumentos de preço nos últimos três anos tivessem sido em média 1%, é seguro assumir que mesmo a mais agressiva e inovadora fabricante de alimentos embalados teria uma tarefa árdua para sustentar um crescimento nos lucros maior do que 5% ao ano. (Apesar da epidemia de obesidade, os americanos não estão efetivamente comendo mais; estão se exercitando menos e gastando menos calorias do que no passado.)

Parece bom demais para ser verdade... Portanto, se algum fabricante de alimentos prometer um crescimento consistente nos lucros da ordem de 6 a 8% ao ano, você deve levantar suas antenas ao máximo e suspeitar dele. E, se o fabricante mudar sua afirmação referente à estimativa de crescimento nos lucros para "aumentos consistentes da ordem de um dígito elevado ou dois dígitos", sua antena deverá emitir um sinal de alerta irritante e desagradável em seu ouvido.

Infelizmente, nos últimos anos muitos executivos tentam fazer essas previsões que desafiam a lógica. E outros tantos analistas de mercado em Wall Street não apenas enaltecem essas estimativas hiperbólicas, como vão mais além e afirmam que, apesar de um crescimento da ordem de um dígito elevado ser bom, os verdadeiros líderes deveriam atingir de modo consistente retornos da ordem de dois dígitos — ainda que baixos — em termos de crescimento anual de lucros!

> **Mas quando Wall Street volta sua atenção às empresas que seduziu, o resultado nunca é bom.**

Vejamos outro exemplo de pesquisa fundamental desenvolvida por uma empresa líder em consultoria nacional. Resultados semelhantes foram calculados por outras fontes. Os dados da pesquisa demonstram que apenas 158 empresas de uma amostragem composta por 1.056 empresas foram capazes de sustentar um crescimento nos lucros da ordem de dois dígitos por um período de cinco anos. O número resultante cai para cinco empresas quando se trata de um período de dez anos e para apenas três num período de quinze anos.

Ainda durante a bolha das empresas de tecnologia ocorrida na década de 1990, um crescimento mediano era considerado anêmico. Tanto os CEOs quanto os analistas financeiros de Wall Street prometiam crescimentos anuais regulares de 30%, 40% e até de 50%, por um período futuro indeterminado.

A exuberância antecede a queda. Apesar dos executivos da Gillette da década de 1990 não pertencerem ao mesmo time dos apostadores da indústria de alta tecnologia, eles partilhavam de certo modo de sua exuberância. Em 1997, quando a Gillette adquiriu a fabricante de baterias Duracell, a empresa foi citada no *Wall Street Journal* como tendo afirmado que: "Os lucros da Gillette crescerão pelo menos 15% neste ano... o crescimento ultrapassará o patamar de 18% nos anos seguintes. A Gillette espera que a Duracell amplie seus lucros até um patamar próximo aos 20% anuais nos próximos anos, comparados à média de 12% atingida nos últimos três anos."

Como qualquer produto de consumo — mesmo um produto especial como a Duracell em vantagem dentro de um segmento em alta expansão como o de pilhas alcalinas — seria capaz de atingir um *crescimento sustentável e indefinido* nesses patamares de crescimento não-sustentáveis? Como podemos perceber, Wall Street sempre incentiva esse tipo de previsão absurda por um determinado tempo. Mas quando Wall Street volta sua atenção às mesmas empresas que seduziu, o resultado nunca é bom. No caso da Gillette, a lua-de-mel não durou mais do que dois anos, período em que ficou evidente que o desempenho da empresa não estava cumprindo suas promessas e não conseguiria fazê-lo no futuro.

E veio a queda, abrupta e inexorável. O preço das ações da Gillette mergulhou do patamar elevado de US$ 64,25 no início de 1999 para US$ 24,50 no segundo trimestre de 2001. Essa era a situação com a qual os executivos de nossa nova equipe tiveram que gerenciar quando assumiram seus cargos na Gillette.

O preço das ações enfrentava uma forte tendência de baixa naquele momento. E tudo o que dizíamos era visto com profundo ceticismo e desconfiança. Tudo isso era totalmente justificável. Previsões superestimadas, promessas quebradas e uma sequência de más práticas de negócios: certamente, são as melhores e mais perfeitas ações para destruir a credibilidade de uma empresa e dificultar toda e qualquer tentativa de virada de mesa.

Chega de estimativas! Uma das coisas que estavam acontecendo conosco no início de 2001 foi uma decisão recente do conselho de administração de suspender todas as informações relativas ao curto prazo fornecidas a analistas e investidores. A empresa podia discutir planos de longo prazo, estratégias e diretrizes. Mas não faria mais estimativas anuais sobre lucros com informações trimestrais e atualizações no meio dos trimestres. Eu ainda não fazia parte da Gillette, mas havia participado de discussões informais com vários membros do conselho, nas quais manifestei apoio a essa decisão.

Honestamente, os membros do conselho da Gillette sentiam-se embaraçados e frustrados pelos dados financeiros apresentados pela administração da empresa. Por quinze trimestres consecutivos, a estimativa calculada pela Gillette para o trimestre seguinte não se cumpria ao final de cada trimestre. Não se tratava de estimativas feitas pelos analistas e investidores de Wall Street, a chamada previsão de lucros de senso comum, mas as estimativas calculadas pela própria empresa. Mesmo assim, trimestre após trimestre e não apenas por um ano, mas por quase quatro anos, a capacidade de prever os números era tão falha a ponto de a Gillette não conseguir atingir suas próprias projeções.

Para o conselho da Gillette, essas falhas sugeriam que a empresa enfrentava sérios problemas de controle e disciplina. E os membros do conselho definitivamente não faziam parte do grupo de amigos de infância da administração. Entre eles estavam os mais brilhantes e conhecidos investidores, banqueiros e executivos de mercado não só dos Estados Unidos como do mundo todo.

Um dos líderes informais do conselho era Warren Buffett, o guru das finanças de Omaha, a segunda pessoa mais rica do mundo e um homem com uma reputação única e de integridade inquestionável. Warren juntou-se ao conselho da Gillette em 1989, na época em que a empresa enfrentou diversas tentativas de tomada do controle acionário da empresa, das quais quase não conseguiu escapar.

HORDAS DE BÁRBAROS EM FRENTE AO PORTÃO

Começando em 1986, a administração da Gillette, encabeçada pelo CEO Colman Mockler Jr., teve que se defender de um ataque hostil promovido por Ronald Perelman, que contava com o apoio de Drexel Burnham Lambert — líder dos maníacos por especulação na bolsa com títulos de baixa classificação, mas com alto retorno e risco. Nos primeiros meses de 1988, um grupo de financistas, conhecido como Coniston Partners, iniciou uma batalha pelo controle do conselho de administração da empresa, por meio da maioria dos votos dos acionistas por procuração.

A Gillette ganhou a votação por uma margem muito pequena e foi processada legalmente pelo grupo Coniston, que reclamava que a empresa havia promovido anúncios publicitários mentirosos durante a batalha pelo controle para enganar os acionistas. Em resumo, a Gillette concordou em fazer uma recompra substancial das ações para que o Coniston desistisse da ação na justiça. Consequentemente, a dívida da Gillete excedeu seu patrimônio líquido.

No segundo trimestre de 1989, Warren Buffett fez uma oferta para a compra de ações da Gillette. "Achei que a empresa estaria interessada num investimento substancial em suas ações", lembra Warren, "já que todo seu capital havia sido gasto na recompra das ações." Em julho desse ano, Warren investiu mais de US$ 600 milhões na Gillette, tornando-se o diretor da empresa.

Logo, Warren estava intimamente ligado ao desempenho financeiro da Gillette. Não somente por ser um dos diretores, mas porque ele detinha quase 10% das ações da Gillette. E o desempenho da Gillette tinha certa influência sobre o quanto os investidores percebiam as perspectivas financeiras da Berkshire Hathaway, holding que representava a fortuna e a reputação de Warren Buffett. A queda de US$1 no preço da ação da Gillette significava uma perda não realizada de aproximadamente US$ 100 milhões para a Berkshire Hathaway. Entre 1999 e 2001, Berkshire sofreu uma perda de quase US$ 4 bilhões no valor do seu investimento na Gillette.

Suspeite de administradores que prometem atingir os números. Warren expressou sua preocupação com as estimativas de lucros demasiadamente agressivas durante as assembleias do conselho e em comentários feitos em público. Por exemplo, Warren afirmou em 2001: "Quando uma grande empresa estima que seus lucros por ação cresçam no longo prazo, digamos, 15% ao ano, ela está cortejando problemas futuros... O problema com previsões audaciosas é que elas corroem o comportamento do CEO." Alguns anos depois, ele acrescentou:

"Suspeite de empresas que anunciam as projeções de lucros e expectativas de crescimento com muito alarde. Administradores que sempre prometem "atingir os números", em algum momento ficarão tentados a "maquiar os números". Warren não estava sugerindo qualquer atuação fraudulenta por parte da direção da Gillette, porém se preocupava com o efeito corrosivo que a busca incessante por estimativas ilusórias e irreais de rentabilidade poderia causar na empresa como um todo, seja qual for a empresa.

Outro membro do conselho, comparável a Warren em termos de reputação e conquistas, era o famoso mestre do *takeover* (processo de aquisição de controle acionário), o rei do fundo privado de investimentos: Henry Kravis. Henry tinha um diferencial que poucos diretores de qualquer empresa do mercado eram capazes de apresentar. Havia um livro e um filme de longa-metragem, *Barbarians at the Gate,* no qual Henry interpretava o personagem principal. O livro e o filme narravam as ações realizadas pela empresa de Henry — a Kohlberg Kravis Roberts (KKR) — e por uma barulhenta turma de celebridades de Wall Street que definiu a era dos *leveraged buyouts (LBOs)* nas décadas de 1980 e 1990. A aquisição (LBO) da RJR Nabisco pela KKR foi a matéria que serviu de base para construir o mito de Wall Street.

Henry juntou-se ao conselho da Gillette em 1996, depois da aquisição da Duracell pela Gillette das mãos da KKR.

> "Administradores que sempre prometem atingir os números, em algum momento ficarão tentados a maquiar os números."

Como parte do acordo, a KKR recebeu uma parte em ações da Gillette e parte em dinheiro, totalizando quase US$ 8 bilhões, um belo lucro por uma empresa que a KKR havia comprado oito anos antes por US$ 1,8 bilhão.

Entretanto, o processo de aquisição não ocorreu sem algumas dificuldades. Warren Buffett aprovou a aquisição, mas não os US$ 30 milhões a título de comissão desejados pela KKR, que estava atuando como dona da Duracell e também como consultora de investimentos. No fim das contas, a KKR recebeu o pagamento da comissão, porém Warren absteve-se de votar. O resultado da votação a favor da aquisição da Duracell foi unânime entre os diretores que participaram da votação.

Henry estava não apenas preocupado com as estimativas infladas e previsões fracas feitas pela administração da Gillette, mas também com o desempenho geral de Michael Hawley, executivo da Gillette que sucedeu Al Zeien como CEO da empresa em 1999. Zeien teve uma trajetória de oito anos na direção da Gillette difícil de repetir.

Não menos notável do que Kravis foi Jorge LeMann, financista e empresário brasileiro que dividia seu tempo entre São Paulo e a Suíça, além de viagens regulares aos Estados Unidos. Jorge tinha uma série de empresas no Brasil, desde lojas de alimentos e empresas de bebidas até uma ferrovia e indústrias. Foi responsável pela fusão de suas empresas holding de bebida com a Interbrew de Bruxelas em uma negociação complexa que colocou Jorge e seus sócios na direção da maior cervejaria do mundo (em termos de cerveja vendida), com holdings espalhadas ao redor do mundo todo. Além de brilhante empresário, Jorge é muito respeitado por seus *insights* macroeconômicos e financeiros.

Apesar de não ser tão conhecida como os demais membros da diretoria, Marjorie Yang de Hong Kong não é menos formidável. Marjorie assumiu o controle da desconhecida fabricante de roupas, a Esquel de Hong Kong, das mãos de seu pai e a transformou numa das maiores fabricantes de camisas em larga escala do mundo. A Esquel era uma empresa totalmente integrada, dona de todo o processo desde os campos para plantação de algodão até as fábricas que manufaturavam o tecido e as camisas produzidas para uma série de marcas famosas e lojas de departamentos, entre elas: Ralph Lauren, Tommy Hilfiger, Nike e Nordstrom. Marjorie fornecia uma perspectiva de negócios e conhecimento sobre o mercado na China e na Ásia que contribuía com a Gillette e seus esforços para desenvolvimento de mercados. (No meio da década de 1990, quando a maioria das empresas americanas estava começando a contemplar uma possível expansão para a China, a Gillette já detinha 90% de participação no mercado chinês de barbear. Mas não se deixe enganar pelo tamanho da participação. Praticamente todo o mercado chinês era composto por aparelhos de lâminas duplas, vendidos a centavos por lâmina, e não dólares por cartucho que caracterizavam os mercados dos Estados Unidos e de outros mercados de países desenvolvidos.)

Outro diretor com expressivo currículo internacional era Herbert H. Jacobi, *chairman* do conselho de administração do HSBC Trinkaus & Burkhardt KGaA, proeminente banco privado alemão estabelecido em 1785. Herb iniciou sua carreira como economista no Deutsche Bank. Posteriormente, juntou-se ao Chase Manhattan Bank dentro do qual chegou ao cargo de vice-presidente do banco. Em cargos subsequentes dentro do HSBC, trabalhou como diretor-gerente, não estatutário, do Midland Bank em Londres e gerente-geral do grupo HSBC.

Proveniente do setor de cuidados com a saúde, Wilbur Gantz começou sua carreira na Abbott Laboratories e, em seguida, juntou-se à empresa PathoGenesis onde constituiu o negócio europeu da empresa da ordem de US$ 110 milhões. Tornou-se presidente do conselho e CEO da Hydra Biosciences, cujo foco principal é a pesquisa sobre o uso de células maduras do corpo para regenerar músculos e tecidos danificados.

Dennis Hightower trabalhou para a Xerox, McKinsey & Company, General Electric, sendo executivo da Russell Reynolds antes de ficar um longo período na Walt Disney Company, onde ocupou o cargo de presidente da Television & Telecommunications, que na ocasião era a maior divisão do grupo Disney em termos de faturamento e resultado operacional. Depois disso, Dennis tornou-se professor de administração na Harvard Business School, onde havia recebido seu MBA.

Michael Gifford trabalhou durante anos no setor de alimentos e de produtos ao consumidor antes de se mudar para a gigante empresa britânica do setor de entretenimento, a Rank Organisation. Trabalhou e se aposentou no cargo de CEO.

Richard R. Pivirotto foi *chairman* da Associated Dry Goods, além de diretor de diversas empresas prestadoras de serviços financeiros.

Carol R. Goldberg, uma das mulheres mais conhecidas e poderosas de Boston, foi presidente do conselho e CEO da Stop & Shop, grande cadeia regional de supermercados fundada por seu pai.

Esses eram os excepcionais membros externos do conselho de administração cujas preocupações cresciam em torno das previsões furadas de lucros da Gillette. A questão de evitar fornecer qualquer previsão adicional sobre números de curto prazo foi discutida, porém postergada, em diversas reuniões do conselho.

Depois que Mike Hawley deixou o cargo de CEO da Gillette e Ed DeGraan foi escolhido como seu sucessor em outubro de 2000, o conselho decidiu que era a hora certa de impor a proibição do fornecimento de dados financeiros adicionais. Ed DeGraan, um dos mais brilhantes e dedicados executivos com quem já trabalhei, visualizou a sabedoria desse ato. A vida já seria difícil o suficiente para ele sem a distração de ter de preparar previsões que, provavelmente, não deixariam de ser "péssimos chutes".

Wall Street Reage Mal. Contudo, em Wall Street a história era outra. Para seus analistas, "não informar" não significava sabedoria, mas um desastre. É importante lembrar que nos idos do ano 2000, a prática rotineira de mercado era toda empresa grande fornecer informações detalhadas e não o contrário. No entanto, a Gillette estava tentando quebrar paradigmas e estabelecer novos conceitos. Apesar de ter passado por tempos difíceis, a Gillette ainda era considerada como uma empresa líder, precursora de novas tendências. Era visada, respeitada e frequentemente seguida quando tomava uma atitude significativa.

> Para os analistas de Wall Street, "não informar" não significava sabedoria, mas um desastre.

O corte de informações foi uma ação significativa. Além de ser uma ação que irritou imensamente Wall Street, particularmente os analistas do lado da venda de ações, que lucravam em criticar e combater as estimativas de lucros fornecidas pela empresas que cobriam. Mas, se não havia estimativas trimestrais fornecidas pelas empresas, os analistas teriam que fazer o trabalho necessário para calcular suas próprias previsões. Os bons analistas receberam de braços abertos essa liberdade de gerar estimativas sem ficarem restritos às diretrizes e informações dadas pela própria empresa. Por outro lado, os analistas fracos e indiferentes viam nessa atitude um trabalho extra a ser feito, além de um maior risco pessoal.

De qualquer modo, Wall Street reagiu mal quando a política da Gillette de não fornecimento de informações relativas à previsão de lucros foi implementada em dezembro de 2000. Além disso, vários analistas tinham certeza de que conseguiriam me convencer a abandonar essa política quando a minha escolha como CEO da Gillette foi anunciada em janeiro de 2001. Eles nunca estiveram tão enganados.

Dois dos meus mantras prediletos na vida são: *prometa menos e entregue mais* e *só conte o que você vai fazer depois que já tiver feito*. Parte da minha abordagem com relação aos negócios baseada no foco em fundamentos consistia em convencer Wall Street a focar nesses mesmos fundamentos — e entender a importância de fazê-lo.

E o meu foco era restabelecer a saúde e robustez à Gillette e dar o chute inicial ao crescimento dos lucros. Apesar da introdução do Mach3, um dos melhores produtos de consumo novos dos últimos dez anos e de possuir um portfólio repleto de ícones de mercado em categorias especiais, a Gillette enfrentou por vários anos um crescimento de lucros do tipo "nenhum a muito lento".

FAZER PREVISÕES *SOMENTE* DO QUE IMPORTA

Eu sabia que se conseguíssemos reiniciar a curva de crescimento de lucros, todo o resto entraria nos eixos. Portanto, coloquei todos os melhores recursos disponíveis para identificar qual era o alvo correto em termos de crescimento de lucros para a Gillette. Queríamos encontrar o intervalo sem folga de crescimento que fosse realista, mas que também fosse apertado. Um intervalo que gerasse lucros a ponto de colocar a Gillette dentro do grupo das três melhores empresas de sua categoria, dentro de um período de cinco anos. Se fôssemos bem-sucedidos nessa empreitada, a Gillette estaria de volta como a melhor empresa de produtos destinados ao consumo do mundo. Com certeza, esse era o nosso objetivo.

Identificar qual o intervalo não era uma tarefa fácil. Consultamos diversas opiniões de uma série de consultores externos: dois de nossos melhores consultores, McKinsey e Bain; muitos de nossos banqueiros investidores, incluindo o UBS, Goldman Sachs, Morgan Stanley e Lehman Brothers; diversas agências de consultoria; além do pequeno e seleto grupo de executivos que estavam se mudando para a Gillette oriundos da Nabisco — meu colega e coautor deste livro John Manfredi, nosso vice-presidente sênior de relações com investidores, comunicações e negócios públicos; nosso vice-presidente sênior de planejamento e estratégia, Peter Klein; e nosso vice-presidente de planejamento financeiro, Joe Schena. No final das contas, concordamos que um crescimento anual de vendas da ordem de 3 a 5% era o intervalo correto. Pelos próximos cinco anos — de 2001 até a consumação da fusão da Gillette com a Procter & Gamble — essa estimativa de crescimento foi a única previsão que validamos para Wall Street.

Apesar de não darmos muitos dados na forma de estimativas e previsões, por outro lado, fornecemos uma grande quantidade de informações sobre como pretendíamos administrar a empresa e o que faria diferença no futuro.

Disse aos analistas e investidores de Wall Street, conforme discutiremos nos capítulos subsequentes, que nossa abordagem seria baseada em simples mas poderosos conceitos fundamentais. Era exatamente o mesmo discurso que expus para Warren Buffett quando fui entrevistado por ele para o cargo na Gillette. Eu havia feito uma pesquisa preliminar sobre a Gillette, conhecia alguns dos seus problemas mais importantes, mas não era nenhum especialista — isso eu admiti de imediato.

Quando Warren me perguntou o que eu faria na Gillette, respondi que faria exatamente o que fiz durante minha trajetória profissional nas empresas de produtos voltados ao consumo: começar na primeira linha do demonstrativo de resultados da empresa (DRE) e focar em acelerar o crescimento das vendas. Em seguida, ir para o meio da DRE, onde você controla custos e faz economias para investir em coisas boas como pesquisa, desenvolvimento de novos produtos e marketing para fortalecer as marcas. O resultado líquido é o fortalecimento do final da DRE — ou seja, aumento de lucros. Warren gostou do que ouviu.

Fizemos o mesmo discurso para Wall Street. A estrutura de custos da Gillette seria ajustada à estrutura do melhor da classe dentro de sua categoria. A eliminação de custos desnecessários liberaria centenas de milhões de dólares. Grande parte dessa economia seria investida em marketing e desenvolvimento de produtos, acelerando o crescimento de nossas marcas-ícones que ficaram sem o adequado suporte financeiro durante amargos anos. Com os custos sendo minimizados, as capacidades seriam ampliadas. O resultado final seria uma organização duplamente caracterizada pela eficiência e eficácia superiores.

Mês após mês — trimestre após trimestre — continuamos a fornecer detalhes aos analistas e investidores de Wall

> **Demorou vários trimestres para conseguir desviar o foco do curto prazo.**

Street para dar credibilidade a cada um dos conceitos fundamentais que usamos para conduzir a virada da empresa. A credibilidade renovada junto a Wall Street com o objetivo de desviar o foco não aconteceu da noite para o dia. Foram necessários vários trimestres focados ainda no curto prazo até desenvolver a história de como a empresa estava mudando em termos reais e de maneira fundamental.

MUDANDO O FOCO PARA OS FUNDAMENTOS

Se você é um CEO...

...uma das coisas mais difíceis para um líder conquistar é o apoio de Wall Street com relação a uma abordagem focada nos fundamentos para administrar um negócio. Com muitas forças apontando e valorizando o curto prazo, como conseguir ganhar credibilidade para a importância dos fundamentos? Encontrei várias coisas que funcionam.

- Formule com clareza de três a cinco conceitos fundamentais que sejam os condutores de seu desempenho; quanto menos, melhor, mas definitivamente não ultrapasse cinco.
- Sempre concentre seu foco nesses fundamentos; não ache que Wall Street precise de um novo tema a cada trimestre para continuar interessado em suas ações; seja consistente. (Fiquei firme, preso aos mesmos fundamentos durante três anos na Nabisco e cinco anos na Gillette; as recompensas foram enormes.)
- Frequência importa. Suas mensagens não chegarão a Wall Street se você mantiver apenas contatos esporádicos com os analistas e investidores. São necessárias no mínimo de cinco a sete reuniões a *cada trimestre*. De preferência com grupos pequenos formados por oito a doze analistas e investidores, sendo eles atuais e em potencial.
- Não gaste seu tempo em reuniões trimestrais sobre vendas e lucros, via videoconferência. O tempo de preparação gasto para elaborar esse tipo de apresentação estática não traz bons retornos em termos de impacto e influência.
- Deixe sua equipe lidar com as reuniões trimestrais por meio de videoconferência, especialmente seu CFO e o diretor de relações com

investidores e assuntos corporativos. Dedique-se às reuniões individualizadas e sessões feitas com pequenos grupos que deem a oportunidade aos investidores e analistas de olharem em seus olhos, avaliarem seu caráter e julgarem seu conhecimento e convicções, bem como de entenderem realmente sua visão da empresa e planos estratégicos.
- Aperfeiçoe de maneira contínua sua experiência com os fundamentos, incluindo novos detalhes sobre execução e seus impactos. Os fundamentos não ganham vida ou são relevantes a menos que conduzam a resultados efetivos.

FOCO NOS FUNDAMENTOS

Se você não é o CEO...
...Você é um líder de nível intermediário em ascensão. Em quais fundamentos você deve focar?

- Lembre-se de manter as coisas simples. Conceitos básicos o ajudarão a entender seu negócio e ajudarão a todos de sua unidade a compartilhar seu entendimento.
- Quais são os conceitos básicos para qualquer negócio de qualquer nível? Comece com a importância de acelerar o crescimento no faturamento. Tudo o mais flui a partir de um maior faturamento; portanto, determine quais os meios mais importantes para atingir esse crescimento. Mais pesquisa? Esforços extras por trás do desenvolvimento de um novo produto? Orçamento de propaganda e marketing maior? O que representa o tiro certo para seu investimento?
- Identifique onde podem ser eliminados custos desnecessários e reúna os recursos necessários para investir com foco no crescimento do faturamento. Que parte intermediária do seu demonstrativo de Lucros e Perdas resultará em maiores economias?

   Compare suas despesas operacionais com as de outras unidades e de seus concorrentes. Estude a eficiência de seu poder de compra. E lembre-se de que economia de custo não é um esforço eventual, mas deve fazer parte do estilo operacional de sua unidade — uma busca diária pela melhoria contínua.

- Deixe que sua unidade saiba qual o destino dessa economia — para investimento e crescimento. As pessoas estão dispostas a fazer cortes e sacrifícios se o objetivo for positivo e construtivo.
- Evite o crescimento "ioiô". Qualquer um é capaz de conseguir um placar alto uma única vez — um grande ganho que traga elevada aprovação. Porém o crescimento do tipo montanha-russa causará danos a você e a sua unidade. Negócios exigem administradores que sejam previsíveis em sua capacidade de entregar um crescimento sustentável.
- Apesar da pressão, resista à tentação de prometer demais. Gaste o tempo que for necessário para compreender exatamente o que sua unidade é capaz de entregar ao longo do tempo e de modo sustentável. Caso seus chefes não concordem, aí você tem um problema, e seu futuro talvez seja melhor em outro lugar.

CAPÍTULO 3

INTEGRIDADE INTELECTUAL IMPORTA

Treinadores e fãs do time Red Sox de Boston lidavam com as separações e, algumas vezes, com o caos que seu astro batedor Manny Ramirez causava para o time com uma sacudida de ombros e um breve comentário do tipo: "É só o Manny sendo o Manny." Na verdade, apesar do seu papel decisivo na vitória de alguns jogos importantes com um simples balanço de seu bastão, Manny dava mais trabalho do que valia. Depois de vários anos negando o fato, os dirigentes do time tiveram de enfrentar a realidade e, apesar de Manny estar no auge, começaram a conversar com outros times e tentaram, sem sucesso, negociar seu passe.

Nos escritórios da matriz em Boston, os executivos seniores da Gillette também desperdiçaram vários anos presos na incapacidade de confrontar a realidade. Quando a participação de mercado despencou no segmento de aparelhos de barba e lâminas — a joia da coroa do negócio da Gillette — os administradores davam de ombros e diziam: "Isso realmente não importa, nossa participação no mercado é superior a 70%."

Quando a Duracell perdeu 15% de sua participação de mercado e mais da metade de sua rentabilidade, "era apenas uma fase de transição que se autorreverteria a tempo".

Quando os observadores de Wall Street afirmaram que a Gillette parecia estar sobrecarregando os revendedores com um lote de produtos que os consumidores não comprariam, a Gillette respondeu que "um cliente sobrecarregado é um cliente motivado" que encontraria meios de vender mais produtos.

A Gillette estava sofrendo uma grave falta de integridade intelectual.

Integridade, é claro, significa adesão a um código de comportamento permeado pela ética e retidão. No mundo dos negócios, integridade intelectual significa, por sua vez, isso tudo e um pouco mais. É a capacidade para olhar de frente a sua organização — seja ela composta por poucas pessoas dentro de um pequeno escritório ou por milhares de trabalhadores localizados em centenas de locais ao redor do globo — aliada à vontade de encarar o que vê com honestidade total.

A conhecida história da rã e da água fervente revela que é muito fácil perder a objetividade e a perspectiva quando a pessoa se encontra imersa na cultura de uma organização. A história é mais ou menos assim: Se você colocar uma rã dentro da água fervente, ela salta fora da panela. Se você colocar uma rã dentro da água fria e aumentar a temperatura do fogo lentamente, a rã estará cozida antes mesmo de perceber o que está acontecendo. Infelizmente, em muitas empresas, a integridade intelectual pode passar de clara e objetiva para manchada e tendenciosa por meio de processos muito semelhantes.

Geralmente, em seu primeiro dia no novo emprego você identifica uma série de coisas que parecem não fazer sentido nenhum; algumas parecem ineficientes e mal-concebidas, além de outras que são completamente erradas. Mas é seu primeiro dia de trabalho, então você decide segurar a língua e não falar nada. Você não quer parecer um sabe-tudo. Faz uma anotação mental, mas decide esperar antes de dizer qualquer coisa.

Duas semanas depois, você ainda está fazendo anotações mentais sobre coisas que não parecem muito certas. Porém, você começa a repensar suas observações. Algumas daquelas "coisas erradas" parecem perfeitamente bem nesse novo ambiente. Seus colegas são boas pessoas e eles estão OK com essa situação. Talvez você esteja sendo muito ríspido?

Nada disso. É mais do que provável que você esteja dentro de uma panela sendo aquecida lentamente e prestes a entrar em ebulição.

EVITE O DILEMA DA RÃ COZIDA EM FOGO LENTO

Um meio de evitar o dilema da rã cozida em fogo lento e limitar o risco de uma perspectiva tendenciosa é trabalhar antes de assumir qualquer novo cargo. Para a maior parte das pessoas, os primeiros cem dias representam o período mais importante de um novo projeto. A sabedoria convencional defende que ao assumir o cargo de CEO ou começar um trabalho em marketing no início da carreira, suas perspectivas futuras serão definidas pelos esforços iniciais que você empenhou. Não há dúvida quanto a isso. Um começo forte e certo é importante.

Mas para mim, o período que realmente importa é aquele no qual realizo o trabalho prévio, antes de o relógio começar a marcar os primeiros cem dias. Em outras palavras, o que importa é adquirir um bom entendimento daquilo que você vai encontrar pela frente — os problemas, as oportunidades, as abordagens possíveis e obstáculos prováveis — antes mesmo de colocar o pé no escritório. O motivo está relacionado diretamente com o conceito de *integridade intelectual* e a necessidade de manter o foco claro na realidade. E não há período em que a integridade intelectual seja mais importante e mais desafiadora do que em momentos cruciais como reviravoltas e transformações.

> O período que realmente importa é aquele no qual realizo o trabalho prévio, antes de o relógio começar a marcar os primeiros cem dias.

Para um CEO, dar a volta por cima geralmente significa assumir uma empresa multibilionária em situação desastrosa e fazer com que comece a dar resultados. Mas reviravoltas também ocorrem numa escala muito menor e crises ocorrem com certa regularidade — um novo gerente de produto de marca que deseja melhorar o desempenho de um produto que perdeu seu brilho e vigor; um gerente de recursos humanos que precisa impor ordem e bom senso ao processo de remuneração e promoção caótico de uma empresa; ou o gerente financeiro que deve transformar sua função de controle e auditoria para uma parceria proativa nos negócios.

Dar a volta por cima em situações de negócios é algo que enfrentei durante toda a minha carreira. No início, me ressentia por receber projetos intratáveis e difíceis. *Por que eu?*, me perguntava. *Por que não posso pegar um negócio que já tenha tido seu momento de virada? Algo que eu possa construir e ajudar a crescer!* Mas, com o passar do tempo, percebi duas coisas. No mundo dos negócios, nada se move inexoravelmente numa única direção ascendente. E passar por situações desafiadoras em sua carreira — como situações decisivas de virada de jogo — não só melhora sua reputação no mercado, como lhe confere o tipo de experiência de que você precisa para alcançar os cargos mais altos dentro das empresas. O mais importante é que o sucesso nos negócios exige que você compreenda e confronte a realidade da situação independentemente do cargo que ocupa na empresa. Sem uma abordagem honesta e integral, sua base de ação será falha desde o início e comprometerá ações futuras.

SE TIVER UM LIMÃO

No início da minha carreira, fui promovido a gerente de produtos da Country Time Lemonade, uma nova bebida que estava para ser lançada no mercado pela General Foods Corporation. A empresa foi por muito tempo líder no segmento de bebidas instantâneas com a marca Kool-Aid. Tratava-se de um produto forte com mais de US$ 300 milhões em vendas. Na década de 1970, o Kool-Aid já estava no mercado há mais de trinta anos e mantinha uma posição dominante, registrando uma participação de mercado de 75%.

Teria sido fácil assumir que o conhecimento acumulado e opinião compartilhada pelo grupo de bebidas fossem bastante precisos. Todos acreditavam que as misturas em pó para bebidas consistissem num negócio maduro, de baixo crescimento de produtos pouco interessantes. Portanto, a melhor decisão seria não aguardar nenhum milagre e simplesmente tocar o negócio do melhor modo possível.

Mas mesmo sendo um gerente jovem, eu me recusava a aceitar os pressupostos elaborados por outras pessoas. Se nossa equipe estudasse, testasse, incentivasse e identificasse os consumidores certos como público-alvo e entendesse todas as dinâmicas de mercado, acreditávamos que seria possível descobrir uma realidade diferente. Usando pesquisas antigas e novas, examinamos o mercado de bebidas como um todo através dos olhos do consumidor, e não pelos olhos dos profissionais de marketing da General Foods, para descobrir o que poderíamos trazer de novidade para o mundo das misturas em pó para bebidas. Caso a pesquisa demonstrasse que a resposta era *nada*, nós a aceitaríamos.

Mas descobrimos que havia muito a ser feito. Por exemplo, mesmo comprando Kool-Aid para seus filhos, cerca de 60% do consumo era feito pelos adultos. Logo, existia aceitação do público adulto para as bebidas em pó. Nossos estudos mostraram que adultos queriam o gosto da limonada de verdade e que não estavam conseguindo sentir esse gosto com nenhuma bebida em pó. Descobrimos que os adultos também não conseguiam obter esse sabor com a limonada feita em casa que, por sua vez, poucas pessoas sabiam como fazer corretamente. Consequentemente, a bebida Country Time foi concebida e posicionada no mercado como uma forma fácil de beber limonada com o bom e velho sabor de limonada de verdade.

A realidade que descobrimos acabou virando algo muito grande. Consistia na diferença entre a Country Time ser uma boa e rotineira extensão da Kool-Aid e a marca Country Time tornar-se uma marca individual responsável por um faturamento de US$ 100 milhões, com uma das mais altas margens de lucro de todas as misturas para bebidas. A Country Time, com suas múltiplas extensões, virou símbolo de crescimento das misturas para bebidas naquele momento e continua sendo um negócio robusto, mesmo trinta anos depois.

Alguns anos depois do lançamento da Country Time, aquecemos a virada de jogo do mercado de bebidas em pó com as misturas em pó Crystal Light. Essa linha de produtos elevou as bebidas em pó para um novo patamar de consumo pelo público adulto, incentivado pelo primeiro comercial sobre o uso do adoçante de baixa caloria à base de aspartame — o NutraSweet.

A questão mais importante é a busca pela realidade de fato, independentemente de sua situação ou cargo dentro da empresa. Nas situações da Country Time e Crystal Light foi importante investigar a escala de crescimento e de oportunidades. É ainda mais importante em situações em que a marca, ou a empresa, está presa numa espiral descendente e a ordem é *Virar o jogo*.

UM VENCEDOR ELEGANTEMENTE SIMPLES

Mais tarde, essa foi "a bola da vez" durante a minha carreira na Oscar Mayer. O negócio de carnes processadas era caracterizado por baixo crescimento e a confiança nas *commodities* de carne. Todos os esforços anteriores para aumentar as margens de lucro e acelerar as receitas não deram resultado algum. Os analistas de investimento e especialistas do segmento sabiam que as carnes processadas estavam numa categoria de alimentos que seguia na contramão das tendências de consumo saudável e de bem-estar. Mas os diretores da Oscar Mayer não aceitavam essa realidade. Estavam convencidos de que presunto fatiado e mortadela Bologna ainda poderiam gerar um alto crescimento.

Como o cara novo na equipe da Oscar Mayer, para mim a análise feita por Wall Street fazia todo o sentido. Por outro lado, também estava convencido que deveria haver outro meio de revitalizar o negócio. E havia. Criamos uma nova plataforma que transcendia os embutidos fatiados. Era a plataforma Lunchables — um veículo com alta taxa de crescimento que, cerca de 25 anos depois, continua sendo ampliada por meio de novos sabores, variedades e formatos. Hoje em dia, a linha Lunchables gera um montante superior a meio bilhão de dólares em vendas.

Lunchables é um daqueles produtos que fazem você dizer: "Esse é um produto vencedor. Como eu não pensei nisso antes?" O conceito por trás do produto é elegantemente simples. O que é melhor? Tentar conter uma tendência de estilo de vida, vendendo mais embalagens de mortadela fatiada e de salsichas para cachorro-quente com preço baixo e baixas margens de lucro, ou vender pacotes de almoço com valor agregado, em sintonia com as tendências de consumo, simples e completos, compostos por um sanduíche pronto mais uma sobremesa, e com uma margem de lucro maior? Os pais odeiam a rotina diária de preparar logo cedo o almoço para os filhos levarem para a escola, especialmente quando estão apressados e divididos entre diferentes tarefas e direções ao mesmo tempo. E não há nada mais frustrante para os pais do que seus filhos voltarem da escola dizendo que detestaram o almoço deles. A garotada adorou os Lunchables. E nossa campanha de marketing enfatizou o conceito do produto como sendo a salvação dos pais da dor de cabeça de preparar todo dia o que geralmente no fim das contas acabava sendo um almoço rejeitado — ou seja, uma grande facilidade sem qualquer resultado amargo.

FATORES EXTERNOS

Uma vez alguém disse que o segredo da felicidade é a capacidade de encarar a realidade de frente e negá-la. Isso talvez funcione nas novelas e melodramas. Mas, se você está tentando virar o jogo nos negócios ou acelerar o crescimento de uma empresa, essa é a coisa mais destrutiva a ser feita. A melhor maneira de se concentrar na realidade é enxergar a situação pelo lado de fora.

Minha ascensão ao cargo mais alto da Gillette oferece um excelente exemplo nesse caso. No ano de 2000, eu estava supervisionando a fase final da venda da Nabisco Company para a Philip Morris Companies. Os três anos como CEO da Nabisco tinham sido os mais intensos e bem-sucedidos de minha carreira profissional. Minha equipe de executivos e eu pegamos uma empresa, que já havia sido grande um dia, em fase de autodestruição e a recolocamos no topo de sua categoria dentro da indústria de alimentos.

> A melhor maneira de se concentrar na realidade é enxergar a situação pelo lado de fora.

Enfrentando uma realidade muito maior. Nossos esforços no sentido de dar a volta por cima sempre foram confundidos e complicados por vários fatores que iam muito além da comercialização de *cookies*, biscoitos, bolachas e extenso elenco das melhores e mais reconhecidas marcas de salgadinhos e condimentos. Ações para o aumento das vendas, de participação de mercado e de rentabilidade dos produtos Oreo, Chips Ahoy!, Ritz, nozes Planter, confeitos Life Savers, A.1. Steak Sauce e mostarda Grey Poupon estavam relativamente bem encaminhadas. No final das contas, batemos todas as nossas metas mais cedo e com tamanha regularidade que fomos aplaudidos pelos analistas e investidores de Wall Street.

Os fatores que fugiam ao controle da Nabisco não eram apenas grandes, mas provaram-se avassaladores. Quando me juntei à Nabisco, as ações da empresa eram negociadas e listadas na Bolsa de Valores de Nova York (NYSE). No entanto, sua sócia majoritária, detentora de 85% das ações com direito a voto, era a RJ Reynolds Holding Company, cujo outro ativo principal era composto pelas empresas de tabaco RJ Reynolds nos Estados Unidos e espalhadas pelo mundo — fabricantes das marcas de cigarro Camel, Winston e Salem.

Apesar do meu trabalho consistir em restabelecer a empresa à sua posição de líder no segmento de salgadinhos e lanches, existia também uma realidade muito maior. O destino da empresa estava amarrado a uma arena muito maior, a da indústria do cigarro e especialmente aos políticos e ações judiciais contra seu produto.

Nós nos concentramos em fazer da Nabisco a melhor empresa no setor de alimentos, e o fizemos. Fatores externos, tais como: o clima litigioso da indústria tabagista e a capacidade de os caçadores de Wall Street montarem ataques bem-sucedidos para assumirem o controle da empresa, determinariam se a Nabisco sobreviveria, cresceria e prosperaria como uma empresa independente, ou se ela seria comprada e absorvida por outra companhia.

O caçador de oportunidades de negócios relacionadas às empresas, Carl Icahn, que chegou a controlar no passado as linhas aéreas TWA, lançou múltiplos ataques no sentido de tomar o controle da Nabisco na baixa. Icahn construiu sua carreira adquirindo participações em empresas e depois tentando abalar a administração das mesmas, forçando até sua liquidação ou assumindo o controle da empresa ele próprio. Steve Goldstone, CEO da RJR Nabisco, e sua equipe conseguiram rechaçar cada uma das investidas de Icahn. Steve havia sido um dos sócios seniores da prestigiada firma de advogados Davis Polk & Wardwell. Por muitos anos, trabalhou como consultor conselheiro externo da maior confiança dos CEOs que comandaram a RJR Nabisco. Alguns dos melhores administradores do mercado tentaram, embora sem sucesso, desvendar o valor contido nos poderosos ativos controlados pela RJR Nabisco. Entre eles, estão Lou Gerstner, que saiu para dirigir a IBM, e Mike Harper, lendário ex-CEO da ConAgra, responsável por um dos maiores recordes de desempenho da indústria de alimentos.

Steve Goldstone tinha vindo para ser o CEO com base na premissa de que um advogado estaria mais bem qualificado para lidar com os políticos de Washington e também com aqueles em nível estadual, bem como com os banqueiros e negociadores, o que ajudaria a livrar o negócio de alimentos das ações litigiosas ligadas à indústria tabagista.

E funcionou. Steve não só concebeu como auxiliou na negociação da indústria de tabaco com o governo federal e com o procurador do Estado, como também elaborou a estratégia legal e trabalhou os trâmites jurídicos que finalmente conseguiram estabelecer as empresas RJR Tobacco e Nabisco como duas entidades jurídicas independentes.

Com o processo de divisão finalizado com sucesso, os caçadores de empresas chegaram e foi apenas uma questão de tempo antes de a Nabisco ser comprada. Apesar da venda da Nabisco para o grupo Philip Morris não ser exatamente a solução sonhada por nós, sem dúvida era a melhor alternativa possível às investidas de Carl Icahn.

A venda resultou num excelente montante para nossos acionistas, muitos dos quais sofreram por anos com a constante queda nos preços das ações. Além disso, a Nabisco entrou para o grupo alimentício da Philip Morris-Kraft Foods. E tendo trabalhado mais de quinze anos na Kraft, três dos quais liderando a empresa, eu sabia que o pessoal da Nabisco, bem como suas marcas, teria as melhores perspectivas de desenvolvimento e crescimento.

Além disso, estava muito confortável com a perspectiva de me aposentar, depois de uma carreira de trinta anos construindo marcas que culminou na bem-sucedida volta por cima da Nabisco, reverenciada por Wall Street e pela mídia. Minhas finanças pessoais eram mais do que suficientes para cobrir minhas necessidades, e minhas duas paixões — pesca e golfe — estavam em compasso de espera há tempo demais.

ENCONTRANDO WARREN BUFFETT PELA PRIMEIRA VEZ

Por essa razão, não reagi com grande entusiasmo ou interesse quando Tom Neff, diretor de recrutamento de executivos de primeiro escalão da empresa Spencer Stuart, me ligou para sentir minha disponibilidade para assumir o cargo de CEO da Gillette. Além disso, eu não poderia simplesmente fechar a porta para uma das mais altas posições do setor de produtos voltados para o consumidor do mundo. Entre as empresas de produtos para o consumo estavam a Gillette, a Coca-Cola, a Philip Morris (atualmente Altria), a Procter & Gamble e o resto.

Encontrei-me com Warren Buffett e os outros membros do comitê da Gillette envolvidos na busca por um CEO, mas não antes de passar uma semana pesquisando e discutindo com diversas fontes para obter alguma perspectiva e conhecimento sobre a situação da Gillette. Definitivamente, eu não era nenhum guru especialista sobre os assuntos da empresa, mas minhas avaliações iniciais ganharam a confiança de Warren que, como havia mencionado antes, detinha cerca de 10% das ações da Gillette. Anos mais tarde, Warren diria à revista *Fortune* que eu era uma "raridade" porque não houve "nenhuma enrolação" em nossa conversa. É um grande elogio vindo de alguém que preza acima de tudo o estilo direto e conciso.

Três semanas depois, Warren comunicou à empresa e ao mundo que eu seria o CEO da Gillette. O comunicado foi feito em dezembro, mas só comecei a trabalhar efetivamente semanas depois, em fevereiro. Houve várias razões para esse interlúdio de tempo, mas a mais importante delas foi ter a oportunidade para expandir a pesquisa que eu já havia iniciado.

As semanas seguintes foram provavelmente as mais exaustivas de todas as vividas nos meus anos de Gillette. Fiz reuniões com vários colegas de longa data e conselheiros valiosos — banqueiros de investimento, consultores, executivos de agências de publicidade, especialistas em pesquisa de mercado, entre outros. Juntamos todas as informações públicas disponíveis no mercado sobre a Gillette, sobre as categorias dos produtos nas quais atuava e sobre seus concorrentes. Também passei horas ao telefone falando com amigos e contatos no mercado. Esses representavam os principais clientes com os quais tive a oportunidade de negociar ao longo de minha carreira e eram as mesmas pessoas que formavam a carteira de maiores clientes da Gillette.

MARCAS PODEROSAS; PROBLEMAS DESTRUTIVOS

Usando as informações coletadas durante esse processo, foi possível fazer uma avaliação detalhada da situação e traçar uma linha geral focada nas principais áreas de atuação e nas prioridades. Ainda que a avaliação estivesse necessariamente incompleta tendo em vista a falta de qualquer informação interna sobre a empresa, em linhas gerais, consegui captar corretamente cerca de 90% das questões fundamentais e elementos-chave para a subsequente estratégia de virada de jogo.

Na metade do processo, percebi que embora minha data de início fosse em fevereiro, precisava escrever a carta do *chairman* para o relatório anual da Gillette de 2000 a tempo de enviar para a impressão agendada para janeiro.

A carta conseguiu captar grande parte da minha linha de pensamento. Começava afirmando que apesar da minha revisão detalhada da Gillette estar apenas começando, eu gostaria de compartilhar minha visão inicial, sublinhando obviamente os pontos fortes da empresa. Há poucas empresas com mais marcas globais poderosas do que Gillette, e há bem menos empresas que tenham conseguido usar de maneira bem-sucedida a inovação para ampliar sua força no mercado e incentivar o consumo de suas marcas.

Inseri no texto também algumas questões. Inovação é um fator importante, mas somente quando leva a aumentos reais em termos de valor para o acionista pelo incremento de vendas, de participação de mercado e lucros. O custo de pesquisa e desenvolvimento e o custo dos recursos investidos para lançar novos produtos no mercado devem gerar retornos positivos, ainda que, no caso da Gillette, esses retornos tenham sido menores nos últimos anos. Embora a participação de mercado no segmento de lâminas tivesse melhorado a partir de 1997, os números registrados em outras categorias principais como pilhas e cuidados bucais eram muito baixos.

Havia problemas relacionados aos gastos de capital. O volume investido aumentou significativamente em 1997 e estava bem acima do nível apresentado por outras empresas líderes do segmento de produtos voltados para o consumo. Depois de registrar queda por vários anos, o retorno sobre o capital investido da Gillette voltou ao patamar de 1997, apesar de outras concorrentes do setor terem melhorado seu desempenho durante o mesmo período de tempo. Além disso, as vendas da Gillette permaneciam constantes.

Se esses fossem os únicos problemas identificados, a situação da Gillette não seria tão séria. Mas havia outros.

Apesar dos diversos lançamentos de novos produtos, o índice de propaganda em relação a vendas da Gillette havia caído drasticamente a tal ponto que seus gastos com propaganda eram os mais baixos entre todas as empresas do segmento de produtos voltados para o consumidor.

O ciclo operacional e o ciclo financeiro da Gillette — ciclos que medem a eficácia e eficiência de itens como estoques e contas a receber — despencaram consideravelmente ao longo dos anos e apresentavam diferenças materiais em relação aos de seus concorrentes. Os gastos com vendas, gerais e administrativos, tinham aumentado desde 1997, e as vendas por empregado estavam muito abaixo das indústrias líderes.

Minha conclusão foi direta, simples e específica: "Melhorar cada uma das áreas identificadas será meu foco pessoal e de toda a organização da Gillette para o futuro. Cada área será analisada e avaliada; estratégias detalhadas e planos de ação serão desenvolvidos; depois disso feito, iremos em frente com agressividade. E garanto a vocês que os resultados virão em seguida."

A carta também dizia que seriam liberados fundos para investir no crescimento das marcas da Gillette. Esses recursos adicionais seriam usados em outras alternativas estratégicas para acelerar o crescimento — explorando aquisições e alianças, ampliando e fortalecendo nossa penetração global no mercado e expandindo categorias de produtos complementares com perspectiva de crescimento elevado. Havia enormes oportunidades para serem aproveitadas.

Depois de mais de cinco anos, a finalização de um ciclo de planejamento estratégico de crescimento e o início de um segundo, aquelas áreas de concentração e as mesmas diretrizes estratégicas continuavam a direcionar a empresa quando anunciamos nossa fusão com a Procter & Gamble em 2005.

O trabalho realizado antes de começar meu período de cem dias foi o que realmente importou, fez a diferença. Ele preparou a base para tudo o mais que veio a seguir. Em contrapartida, compare minhas avaliações iniciais e aquela realidade com a visão apresentada por meus gerentes seniores durante uma reunião realizada no meu primeiro dia de trabalho na Gillette.

A soma total é menor do que a soma das partes. Com base em tudo que vi, li e ouvi, duas coisas eram claras como cristais: os custos operacionais e gastos com capital da Gillette eram altos demais, enquanto suas vendas e expectativas de lucros eram totalmente irreais. Nenhuma empresa de produtos de consumo seria capaz de atingir um crescimento de vendas da ordem de dois dígitos e um crescimento de lucros de 15 a 18% ano após ano. Mesmo assim, essas eram as metas definidas pela Gillette e consistentemente não atingidas nos últimos quinze trimestres.

No entanto, quando questionei meus subordinados diretos sobre os custos, suas respostas refletiram uma negação total da realidade. Cada um deles reconhecia que de um modo geral os custos da empresa eram elevados, mas que suas unidades individuais eram enxutas e bem-ajustadas. Na mente, a soma de todas as partes de algum modo era menor do que o total verdadeiro. Veremos mais sobre esse assunto no próximo capítulo.

> Quando questionei meus subordinados diretos sobre os custos, suas respostas refletiram uma negação total da realidade.

A reação deles às metas de lucros foi ainda mais desconcertante. Sem ameaça de qualquer represália, pedi aos gerentes operacionais que me entregassem uma meta revisada e realista para seus lucros — um número que eles acreditassem possível de ser atingido. Na primeira rodada, eles sustentaram suas metas inatingíveis. Para se ter uma ideia da situação, as metas chegavam a ser em média 30% superiores aos números reais registrados no ano.

De modo algum isso significa uma condenação desse grupo de gerentes seniores já que muitos de seus membros continuaram comigo durante os cinco anos da virada. Muito pelo contrário, apenas enfatiza a dificuldade existente para enfrentar a realidade e a importância de uma preavaliação não-tendenciosa da situação.

Aceitando a dura realidade. A recusa em aceitar a realidade acontece o tempo todo e em todo tipo de negócio. Isso aconteceu tanto na Nabisco como na Gillette, mas definitivamente não se limita somente a essas duas empresas. As razões para essa negação da realidade podem variar. Algumas vezes, uma organização acredita que seu grupo de diretores não quer ouvir a verdade. Ou se confrontados com essa realidade, executivos mais experientes não aceitam uma solução mais severa ou arriscada para o problema.

Mark Leckie, responsável pelo comando dos negócios da Gillette depois do processo de fusão com a Procter & Gamble, relata a dificuldade que encontrou quando disse aos gestores da Kraft que seu negócio de cereais Post estava perdendo participação no mercado para outras marcas privadas.

Mark trabalhou comigo na Gillette e na Kraft. É um administrador talentoso com visão muito apurada e grande tenacidade. Durante algum tempo, Mark reportou-se diretamente a mim, como quando dirigia a unidade de molhos de salada da Kraft. Mais recentemente, eu o trouxe para me ajudar no processo de recuperação da Duracell ao contrário do que muitos analistas desejavam que fizéssemos (preferiam que nos livrássemos do negócio de pilhas).

Quando estava no comando da Post, Mark reportava-se aos dirigentes dos negócios da Kraft nos Estados Unidos. Mesmo assim, continuei observando atentamente os passos de Mark porque sabia do seu grande potencial.

Mark não só percebeu que a Post encontrava-se em posição de grande vulnerabilidade e declínio, mas que todo o segmento americano de cereais prontos para o consumo também era orientado por objetivos de curto prazo, agindo de modo danoso que prejudicaria gravemente o crescimento futuro das vendas e as perspectivas de rentabilidade da Kraft. Durante a década de 1980 e início dos anos 1990, as fabricantes de cereais — lideradas pela Kellogg e General Mills — promoviam dois aumentos de preços anuais, de aproximadamente 4 a 5% cada, e em seguida separavam cerca de metade a dois terços do incremento da receita gerada. Parte desses recursos era direcionada para o aumento de gastos com propaganda, e cerca de 60 a 70% dos recursos eram gastos em promoções, principalmente em ofertas do tipo "compre um, leve dois".

O preço final ao consumidor de uma caixa grande de cereais era de aproximadamente US$ 5 em 1995. No entanto, era raro não ter uma promoção semanal promovida pela Kellogg, General Mills e até mesmo da Post com uma oferta do tipo "compre um, leve dois".

Esse modelo de negócio de "aumento" e "reversão por meio da promoção" funcionava para a Kellogg e para a General Mills por causa do porte delas e consequente economia de escala. A fatia de mercado da Kellogg era de quase 35%; a da General Mills era de 23%. Com apenas 15% de participação, os dólares gastos em marketing pela Post encontravam grande dificuldade para penetrar no mercado. A margem de lucros era muito apertada e, no período de 1995 ao início de 1996, a Post perdeu mais de US$ 100 milhões em vendas no varejo.

Mudanças incrementais não vão funcionar. Como Mark observava o mercado como um todo, ele sabia que mudanças incrementais não resolveriam essa confusão. Era necessário partir para uma solução radical capaz de trazer benefícios no longo prazo para a Post, bem como para todo o setor de cereais. A solução teria que quebrar o ciclo formado por aumentos constantes do preço de prateleira dos produtos, seguidos de promoções e ofertas de produtos grátis cuja tendência seria a corrosão do poder das marcas e da lealdade dos seus consumidores.

A estratégia elaborada por Mark e sua equipe era realmente radical e potencialmente arriscada e de alto custo. Na verdade, se ela não funcionasse isso significaria que o próximo projeto de Mark seria desenvolver uma estratégia de saída do mercado para o negócio de cereais da Kraft.

Em resumo, Mark e sua equipe propuseram a redução no preço dos cereais de US$ 5 a caixa para um preço baixo de US$ 2,99, eliminando todas as ofertas de produto grátis, além de reduzir a frequência e a intensidade das promoções. Mark antecipou relativamente promoções infrequentes que reduziriam o preço para US$ 2,49 a caixa — um pouco mais alto do que os preços praticados nos mercados promocionais.

Se a estratégia funcionasse, os ganhos da Post em termos de aumento de participação de mercado e a redução das vendas promocionais de marketing seriam suficientes para superar a redução na receita provocada pelo corte nos preços. Por outro lado, se os ganhos não ocorressem, a Post simplesmente implodiria.

Acima de tudo, essa estratégia promoveria o equilíbrio no campo de atuação ao trazer de volta o foco do consumidor para a importância da marca, da propaganda e do lançamento de novos produtos, que eram os pontos fortes da Post. Além disso, tiraria o foco do consumidor das promoções mantidas a custo elevado, onde o porte das empresas como a Kellogg e General Mills assegurava sua vantagem competitiva.

Confrontando a realidade do mercado. Na visão de Mark, a estratégia tinha seus riscos, mas não havia outra alternativa. A diretoria executiva da Kraft enxergava os riscos inerentes ao plano, porém não compartilhavam da mesma visão de Mark sobre a realidade do mercado de cereais. Consequentemente, a cada duas ou três semanas ao longo de um período de nove meses, Mark e sua equipe viajavam de Westchester, onde estava localizada a base nova-iorquina das operações dos cereais Post, para Northfield, Illinois, onde ficava a matriz da Kraft, para apresentar e defender seu plano estratégico. Como lembrado por Mark: "Nós, literalmente, viajamos a cada três semanas e apresentamos todas as razões pelas quais aquilo que foi descrito no plano precisava ser feito; como seria sua execução; como tínhamos certeza de que o plano daria certo, tudo em detalhes excruciantes."

A história teve um final feliz. Mantive conversas informais com Mark e sua equipe em Nova York, onde também ficava meu escritório, de modo que eu conhecia bem a ideia e o nível de detalhamento envolvido na análise conduzida por eles. Eu também concordava com o entendimento de Mark com relação à realidade confrontada tendo em vista as condições existentes no mercado de cereais. No final do período de nove meses de reuniões, me convidei para participar de mais uma reunião. Ao término da sessão, todos concordamos que a equipe de Mark deveria seguir em frente e implementar seu plano de redução de preço, que foi efetivamente realizado no segundo trimestre de 1996.

Dizer que o plano foi um sucesso, seria dizer o mínimo. A participação de mercado da Post subiu aproximadamente 20%, passando de 15 para quase 18%. O negócio estabilizou-se. Os lucros cresceram depois de um ano de investimento. E o modelo de negócios para o setor de cereais foi alterado, com a Kellogg e a General Mills também mudando sua estratégia de vendas e a política de precificação, com preços fixos e válidos para todos os dias.

Diversas empresas estão amarradas à cultura organizacional de modo que é muito difícil dizer: "Isto não está funcionando. Temos que começar tudo de novo." Foi exatamente o que aconteceu com as empresas ".com", ao serem mantidas vivas com o auxílio de aparelhos muito tempo depois do seu modelo de negócios deixar de registrar qualquer batimento cardíaco.

DECISÕES FALHAS, NÃO ERROS CLÁSSICOS GRAVES

Muitas empresas se metem em confusões não porque cometem erros clássicos graves, mas devido a uma sucessão de decisões bem-intencionadas, porém falhas, que vão se acumulando até que um problema muito maior é criado e se torna extremamente difícil de ser resolvido. Alguns anos atrás, ao assumir o cargo de CEO da Kraft, Roger Deromedi enfrentou um desafio significativo. O custo do queijo, que representa a *commodity* mais importante da Kraft, sofreu históricas altas de preço. Roger teve de confrontar US$ 300 milhões de custos com *commodities* que ele não podia repassar para o preço final ao consumidor.

> **Muitas empresas se metem em confusões não porque cometem erros clássicos graves, mas devido a uma sucessão de decisões bem-intencionadas, porém falhas, que vão se acumulando.**

O que ele poderia fazer? Ele queimaria sua reputação junto ao pessoal de Wall Street se cortasse suas verbas de marketing e talvez reduzisse a qualidade do queijo do produto da Kraft. No curto prazo o impacto resultaria num incremento de receita que agradaria muito os investidores e analistas. Mas no longo prazo, essa decisão falha daria início a uma erosão no valor da marca e perda da preferência do consumidor que seria muito difícil reverter no futuro. Em vez disso, Roger decidiu fazer a coisa certa. Reduziu sua margem operacional, manteve intacta a verba de marketing e buscou fazer alguma economia em produtividade que pudesse contribuir no longo prazo.

Para resumir o tema da integridade intelectual, é muito fácil perder a capacidade de enxergar a sua realidade com total honestidade. O primeiro passo para começar a colocar as coisas em ordem é fazer o dever de casa antes de assumir um novo compromisso ou projeto. Apesar de serem necessárias correções no meio do caminho, com certeza grande parte da avaliação anterior e dos planos iniciais será válida.

INTEGRIDADE INTELECTUAL: MAIS DO QUE UM OLHAR PARA DENTRO DE SI

Integridade intelectual envolve muito mais do que a aplicação de valores pessoais às decisões de negócios. Isso também é importante. Mas fazer apenas a coisa certa não é suficiente quando você está tentando entender os problemas, desafios e oportunidades de uma empresa. Você deve sair de dentro de si mesmo e de dentro do negócio para coletar informações. Veja como fazer isso.

- Lance a rede do modo mais abrangente possível. Quando estiver avaliando um negócio, elabore uma lista de componentes, críticos e observadores. Quanto maior o tamanho da lista, melhor; você pode eliminar ou selecionar os itens mais tarde, se for necessário.
- Sempre inclua os clientes. No setor de produtos voltados para os consumidores, os clientes seriam as redes varejistas, atacadistas e outras lojas que vendam os produtos da empresa. Você obterá informações tremendamente importantes ao conversar sobre o conhecimento do dia-a-dia que os clientes têm sobre a empresa.
- Fornecedores podem lhe dizer muito mais sobre uma empresa do que se pagam ou não suas contas em dia. Fornecedores de serviços, como agências de propaganda, podem lhe falar sobre o estilo de administração da empresa, sua prática de marketing, entendimento dos clientes, habilidades para o desenvolvimento de novos produtos, e muito mais. Fornecedores de produtos sabem quando a empresa alavanca a escala de sua produção, se possui linhas claras e bem-definidas de responsabilidade, se é hábil nas previsões e se possui um sistema de logística eficiente.
- A quantidade de informação disponível no mercado sobre qualquer empresa de capital aberto é enorme. Além de demonstrativos trimestrais sobre vendas e receitas e relatórios anuais elaborados pela administração, há uma grande variedade de informações de fácil acesso disponíveis no banco de dados eletrônico — chamado EDGAR — da Comissão de Valores Mobiliários dos Estados Unidos (SEC), que contém todos os arquivos de dados e informações obrigatórios requisitados pela legislação.
- A maioria das grandes empresas é investigada pelos analistas de investimentos que passam a vida estudando e preparando relatórios sobre um pequeno grupo de empresas. Eles possuem um conhecimento específico sobre as empresas, sabem como é o desempenho delas em comparação com as concorrentes no seu segmento e como são vistas

pelo pessoal de Wall Street e pelas principais partes interessadas e relacionadas diretamente às suas atividades.

- Consultores, sem divulgar informações confidenciais, podem fornecer visões importantes sobre as empresas, desde sua cultura e ações corporativas até o funcionamento do seu processo administrativo e a habilidade de seu pensamento estratégico.

CAPÍTULO 4

ENTUSIASMO IMPORTA

O mundo dos negócios exige pessoas que tenham entusiasmo e sejam capazes de promover mudanças. Contudo, o papel do líder de instigar esse entusiasmo é frequentemente subestimado. A noção comum do que é líder, especialmente o líder rígido e antiquado, é de alguém que é distante e que não gasta muito tempo alimentando a organização com energia e convicção.

Porém, os verdadeiros líderes devem desempenhar esse papel. Devem ser transparentes e passionais ao defenderem o crescimento e as mudanças da empresa. Devem transmitir aos membros da organização o entendimento essencial sobre o que precisa ser feito, para então gerarem a crença e convicção de que cada membro tem os recursos necessários para o sucesso.

Além disso, inspirar entusiasmo não significa comportar-se como um colega de trabalho extremamente comunicativo ou extrovertido que *preenche* cada minuto de silêncio com clichês do tipo "equipe, pra frente!" Entusiasmo é muito mais do que isso. É a força da personalidade e das ideias difundidas pela organização como um todo, acrescidas de um propósito e sentido de missão. O entusiasmo, portanto, compreende algo muito maior. É claro que funciona também em termos individuais, em pequena escala, mas permeado de significado. Em resumo, o entusiasmo possui diversos significados e se manifesta de várias maneiras diferentes.

> O entusiasmo também precisa ser sustentado ao longo do tempo. Não é algo que você simplesmente acrescenta ao seu discurso de encerramento de uma reunião nacional de vendas.

O entusiasmo deve ser sustentado ao longo do tempo. Não é algo que você simplesmente acrescenta ao seu discurso de encerramento de uma reunião nacional de vendas. Deve estar presente diariamente a cada contato que você faz dentro e fora da empresa. Em grandes corporações, entusiasmo também significa manter contatos abrangentes e regulares por meio de visitas às equipes de trabalho, grupo a grupo.

O entusiasmo permeia tudo o que você faz, desde a definição dos fundamentos que servirão de diretrizes para o negócio até os relacionamentos interpessoais que moldam o caráter de sua equipe de administração e a percepção e compreensão externa de suas conquistas e ações.

APRENDENDO A ACEITAR O CRESCIMENTO ZERO DE CUSTOS OPERACIONAIS

Vamos começar olhando o entusiasmo através de lentes não-convencionais: o grande desafio da redução de custo. Uma das características pelas quais sou reconhecido em cada empresa onde trabalhei — General Foods, Kraft, Nabisco e Gillette — é minha capacidade de despender esforços vigorosos e intermináveis no sentido de eliminar custos desnecessários. Se a estrutura de custos de uma empresa está inchada e elevada em relação a seus concorrentes, qualquer chance de vitória torna-se impossível. Se você eliminar custos desnecessários e usar os recursos resultantes dessa economia para investir em novos produtos, aumentar as verbas de marketing e melhorar a capacidade produtiva, a vitória está ao alcance de suas mãos.

Porém, eliminar custos (que significa invariavelmente reduzir o quadro de pessoal tanto por redução da força de trabalho bem como corte de pessoal) não é uma missão na qual qualquer empresa queira se envolver. Na melhor das hipóteses, a eliminação de custos será vista como um trauma necessário e eventual ao qual a empresa terá de ser submetida. Você nunca encontrará uma organização que queira aceitar a redução de custos como seu mantra de longo prazo. Apesar disso, a redução de custos eventual ou de curto prazo inflige muito sofrimento sem a garantia de retorno em termos de resultados duradouros. Para ser bem-sucedida, a redução de custos deve passar a ser um estilo de vida.

Com toda a dificuldade possível de se imaginar, minhas primeiras missões foram gerar o entusiasmo necessário para implantar a redução de custos e promover o verdadeiro entendimento sobre sua importância dentro de toda a organização. Não se tratava de uma ação única, isolada, mas de uma determinação irrevogável a ser executada diariamente, como ocorreu especialmente no caso da Gillette.

> **Eliminar custos, que significa invariavelmente reduzir o quadro de pessoal... não é uma missão que qualquer empresa queira aceitar.**

No final do meu primeiro ano, nosso grupo de Negócios Corporativos contou o número de reuniões formais e comunicados internos à organização realizados por mim e o comparou com o número registrado por meus dois antecessores no cargo de CEO. A quantidade dos meus contatos era três vezes maior do que a dos meus predecessores.

De todos esses contatos, mais da metade focava em grande parte ou totalmente na necessidade de eliminação de custos desnecessários, sendo que praticamente todo discurso, apresentação, mesa redonda, reuniões gerais, carta do presidente e comunicados por meio de vídeo ou áudio referia-se a custos. Para conseguir causar impacto, todos os veículos de comunicação disponíveis devem ser usados.

Contando com minha experiência passada de homem de marketing, eu já sabia que você necessita de algo memorável para causar repercussão. Alguma coisa que a organização ouça uma única vez e se lembre para sempre. E foi assim que nasceu o ZOG — Zero Overhead Growth —, que significa Crescimento Zero de Custos Operacionais. O Capítulo 12 trará algumas de suas aplicações. Nesse momento vamos observar o processo de mudança no qual a empresa passou do estágio de negação referente ao excesso de custos à aceitação do ZOG, e de sua próxima fase relacionada, o NOG — Negative Overhead Growth — ou Crescimento Negativo de Custos Operacionais, como um estilo de vida para a Gillette.

O dever de casa preliminar que preparei antes do meu início na Gillette forneceu evidências do fato de que os custos da empresa eram muito superiores ao de seus concorrentes, tais como a Colgate, a Kimberly-Clark, a Clorox e a Procter & Gamble. Os números absolutos eram péssimos e todas as tendências estavam em processo de aceleração. Os custos da Gillette cresciam enquanto todas as outras empresas concorrentes do setor eliminavam custos, reduzindo seu montante total.

Passando da fase de negação para a fase de aceitação. Levantei a questão para discussão durante a reunião com os diretores-executivos da Gillette realizada no meu primeiro dia de trabalho. A diretoria era composta pelos doze principais responsáveis por todos os negócios da Gillette, incluindo linha de produção e pessoal, tanto nacional como internacional. Sem exceção, todos os executivos já trabalhavam há vinte e até mais de trinta anos na empresa, haviam sido responsáveis pela ascensão da Gillette ao longo dos anos e então viram a capitalização da empresa ser reduzida à metade ao longo dos últimos três anos.

Levantei a questão do excesso de custos por uma série de razões.

A primeira e mais importante delas era o fato de ser um problema sério. Não havia dúvidas com relação a isso.

Em segundo lugar, a melhor maneira de romper com a complacência é levantar uma questão importante rapidamente, na primeira oportunidade possível nesse caso e, em seguida, discuti-la de modo repetitivo e incessante.

Em terceiro lugar, era necessário que a direção da Gillette resolvesse a fase de negação do processo para que fosse capaz de seguir em frente e partir para a fase de resistência para então finalmente atingir as fases de aceitação e de ação.

A experiência na Nabisco me ensinou exatamente qual seria a reação esperada, portanto não fiquei desapontado com o resultado. Encerrei a discussão sobre a estrutura de custos da Gillette, apontando o quanto os custos da Gillette eram altos em comparação com a concorrência, particularmente em contraposição às melhores empresas de sua categoria, bem como apresentando os baixos índices de produtividade por funcionário registrado. Em seguida pedi que levantassem a mão em resposta à pergunta: *"Quantos de vocês acreditam que os custos da Gillette são altos demais?"*

Todos levantaram a mão. Até aqui, nenhuma surpresa. A lógica era indiscutível. Depois perguntei: *"Quantos de vocês acham que os custos de suas unidades de negócio ou departamentos são altos demais?"* Ninguém levantou a mão. De novo, nenhuma surpresa. A negação é a reação invariável de uma administração com problemas.

A seguir, convidei cada membro do grupo para uma reunião individual ao fim da sessão para que me transmitissem suas perspectivas sobre o problema de excesso de custos. De novo, nenhuma surpresa.

> **A negação é a reação invariável de uma administração com problemas.**

Cada um dos executivos entrou na minha sala dizendo a mesma coisa: "Minha unidade é enxuta e ágil, mas temos problemas sérios com XXX." O único aspecto que variava era o fator XXX — a parte da empresa onde se encontrava o verdadeiro problema. Para os executivos da área de marketing, o problema era o grupo de operações; para os de finanças, era o de marketing; para os de tecnologia da informação, era o de finanças; e assim por diante.

Todos são culpados, mas ninguém assume a responsabilidade. Todos os demais são culpados, mas ninguém assume a responsabilidade. Evidentemente, se desejássemos fazer algum progresso, a fase de negação deveria dar lugar à fase de aceitação. Mas isso não aconteceria sem um processo e sem minha certeza e garantia de que seríamos bem-sucedidos ao final.

O grupo precisava compreender que eu já havia feito exercícios semelhantes, em maior ou menor escala, centenas de vezes ao longo de minha carreira; logo, eu sabia o que aconteceria lá na frente. Não havia nenhuma combinação matemática possível capaz de nos desviar do curso certo. Seria preciso trabalhar todos os desvios e situações extraordinárias. Se a Gillette seguisse o comprovado e factível processo ZOG, conseguiríamos atingir em cinco anos os menores custos da categoria em relação a nossos concorrentes. Eu seria capaz de apostar minha reputação nesse resultado.

Quando Ed DeGraan, o CEO anterior à minha chegada, pensou no ZOG e nas iniciativas de redução de custos, considerou que dois diferenciais-chave da minha proposta eram: convicção e comprometimento. A grande maioria dos esforços no sentido de reduzir custos consistia em programas ocasionais, muito aclamados mas que não surtiam efeito no final. O nosso programa consistia numa plataforma estratégica de longo prazo. Concentramos nossos esforços não apenas no aqui e agora, mas visualizávamos os próximos três a cinco anos. Afirmamos que *as reduções de custo atuais* seriam a maior fonte de recursos dos *programas atuais de captação de fundos* responsáveis por restabelecer as finanças da empresa, por meio do aumento de investimentos em marketing, elevação da nossa capacidade produtiva, aceleração no desenvolvimento de novos produtos, entre outras ações.

Como qualquer plataforma estratégica, a Gillette precisava colocar em prática os planos de ação. "Não podemos simplesmente lançar um conceito ou um comunicado; precisamos realmente trabalhar para que isso se concretize", dizia Ed. "Desenvolvemos os planos para em seguida compartilharmos esses planos com todos, de modo que todos saibam exatamente o que está acontecendo."

Trabalhei com cada um dos membros que compunham meu comitê de operações a fim de orquestrar nossos esforços. No final, todos os meus subordinados diretos tinham em mãos os documentos que continham os planos operacionais detalhados que seriam transmitidos e multiplicados por toda a organização.

O ZOG VIRA UM ESTILO DE VIDA

Entusiasmo significa que as pessoas devem acreditar que possuem todos os recursos necessários para implementar as mudanças e que ao usá-los poderão assegurar o sucesso total. Na Gillette as sementes para implantar essa crença começaram no primeiro dia. Os esforços continuaram ininterruptamente pelos cinco anos seguintes.

Com a colaboração do meu grupo, tivemos que lidar com a negação de cada um dos meus executivos pois eram parte integrante do problema. Em vez de olhar só para os grandes números da Gillette, fomos obrigados a perceber que o problema havia se espalhado por toda a empresa, não se restringindo a algumas funções, unidades de negócios ou até mesmo a regiões geográficas. Consequentemente, pedi a cada um dos meus subordinados diretos que fizesse três coisas.

Em primeiro lugar, realizar uma autoavaliação em suas unidades: Como sua equipe de gerentes achava que a unidade estava cumprindo seu papel dentro da empresa? Como classificavam sua capacidade: "a melhor de todas as áreas", "média" ou "fraca"? Classificavam seus custos como de nível: "o mais baixo", "médio" ou "o mais alto"?

Em segundo lugar, verificar se o restante da organização avaliava suas respectivas unidades usando os mesmos critérios em termos de desempenho: qualidade das capacidades e de pessoal; eficiência e custos de sua unidade.

Em terceiro lugar, realizar um estudo de *benchmark* de sua unidade em comparação às melhores empresas concorrentes. Caso essa parte do exercício fosse muito complexa ou difícil de executar por conta própria, eles poderiam usar os serviços de consultores externos contratados que tivessem experiência em realizar esse tipo de avaliação.

Uma vez lançado o programa ZOG entre o grupo de executivos, já era o momento de fazer seu lançamento para a empresa como um todo e de promover o entendimento dessa iniciativa. Em 28 de março de 2001, pouco mais de um mês depois do meu início na Gillette, todos os funcionários receberam meu comunicado explicando que o ZOG passaria a fazer parte do dicionário da empresa e do seu estilo de vida pelos próximos cinco anos.

O texto da carta começava assim: "Os gastos gerais e administrativos da Gillette vêm crescendo significativamente desde 1997... e o volume de vendas por funcionário está muito abaixo do nível registrado pelas empresas líderes do mercado..."

"Como parte dos nossos esforços no sentido de melhorar o crescimento da Gillette, estamos iniciando um novo programa que vai limitar o aumento das nossas despesas no futuro. Esse programa chama-se Crescimento Zero de Custos Operacionais, ou ZOG. Essa iniciativa representa um elemento importante para garantir a competitividade da Gillette no futuro."

O ZOG não "envolve nenhuma meta preestabelecida para redução dos custos". Entretanto, espero que as unidades excedam o ZOG e atinjam o Crescimento Negativo de Custos Operacionais, que reduzirá efetivamente os custos em relação ao nível registrado no ano passado.

Para redução de custos, todo mundo quer dizer todo mundo. Na sequência, estabelecemos dois pontos que eram essenciais para obter a aceitação dos esforços relativos à redução de empregos e corte de custos.

Em primeiro lugar, todo mundo seria afetado. Não haveria absolutamente nenhuma exceção a menos que fosse necessária. No caso da Gillette, havia uma: a unidade de vendas nacionais, que acabara de passar por um importante processo de reorganização e reestruturação para redução do tamanho e representava a primeira linha de frente no contato com nossos clientes comerciais.

Em segundo lugar, todo mundo significava todo mundo. Não haveria favorecimentos, nem de funcionários nem de cargos. Todo mundo deveria seguir os preceitos do ZOG. Avisei meu colega de longa data, John Manfredi, que eu queria que ele assumisse o posto de garoto propaganda do ZOG. Esperava que as unidades que estavam sob seu comando — Relações com Investidores, Comunicações, Relações Públicas, Assuntos Administrativos, Assuntos da Comunidade e Filantropia Corporativa — liderassem o caminho para a redução de custos e despesas operacionais. John não me desapontou. Durante os três anos seguintes, ele conseguiu reduzir as despesas em 60% e o orçamento total em 50%, ao mesmo tempo que aumentou a qualidade e a quantidade de trabalho. Definitivamente, ele se tornou um exemplo a ser seguido pela empresa.

Preparando o paciente para uma cirurgia mais complexa. Em quatro meses, os resultados de nossa avaliação de custos e capacidades estavam prontos e com base neles voltamos a fazer uma série de cálculos. Pelos totais, já sabia que haveria uma significativa diferença de custos em relação à concorrência. Contudo, eu não tinha a menor ideia do tamanho dessa divergência. Praticamente toda unidade da empresa apresentava uma desvantagem de custos em relação aos nossos concorrentes. Em muitas de nossas mais importantes e principais áreas — tais como: finanças, recursos humanos e tecnologia da informação — as diferenças registradas eram as maiores, ficando num intervalo de 30 a 40% superior às demais áreas. Seriam necessários mais do que poucos cortes e remendos para consertar esses números; a situação exigia uma cirurgia mais abrangente, mais complexa.

Conquanto todos os gerentes estivessem em fase de negação com relação a seus custos, era surpreendente perceber como também estavam fora da realidade ao avaliarem em termos gerais as suas unidades em comparação às outras unidades do resto da empresa. Consideravam que 30 a 40% de custos *acima* do nível aceitável ou desejável não era um resultado atípico, bem como 30 a 40% de capacidade *abaixo* do nível aceitável ou desejável também não era um resultado atípico. Cada diretor-gerente estava convencido de que ele ou ela contava com funcionários de alto nível que, por sua vez, prestavam serviços de alto nível com a maior eficiência e eficácia. Novamente, praticamente em todos os casos, a avaliação se desviava fortemente da realidade percebida pelo resto da organização.

Como observado num caso específico, o executivo responsável pela área de tecnologia da informação declarou que sua unidade não era apenas boa, ou muito boa, mas que era "o melhor departamento de TI do mundo". Segundo sua avaliação, o departamento de TI implementava aplicativos de alto nível e sistemas "muito antes do cronograma definido e bem abaixo do orçamento previsto". Quando os consultores externos especializados em estudos de *benchmarks* e de classificação de avaliação interna de pessoal voltaram, o departamento de TI passou a ser a área menos confiável, menos eficaz e com maior custo de pessoas da Gillette. As considerações sobre a administração foram as seguintes: não sensível às necessidades do negócio, com baixo nível de respostas às necessidades da empresa; o cronograma de implementação era honrado além do tempo limite; os prazos finais quase nunca eram cumpridos; e os orçamentos pareciam servir como uma razão de "fator X", por exemplo "os custos efetivos serão 3X superiores ao orçamento inicial".

E finalmente, embora os consultores fossem solicitados principalmente para fornecer dados e validar as análises comparativas, eles realizaram uma avaliação geral capaz de assegurar a mim e a cada um dos nossos diretores e gerentes que tínhamos que resolver um problema significativo e abrangente.

Com base nesses dados e materiais, a fase inicial do processo de aceitação poderia começar. Meu papel era reunir os duzentos principais líderes da empresa para fazer uma revisão dos resultados, as implicações e os planos específicos de ação, para em seguida convencer a empresa e todo o mundo. Nos seis meses seguintes, realizei uma série de reuniões com cada uma de nossas unidades mais importantes nos Estados Unidos — Aparelhos de Barbear & Lâminas, Cuidados Bucais, Duracell e Cuidados Pessoais — além de nossa unidade de produtos elétricos da Braun localizada em Kronberg, na Alemanha, nossas unidades europeias, comerciais e administrativas, em Londres, e nossos líderes asiáticos, comerciais e administrativos, em Cingapura. Além disso, fiz reuniões individuais com cada um dos responsáveis pelas principais unidades administrativas — Operações, Finanças, Recursos Humanos, Tecnologia da Informação e Compras.

Apresentei e fiz a narração de um vídeo distribuído em âmbito mundial sobre como executar a implantação do ZOG e também uma reprise das primeiras vitórias conquistadas pelo ZOG para inspirar confiança. A analogia que melhor retrata os primeiros meses do ZOG é a de um político em campanha para conquistar os votos para ser indicado para presidente do partido. Foi uma campanha intensa e ininterrupta — para mim e para toda a organização.

Redução de custos — um projeto nada simples. Durante o almoço no refeitório da Gillette, os funcionários passavam e diziam: "Estamos *ZOgando*." Os prós e contras do ZOG eram discutidos na intranet da empresa. Em cada uma de nossas reuniões semanais da diretoria era apresentado pelo menos um relatório e diversas referências sobre as atividades do ZOG. O ZOG era onipresente na Gillette. Ficou claro que minha mensagem, dizendo que o ZOG era responsabilidade de todos havia atingido o seu objetivo quando vários assistentes administrativos formaram um grupo para estudar o que eles poderiam fazer para contribuir com o processo.

Se funcionou? Pode apostar que sim. No Capítulo 10, entraremos nos detalhes sobre os projetos e respectivas conquistas. A maior conquista de todas pode ser resumida dizendo que, ao final dos cinco anos, conseguimos eliminar cerca de US$ 800 milhões de despesas e custos desnecessários, sendo que em relação ao total de vendas a redução foi de 31% para 23%.

A redução de custos não é um projeto simples, mas uma iniciativa organizacional mais abrangente. Pouco menos de um mês depois do lançamento do ZOG, introduzimos na empresa o Programa de Centralização Estratégica de Compras e Serviços para a Gillette, ou SSI — Strategic Sourcing Initiative. Em 9 de abril de 2001, expliquei para toda a organização que o SSI serviria para "identificar as oportunidades de economia existentes em todos os gastos externos com bens e serviços ao redor do mundo... Ao identificar e localizar as diversas unidades que compravam itens iguais

— quer fossem plásticos para embalagem ou elásticos de borracha para uso em escritório — o SSI preencheria nossas demandas como única fonte centralizada de fornecimento e, desse modo, possibilitaria ganhos em termos de economia de escala".

Continuei assegurando às pessoas na organização que "com base em minha experiência no passado, eu sabia que com a aplicação agressiva do fornecimento estratégico e das modernas tecnologias de busca via internet seríamos capazes de obter economias substanciais num período de tempo bastante reduzido". Em seguida, comecei a detalhar nossas metas: "... Nossa meta de economia anual para este ano será de aproximadamente US$ 100 milhões. Acreditamos que uma economia incremental da ordem de US$ 200 milhões é possível para os próximos um ou dois anos." O volume de economia era consideravelmente grande, para dizer o mínimo, tendo em vista que as compras anuais da Gillette totalizavam de US$ 3,5 bilhões a US$ 4 bilhões. Conseguimos não apenas atingir essas metas, mas ultrapassá-las. O SSI continua em plena atividade na Gillette e agora está sendo implantado na Procter & Gamble. Entusiasmo em grande escala faz toda a diferença.

> Redução de custos não é projeto simples, mas uma iniciativa organizacional mais abrangente.

REUNIÕES NO PORÃO DE CASA PARA ELEVAR O MORAL DA EQUIPE

Algumas vezes o entusiasmo é um tipo de reforço moral que funciona para incentivar as pessoas individualmente. Como fazer para que alguém saiba o quanto sua função é importante? O quanto vale sua contribuição? O quanto seu sucesso está ligado ao sucesso da organização? Um dos melhores meios é utilizar seu tempo livre para trabalhar com as pessoas num ambiente que não seja o do escritório. Isso geralmente significa usar os finais de semana e feriados.

Ao longo dos anos, gastei incontáveis sábados e domingos trabalhando com membros de minhas equipes de executivos em vários projetos, desde o mapeamento de planos de negócios até discussões sobre como lidar com uma crise antecipada.

Bob Eckert, o bem-sucedido CEO da Mattel, se recorda de nossas reuniões aos finais de semana, quando ocupava o cargo de gerente-geral da divisão de queijos da Kraft, como ocasiões sem "nenhuma distração de qualquer tipo e com capacidade total de concentração". Nós nos sentávamos no porão da minha casa, sem telefonemas, sem secretárias e sem interrupções, totalmente imersos nos assuntos do dia.

Dave Rickard, atual CFO da CVS, maior rede nacional de drogarias, lembra da época calamitosa para a divisão de queijos da Kraft que também exigiu reuniões aos finais de semana para "manter todos nós focados no jogo".

Pouco tempo depois, ao assumir o cargo de presidente da Kraft USA, o programa federal de subsídios aos preços do leite, que vigorava desde a Segunda Guerra Mundial, foi totalmente extinto. As mudanças causaram fortes turbulências no mercado de leite e geraram grande volatilidade nas negociações com essa *commodity*. A divisão de queijos da Kraft, que representava mais da metade das receitas da Kraft USA, deixou de ser um negócio sonolento, previsível e fácil de administrar para ser um empreendimento especulativo e de alto risco.

Dave, que era nosso vice-presidente de finanças, estava no centro de todas as mudanças do setor. Todos os sistemas da empresa, anteriormente preparados para funcionar em um ambiente de estabilidade de preços, tinham de ser mudados. Dave lembrou que a maior habilidade de nossos compradores de leite era conseguir estimar de modo razoavelmente inteligente o que as entidades federais reguladoras fariam com o preço do queijo. "Reduziriam um oitavo de centavo por quilo? Ou a redução seria um quarto de centavo?" "De uma hora para a outra", disse Daves: "essa habilidade deixou de ter qualquer utilidade", e eles precisavam tomar decisões econômicas relativas à demanda e à oferta. Na ocasião, os preços do leite se comportavam como os preços do petróleo hoje.

Comprando queijo em Green Bay. "Essas grandes mudanças de preços significavam que precisávamos mudar uma série de coisas. Por exemplo, precisávamos mudar nossas condições de vendas para o comércio de alimentos. Normalmente, anunciávamos o aumento de preço que entraria em vigor no mês seguinte. Antes da data efetiva do aumento, o mercado comprava a quantidade de queijo Kraft que quisesse. E para nós estava tudo bem, enquanto a alteração nos custos fosse de apenas um oitavo de centavo. Mas, a partir do momento em que a alteração de custos passa a ser, por exemplo, de cinquenta centavos, acontece um desastre. Portanto, era preciso mudar essa situação. O mercado não ficou nada satisfeito, mas não tivemos outra alternativa. Também tivemos de mudar nosso apelo de marketing, a política de cupons, as propagandas. Na verdade, havia mais mudanças do que aspectos a serem mantidos."

Consequentemente, muita coisa também mudaria no trabalho de Dave. Muito embora ele fosse uma das pessoas mais intensas, determinadas e brilhantes da área financeira com quem tive a oportunidade de trabalhar, aqueles foram tempos extraordinários e de grandes desafios. Tivemos de mudar o modo operacional de compra de queijo e, por um período, Dave assumiu a responsabilidade pela compra de queijo. E lá foi ele para Green Bay, Wisconsin, negociar e fechar contratos de compra para suprir a demanda de queijo da Kraft — definitivamente uma tarefa que não fazia parte da descrição do cargo de vice-presidente financeiro.

Portanto, todo domingo de manhã por um período de meses, Dave e eu nos reunimos no porão da minha casa. Ele revisava o que havia acontecido na semana anterior e o que estava previsto para a semana seguinte. Eu fazia a mesma coisa. Em seguida, chegávamos a um acordo sobre o que deveria ser feito.

Dave relembra suas diretrizes de ação. "Eu podia então sair e executar com total confiança, em consonância com as necessidades de Jim, bem como com a saúde da empresa. Foi um relacionamento bom, saudável e de apoio, muito importante especialmente durante uma época muito louca." Períodos de intensa atividade e de mudanças rápidas podem facilmente drenar grande quantidade de energia. Por isso é tão importante descobrir meios para estocar essa energia.

COMO VOCÊ ESTÁ INDO?

Entusiasmo é o que você precisa para promover grandes mudanças como frear o crescimento das despesas. Um tipo diferente de entusiasmo possibilita a você motivar e fortalecer seus diretores e gerentes em projetos especiais e eventos extraordinários quando o mercado enfrenta turbulências, como foi o caso da Kraft. Também outra aplicação de entusiasmo funciona no dia-a-dia, até mesmo de hora em hora.

Quando era prefeito de Nova York, Ed Koch costumava andar pelas ruas da cidade, perguntando às pessoas que encontrava: "Como estou me saindo?" Na Kraft, na Nabisco e na Gillette, eu costumava andar pelos corredores perguntando às pessoas: "Como você está indo?" Mas eu não estava perguntando em termos gerais. Eu perguntava sobre uma tarefa, um projeto, trabalho ou programa específico que a pessoa estivesse executando.

Parte da investigação era fruto de uma curiosidade genuína e parte era um estímulo para garantir que algo estivesse acontecendo. No entanto, a principal razão era incentivar e restabelecer a confiança das pessoas. Fazer com que soubessem quais eram minhas expectativas e que eu precisava que elas agissem.

Geralmente, quando um CEO pede para que alguém faça um trabalho, as primeiras palavras ditas referem-se à data limite para a entrega — quando o trabalho deverá estar completo e pronto. E essa será a última vez que você escutará a voz do CEO até que a data para a entrega do trabalho expire. Minha dinâmica era diferente. Ao mesmo tempo que a data de entrega é importante, também é importante fazer contato no período compreendido entre o início e o fim de um trabalho. Para mim era bastante comum chamar alguém duas ou três vezes por mês para fazer uma observação, uma nova consideração sobre o projeto, uma recomendação sobre uma possível direção a ser seguida ou uma conversa sobre o andamento das coisas.

Esse tipo de contato serve para uma série de propósitos, de variados níveis. Definitivamente, mantém o projeto nos trilhos certos. Se você sabe que seu chefe vai pedir informações atualizadas, você fica concentrado em progredir. Além disso, o contato traz resultados muito melhores. Uma vez que novas informações são acrescentadas e as ideias refinadas, talvez seja necessário fazer correções no meio do caminho. E se você está ligado o tempo todo, poderá contribuir para a tomada dessas decisões.

INCENTIVANDO UMA CRUZADA COMO A DE BILLY GRAHAM

O entusiasmo importa quando você está lidando com o mundo exterior, especialmente com investidores e analistas de Wall Street? Vou responder a essa pergunta voltando um pouco no tempo.

Durante minha ascensão dentro de empresas, como a General Foods e depois na Kraft, ficava surpreso com o pouco tempo e esforços empreendidos em apresentações de grande importância, especialmente àquelas voltadas para pessoas de fora da organização, como acionistas nas assembleias anuais, ou apresentações para analistas e investidores em conferências promovidas por Wall Street ou perguntas e respostas para uso em conferências da empresa voltadas para os profissionais da imprensa.

Eventos como esses têm singular importância no sentido de influenciar a percepção externa sobre a empresa no longo prazo, não somente por um dia, um mês ou trimestre. Com mais frequência do que o desejável, o CEO ou presidente da empresa recebe um roteiro preparado por um departamento de Relações Públicas, faz uma leitura peremptória e trôpega do texto durante um evento, despejando-o de modo monótono. Não transmite a ideia de uma empresa entusiasmada com seus projetos, comprometida com sua mensagem ou decidida a implementar seus planos. Animação e entusiasmo estão completamente ausentes. Por quê? Por que razão uma empresa não desejaria se dirigir a um público externo tão importante com todo o entusiasmo típico de Billy Graham em uma cruzada?

A resposta é simples. Muitos CEOs, presidentes, CFOs e outros executivos de empresas não são treinados para falar em público, como também tendem a pensar que entusiasmo, excitação e vigor são manifestações inapropriadas. Acreditam que suas apresentações devam ser sérias e desprovidas de emoção. Mas sem entusiasmo, é praticamente impossível converter analistas e investidores em fiéis seguidores.

> **Por que razão uma empresa não desejaria se dirigir a um público externo tão importante com todo o entusiasmo típico de Billy Graham em uma cruzada?**

Ao longo de minha carreira, sempre considerei tanto o conteúdo como a qualidade de minhas apresentações — externas e internas, como sendo algumas de minhas responsabilidades mais importantes, especialmente como CEO. Isso explica por que meu coautor John Manfredi tem me acompanhado por toda minha carreira e por que ele desempenhou um papel tão importante na Nabisco e na Gillette como confidente e conselheiro, bem como guru da comunicação.

Tanto no negócio de alimentos como de produtos voltados para o consumidor, o Grupo de Analistas do Setor de Consumo de Nova York (CAGNY — **Consumer Analyst Group of New York**) realiza a mais importante conferência para investidores e analistas do ano, contando com a presença de mais de mil profissionais de alto nível de todas as partes do mundo. Para mim, a preparação da minha apresentação para essa conferência representava quase que uma empreitada que durava o ano inteiro. Eu começava a prepará-la logo depois do término da apresentação do ano anterior, conversando com meu *staff* e buscando temas fortes que pudessem diferenciar de modo preciso minha empresa — a Nabisco e depois a Gillette — de todas as outras concorrentes do nosso setor.

Sessenta revisões e a contagem continua. Não me limitava a discutir com pessoas da empresa. Ia atrás da opinião de banqueiros de investimento. Meu longo relacionamento profissional com Blair Effron do UBS e Jack Levy do Goldman Sachs sempre me proporcionou duas excelentes fontes de consulta, tanto na forma de ideias como de conselhos.

Meu relacionamento com uma série de analistas, a exemplo de John McMillan da Prudential, Nomi Ghez, ex-Goldman Sachs, Ann Gillin Leferer da Lehman Brothers, e Andrew Shore do Deutsche Bank — também me permitia conversar com eles de modo mais pessoal, buscando descobrir o que mais os preocupava em relação à minha empresa e sobre quais aspectos eles gostariam de obter mais explicações ou ver mais ação. Minha lista de contatos era extensa.

Seis meses antes da conferência da CAGNY, eu queria ter uma visão completa de minha apresentação — não apenas itens selecionados, mas uma visão rica em dados, baseada em fatos que me permitisse avaliar se era possível continuar dali para a frente ou recomeçar tudo da estaca zero.

Se eu desse sinal verde para prosseguir, o verdadeiro trabalho teria início. Fecharíamos um cronograma detalhado para apresentação dos rascunhos do roteiro e da parte visual. Em seguida, fecharíamos datas para convidar unidades-chave internas para participarem com seu *feedback* — tais como as unidades de negócios, a área de finanças, de planejamento, etc. Assim que essas reuniões terminassem, concentraríamos nosso foco no *feedback* externo de banqueiros, consultores e outros convidados.

Finalmente, era chegada a hora do meu trabalho pesado. Eu me envolveria ativamente com tudo o que havia sido passado pelo exame de várias pessoas, de dentro e fora da empresa. Então, eu precisava ter certeza de que o roteiro havia captado meus pensamentos e crenças sobre o que a empresa representava e em que direção ela estava seguindo.

John Manfredi e seu *staff* diria que esse foi o período de maior apreensão e terror de todos os tempos. Como disse um dos oficiais de John, Eric Kraus, então vice-presidente de comunicações: "Quando Jim Kilts dizia que um roteiro estava 95 por cento pronto, você já sabia que estava com problemas. Ele voltaria no dia seguinte com sua cópia e pediria para fazer a revisão de 95% do texto."

Eric exagerou um pouco. Mas geralmente fazíamos de cinquenta a sessenta revisões antes de chegar ao que John costumava chamar de "roteiro final". Aí então começava o meu exercício de levantamento de peso. Embora o ensaio do discurso não esteja classificado na mesma categoria de tortura física em termos de dor e sofrimento, certamente exige um preço a ser pago — especialmente por nossa psique e identidade.

Apesar de John ser um treinador capacitado, ele sabia que nossa amizade de longa data não resistiria aos instrumentos usados por um treinador experiente a fim de conseguir extrair o máximo de um apresentador — como insultos, repreensões e chicotadas. Nosso treinador era um dos melhores e mais renomados do mercado — o capacitado ex-residente do Meio Oeste americano, Virgil Scudder.

Trabalhei com Virgil por mais de vinte anos, portanto sabia o que esperar. Mas saber o que esperar é bem diferente de dar de cara com a situação. Um lado é mental, racional; o outro é real e geralmente emocional. Quando Virgil diz: "Jim, isso é importante?" logo depois de eu ter falado sobre a Gillette se transformar "na maior empresa de consumo do mundo", eu sabia que meu discurso estava sem graça e que faltava algo — não, faltava tudo. Eu havia ficado dois ou três dias com Virgil, repassando por mais de vinte vezes meu discurso, em parte ou por inteiro. E percebi que o discurso duraria cerca de quarenta a cinquenta minutos.

As horas gastas fazendo discursos, obviamente representa tempo não gasto fazendo alguma outra coisa. Entretanto, se você me perguntasse hoje, meu único arrependimento com relação à comunicação seria o fato de eu não ter reservado mais tempo pensando sobre o que deveria ser dito e trabalhando sobre como dizê-lo com entusiasmo, convicção e impacto. Isso realmente importa.

Em resumo, o entusiasmo é frequentemente mal entendido e subestimado. Não se trata de dar tapinhas nas costas ou recitar clichês em voz alta. Também não se trata de algo a ser confinado às reuniões sobre vendas. É algo complexo e relevante relacionado às questões e problemas de grandes empresas, bem como aos relacionamentos pessoais. Importa internamente e externamente. Além disso, é importante para o presente e para o longo prazo.

O QUE FAZER E O QUE NÃO FAZER EM RELAÇÃO AO ENTUSIASMO

- *Não* encare o entusiasmo como um evento pontual e único; um discurso chamando para a ação que é feito durante uma reunião de vendas tem seu valor, mas isso não é entusiasmo.
- *Considere* o entusiasmo como uma atividade ininterrupta, assegurando às pessoas de toda a organização que elas possuem talento, os recursos e as habilidades necessárias para serem bem-sucedidas.
- *Não* pense que as pessoas vão se desinteressar por excesso de comunicação.
- *Fale* com frequência e o faça com consistência e confiança.
- *Não* se preocupe por ser repetitivo, por pensar que vai exaurir o ouvinte ou fazer com que ele se torne indiferente; as pessoas ficarão mais preocupadas se acharem que você está mudando seu discurso ou alterando suas mensagens dadas anteriormente.
- *Transmita* uma sensação de urgência e necessidade de ação.

- *Não* assuma a prerrogativa de que uma mensagem do tipo "sigam nessa direção" venha a incentivar as pessoas; solicitar a manutenção do *status quo* não é um elemento motivador.
- *Transmita* suas expectativas e como deverá ser a prestação de contas de maneira transparente e clara. As pessoas devem entender as especificidades do que você quer alcançar e também como elas serão avaliadas por você.
- *Não* acredite que apontar um bode expiatório ou promover uma caça às bruxas produzirá resultados positivos. Um ambiente formado pelo medo e apreensão inibe a criatividade e impede a iniciativa das pessoas.

CAPÍTULO 5

AÇÃO IMPORTA

Parece um pesadelo, um sonho recorrente que nunca termina. Você está numa reunião na qual as alternativas são dolorosamente discutidas e analisadas. O grupo está prestes a tomar uma decisão quando alguém desvia a discussão para uma questão tangencial. À medida que a sessão continua, o consenso desaparece. Você não sabe por que é tão difícil encontrar uma solução, mas de fato é difícil. A reunião acaba e o único ponto de comum acordo é reunir-se novamente. A ação é postergada.

Qualidade nas informações, discussão total das alternativas e tempo adequado para análise são fatores essenciais. Mas saber quando seguir em frente ou tirar o fio da tomada e partir para a ação é o fator fundamental. No mundo dos negócios, você nunca terá disponível todas as informações que deseja na hora que você precisa delas. Essa era a situação quando me juntei à Gillette e tive de enfrentar diversas alternativas conflitantes. Pior do que tomar a decisão errada seria entrar em um prolongado período de calmaria e não promover ação nenhuma.

Imagine o caos que causaria se eu dissesse para a organização e para Wall Street: *Estamos avaliando as alternativas para os próximos trimestres a fim de decidir se: encerramos as atividades da Duracell, fechamos a unidade de produtos elétricos da Braun, vendemos a unidade de Cuidados Pessoais, ou decidimos por alguma ou nenhuma dessas ações.*

O preço das ações daria giros como um dervixe em rotação, subindo e desabando em meio a um fluxo interminável de rumores e especulação. As pessoas dentro da empresa que se sentissem ameaçadas partiriam. Outras ficariam na retaguarda e limitariam sua ação. A empresa ficaria paralisada pela indecisão. Seria uma tremenda confusão.

Mesmo que você não tenha informações completas, deve decidir e escolher uma abordagem e então trabalhá-la arduamente. Precisa traçar uma direção que faça sentido, com base na melhor informação de que dispuser.

Enquanto vai preenchendo as lacunas com uma mão, você tem que apontar para a frente com a outra. Alguns assuntos podem ser postergados até que você obtenha mais informações; outros necessitam de ação imediata.

Esse era o ponto que enfatizava ao receber os estagiários e estudantes de graduação que trabalhavam durante os meses de férias escolares na Kraft, na Nabisco e na Gillette. Grande parte das minhas recomendações concentrava-se na importância da ação. Eu diria que gosto de pessoas que apresentam resultados. São pessoas que seguem o caminho definido e entregam o que prometeram na data em que prometeram entregar. Sentem-se mais confortáveis sendo pessoas fazedoras do que estacionárias. E, na minha opinião, são os fazedores que fazem o mundo girar.

> **Alguns assuntos podem ser postergados até que você obtenha mais informações; outros necessitam de ação imediata.**

GOSTO DE MATADORES DE COBRAS!

Ser um fazedor, especialmente num cargo elevado dentro de uma empresa, é uma tarefa árdua. É preciso muita dedicação e persistência. Se assumir altos cargos fosse fácil, qualquer um poderia fazê-lo. No mundo dos negócios, produtos fracassam, fábricas quebram, pessoas desapontam você; tudo isso faz parte do território. Você precisa ser capaz de continuar descobrindo novos meios para fazer com que as coisas aconteçam independentemente daquilo que é despejado na sua frente. Você precisa mostrar soluções. Você precisa agir.

A história que vou contar para ilustrar esse ponto, possivelmente apócrifa, envolve H. Ross Perot quando fazia parte do conselho de administração da General Motors. Perot ficava constantemente frustrado com discussões circulares e intermináveis e a falta de ação que ele percebia como características da abordagem da GM nas tomadas de decisão. Perot disse ao conselho da GM: "De onde eu vim, se você visse uma cobra, você a matava. Aqui, você indica e forma um comitê sobre cobras que contrata um consultor externo especializado em cobras." Eu dizia para os alunos que a abordagem de Perot era igual à minha. Gosto de matadores de cobras!

O principal fio condutor da minha carreira e do meu sucesso sempre foi fazer com que as coisas acontecessem. Isso não significa esquecer-se do planejamento, da análise e dos testes. Todos que passam pelo programa de graduação em administração de empresas da University of Chicago saem com uma marca indelével em relação à importância do planejamento, da análise quantitativa, das avaliações detalhadas e sistemáticas e do processo extremamente rigoroso de testes. A Graduate School of Business parece um campo militar para treinamento intensivo de dois anos.

Apesar da minha convicção e crença na importância do planejamento e do estudo, nada me irrita mais do que o seu uso inadequado. Nada é mais problemático do que ver um tempo valioso, recursos e energia sendo desperdiçados com esforços mal direcionados ou inadequados em projetos que nunca deveriam ter começado ou, certamente, deveriam ter sido encerrados muito tempo antes.

Deixe-me dar um exemplo do que ocorreu na Gillette. Ao tentar identificar os principais fatores que estavam inflacionando os custos da Gillette, um dos problemas aparentes era a proliferação de produtos ou unidades mantidas em estoque (SKU — Stock-keeping Units).

Diferentemente da Kraft, o negócio da Gillette era constituído por poucas linhas de produtos. A Kraft participa de dezenas de categorias de produtos diferentes, como café, bebidas em pó e engarrafadas, queijos e outros produtos lácteos, cereais prontos para o consumo, salgadinhos, confeitos, carnes processadas, alimentos congelados, e muito mais. Além disso, há poucas marcas globais ou sabores universais no setor de alimentos. Com exceção do *cream cheese* da marca Philadelphia, a Kraft não possui nenhuma outra marca que apresente exatamente o mesmo produto ou marca (com as mesmas características) em todos os países ao redor do mundo. Nos Estados Unidos, o café número um da Kraft é Maxwell House; na Alemanha é Jacobs; na Suécia, é Gevalia; e na França, é Carte Noir. E assim por diante, em todo o globo.

A Gillette tinha somente cinco principais negócios globais — os aparelhos de Barbear & lâminas Gillette; as escovas de dente Oral-B; as baterias e pilhas Duracell; os aparelhos de barbear elétricos e os cremes de barbear Gillette. (Outros produtos de cuidados pessoais da Gillette — desodorantes e antitranspirantes como Right Guard e Dry Idea — eram vendidos quase que exclusivamente nos Estados Unidos e no Reino Unido.) E cada uma dessas linhas de negócios possuía marcas globais que representavam 80% ou mais das vendas totais de suas categorias. O Mach3 era o número um dos aparelhos de barbear e cartuchos nos Estados Unidos, no Reino Unido, na França, na Alemanha e na Suécia. Na realidade, era o número um em toda a América do Norte, na Europa e praticamente em todas as partes do mundo.

> **Nada é mais problemático do que ver um tempo valioso, recursos e energia sendo desperdiçados com esforços mal direcionados ou inadequados.**

Além disso, o Mach3 vendido nos Estados Unidos é exatamente o mesmo Mach3 vendido em todos os outros lugares do mundo. Não há praticamente nenhuma adaptação ou variação local em função da região geográfica. De fato, todos os produtos da linha Mach3 eram produzidos, e ainda são, em apenas dois centros de produção: um localizado em Boston e o outro em Berlim.

PROBLEMAS PROLIFERARAM MUITO MAIS RAPIDAMENTE DO QUE PRODUTOS

O poder gerado por essa presença e uniformidade globais deveria ser enorme no mercado — não apenas em termos de produção e operações, mas também em compras, marketing, vendas e em cada um dos elementos da cadeia de valores.

Contudo, os principais dados financeiros demonstravam exatamente o oposto. A Gillette não era a melhor de sua categoria em termos de estoque disponível, mas uma das piores empresas entre o grupo de concorrentes. A Gillette também não estava por cima quando se tratava de cumprir prazos com os clientes, embarcando os produtos com rapidez e eficiência; nossos clientes ameaçavam "punir" a empresa se não melhorasse seu desempenho. E quando se tratava das SKUs (unidades mantidas em estoque), a história era a mesma.

Uma empresa que contava com apenas cinco áreas principais de produtos e várias marcas globais fortes tinha mais de vinte mil SKUs, número que continuava crescendo ano após ano. Infelizmente, os problemas associados com o crescimento das SKUs proliferavam com mais rapidez do que o número efetivo de SKUs. Mais SKUs significava estoques mais altos e maior complexidade dos sistemas necessários para localizar e identificar cada produto, e maior complexidade na fixação de preços que tinham de ser conciliados para cada unidade, e assim por diante.

E à medida que cresciam os números, a atenção dada ao problema tendia a diminuir. Por que alguém perderia tempo tentando descobrir o que fazer com uma SKU que representa vinte caixas de, por exemplo, Gillette Mach3 (fabricada há três anos) embalada junto com uma amostra de espuma de barbear Gillette Foamy, quando ele ou ela sabia de antemão que outras cem SKUs seriam acrescentadas em poucos meses?

Usando o método de exame rápido da situação. Conforme mencionado no Capítulo 1, sempre usei o *processo de eliminação via exame rápido* para lidar com assuntos importantes. Foi exatamente o que fiz para acabar de vez com o pântano de SKUs da Gillette — em apenas um dia.

À primeira vista, essa abordagem aparentemente viola todos os preceitos ensinados na Graduate School of Business da University of Chicago. Mas não é verdade. Essa abordagem efetivamente lhe proporciona a habilidade para efetuar estudos longos e exaustivos quando e nos casos em que esses estudos serão capazes de acrescentar um real valor. Ter excesso de SKUs não é um desses casos.

Quando perguntei aos mais altos executivos sobre o problema da SKU durante uma reunião, a reação deles foi um prolongado silêncio seguido por uma troca de olhares entre si que significava: "Eu não quero ser aquele que vai falar sobre esse terreno lamacento e pantanoso." Finalmente, Mike

Cowhig, diretor de distribuição global da Gillette e profissional veterano com mais de 25 anos de carreira, respondeu com franqueza.

Mike explicou que o CEO anterior havia solicitado à equipe de gerentes para analisarem a questão das SKUs e era exatamente isso que eles estavam fazendo nos últimos dezoito meses. Mike disse que ele encabeçava o Comitê de Redução de SKU, composto por mais de uma dezena de gerentes, que havia realizado incontáveis reuniões nas quais se discutiam os critérios de corte das SKUs e desenvolveram planos de ação para implementar as reduções. Porém, cada vez que eles estavam prestes a agir, alguém, em algum lugar da organização, levantava algum tipo de objeção.

> Cada vez que eles estavam prestes a agir, alguém, em algum lugar da organização, levantava algum tipo de objeção.

Se eliminar um pacote especial de SKU do Mach3 com baterias Duracell, o Cliente X vai reduzir nosso espaço total nas prateleiras.

Se eliminar o pacote triplo especial de creme de barbear da Gillette Series, não conseguiremos cumprir com nosso orçamento para o trimestre.

Em vista desses empecilhos, Mike disse que o comitê voltava atrás em suas decisões.

Resolvendo o congestionamento dos estoques. Ao término de sua saga, perguntei ao Mike quantas SKUs foram efetivamente eliminadas durante os dezoito meses do processo. Já sabia que o número seria baixo, mas fiquei totalmente perplexo ao descobrir que o número era *zero*.

É muito raro eu perder a paciência, mas estive a ponto de perdê-la quando proferi as seguintes palavras: "O Comitê de Redução de SKUs tem uma única chance: ou identifica uma redução de 50% nas SKUs que possa ser implementada nos próximos três meses e me apresente esse plano até o final desta semana, ou eu mesmo vou resolver o problema no lugar de vocês."

O comitê foi bem-sucedido e até excedeu as metas esperadas. Em nove meses, as SKUs da Gillette passaram de mais de vinte mil para sete mil unidades, uma queda de dois terços em unidades que representavam quase 2% do nosso total de vendas. É importante mencionar que nos cinco anos seguintes, Mike Cowhig recebeu várias promoções, chegando a presidente de nossa empresa Global Technical & Manufacturing.

SABER QUANDO AGIR

Como saber quando é hora de agir? A ação deve ter sempre prioridade máxima porque um dos maiores problemas enfrentados por grandes empresas — não só grandes, mas por organizações de todos os tamanhos — é sua predisposição natural à falta de ação.

Promover uma ação envolve assumir riscos e ter coragem de enfrentar as críticas. Entre as pessoas que trabalham nas empresas, há uma inércia que geralmente premia a falta de ação. A menos que forças poderosas aliadas a uma direção firme incentivem e exijam ação, as organizações tendem para a inércia.

Vejamos quatro ocasiões nas quais você deve agir: para suplantar uma fase de análise longa e contínua; para romper a inércia; para garantir o primeiro lugar no mercado; e para investir na construção de uma marca.

Em primeiro lugar, é hora de agir quando as avaliações chegam a um beco sem saída e as discussões tornam-se circulares, como foi o caso da redução de SKUs.

Em segundo lugar, é hora de agir quando a falta de ação se perpetua na forma de um *status quo* corrosivo. Pode parecer óbvio. Mas com grande frequência, as pessoas que geraram o *status quo* não querem que a ação necessária seja tomada para mudar essa situação.

A Nabisco enfrentava uma série de problemas. Os gastos com capital eram excessivos, as despesas operacionais estavam fora de controle, os investimentos em marketing haviam sido reduzidos, o desenvolvimento de novos produtos havia praticamente secado e a participação no mercado dos produtos havia despencado.

Porém, o maior problema imediato estava relacionado à força de vendas que se encontrava em sérios apuros por causa de uma reestruturação cheia de falhas realizada há mais de dois anos. O sistema de vendas e distribuição, que no passado era a grande vantagem competitiva da Nabisco no setor de biscoitos e bolachas, virou o calcanhar-de-aquiles da empresa. Quando os concorrentes queriam convencer os clientes a agirem contra a Nabisco, bastava mencionar sua área de vendas.

Depois que a imprensa noticiou minha eleição como CEO da Nabisco, recebi dezenas de telefonemas de amigos que eram clientes tanto da Kraft como da Nabisco. Eram altos executivos e profissionais das principais redes de supermercados, lojas de conveniência e atacadistas de todo o país. As mensagens deles eram tão consonantes e consistentes que parecia que tinham ensaiado o mesmo roteiro. A primeira parte da conversa era repleta de congratulações, mas na parte seguinte vinha o aviso: *Que bom ter você de volta, Jim. A Nabisco é uma grande empresa, mas se você não consertar rapidamente a bagunça instalada na área de vendas, vamos começar a tirar seus produtos da nossa lista de compras.*

A NABISCO MIRA CUIDADOSAMENTE O ALVO... E DÁ UM TIRO NO PRÓPRIO PÉ

Depois da lendária operação de *leveraged buyout* da RJR Nabisco em 1989, a Nabisco registrou vários anos de crescimento recorde de lucros. O crescimento operacional de 40% era requisito fundamental para capacitar o repagamento do alto nível de endividamento assumido pela Kohlberg Kravis Roberts para fechar o negócio da compra. Durante o processo, a Nabisco entrou num vicioso Círculo de Fracasso sobre o qual discutiremos no Capítulo 10.

Em sua tentativa de sustentar uma taxa inflacionada de crescimento de lucros, a administração da Nabisco buscou áreas onde pudesse extrair enormes parcelas de custos e reduziu sua estrutura ao mínimo. Infelizmente, a área de vendas foi seu primeiro alvo. Dois anos antes da minha chegada, a Nabisco carregou a arma, mirou cuidadosamente o alvo e atirou no próprio pé ao reorganizar a força de vendas.

O sistema de vendas e distribuição da Nabisco causava a maior inveja no setor de alimentos. Diferentemente da Kraft e a grande maioria das indústrias de alimentos, a Nabisco usava um sistema de distribuição direta para as lojas. Com exceção da Coca-Cola e da PepsiCo, as demais empresas usavam armazéns ou sistemas de distribuição por atacado. Os produtos saíam das fábricas de processamento dos alimentos para um armazém do cliente, onde eram estocados por um tempo até que fossem combinados a outros produtos para entrega pelo cliente em suas lojas e pontos de varejo. Na loja, o produto geralmente ficava armazenado em uma sala nos fundos até que um funcionário o colocasse nas prateleiras.

Representantes acompanham as vendas enquanto conversam com os gerentes das lojas. Na Nabisco, os biscoitos e bolachas saíam das padarias diretamente para as lojas dos clientes, onde eram arrumados nas prateleiras pelo pessoal da Nabisco. Não havia intermediários, nem atrasos.

Os vendedores da Nabisco mantinham relacionamentos únicos e reputação única. Representantes de vendas de outras empresas não eram nem admitidos dentro das lojas de varejo. O pessoal da Nabisco tinha que percorrer e entrar em todas as lojas, todos os dias. Eles conheciam bem os consumidores das lojas e suas preferências de compra. A força de vendas era composta por milhares de pessoas bem-informadas sobre o setor, com anos de experiência e sólidos contatos pessoais com praticamente todos os gerentes de supermercado do país.

Quando esses representantes entravam numa loja, eles tinham carta branca para escolher as prateleiras no corredor de biscoitos, para colocar displays promocionais na frente da loja ou no final dos corredores e pedir favores especiais se precisassem de alguma coisa para atingir suas metas. Quando as empresas lançavam novos produtos, elas planejavam sua distribuição no varejo ao longo de vários meses, desde o transporte das fábricas para os armazéns, e algumas vezes até mesmo usavam os armazéns atacadistas, e daí então para o armazém do cliente e só depois para o estoque na sala dos fundos das lojas de varejo. A Nabisco era capaz de distribuir 90% de sua produção destinada ao varejo num período de duas semanas. O pessoal de marketing da Nabisco sabia com 100% de certeza o tempo exato que uma campanha de publicidade para o lançamento de um produto precisaria para começar sem o risco de os consumidores procurarem em vão pelos produtos quando fossem às lojas.

A distribuição direta nas lojas trazia grandes benefícios, mas também exigia um sistema de custos altos. A frota de caminhões da Nabisco necessária para a entrega dos produtos nas lojas demandava custos elevados para a compra, funcionamento e manutenção; o tempo necessário para colocação dos produtos nas prateleiras das lojas era longo; e os salários da experiente equipe de vendas que se posicionava no centro do sistema de distribuição, com todo seu conhecimento e rede de relacionamentos, eram altos.

Por causa disso, a Nabisco contratou consultores experientes. Pessoas com cronômetros em mãos rastrearam os representantes de vendas, enquanto conversavam com os gerentes das lojas, arrumavam os produtos nas prateleiras e construíam os estandes publicitários. Logo vieram as recomendações.

Já que o custo da frota era alto, o número de caminhões foi reduzido. Já que os custos de manutenção e de combustível eram altos, o número de entregas foi reduzido. E, já que o custo da equipe de vendas com funcionários de longa experiência era alto, eles foram cortados. No lugar deles, a Nabisco contratou vários novatos — recém-formados saídos da faculdade ou do ensino médio. E seus salários iniciais eram tão baixos que a rotatividade na área de vendas atingiu os níveis registrados por restaurantes de *fast-food*.

Aparando as arestas, enquanto a indignação dos clientes crescia. Com o fluxo constante de novos, inexperientes e desavisados vendedores da Nabisco passando por suas lojas, os clientes reclamaram. Fora o fato de seus colegas de longa data serem demitidos, os novatos estavam entupindo as prateleiras com produtos que os clientes não queriam e deixavam faltar produtos que os consumidores queriam.

Quando cheguei, conforme mencionado anteriormente, a reorganização da área de vendas estava em vigor por quase dois anos. Durante esse tempo, as vendas estagnaram e a participação de mercado dos produtos despencou. A indignação dos clientes estava crescendo. Muitos dos representantes de vendas demitidos foram contratados pelos concorrentes e estavam invadindo nosso espaço nos negócios.

Apesar do péssimo quadro, a administração responsável pela Nabisco Biscuit estava convencida de que aparando algumas arestas a situação seria corrigida. Talvez um pequeno aumento no salário inicial espartano impediria a rotatividade do pessoal de vendas. Talvez alguns gerentes pudessem supervisionar mais de perto os neófitos representantes de vendas. Talvez alguns novos produtos pudessem melhorar o índice de produtividade.

O que a posição e atitude da administração refletiam era a falta de ação. Trabalharam tanto para implementar a reorganização e contavam tanto com a economia resultante do processo que eles verdadeiramente acreditavam que aquele era o melhor *status quo*, e que no final tudo acabaria entrando nos eixos *por si só*.

O preço da ação não é baixo. É desnecessário dizer que eu não compartilhava dessa ilusão. A administração responsável tinha de sair. Formamos uma nova equipe, comandada por Rick Lenny (atualmente CEO da Hershey, empresa que ele revitalizou e transformou), com quem eu havia trabalhado por vários anos na Kraft. Profissional com vasta experiência tanto em vendas como em administração geral, cujo trabalho anterior foi comandar as operações norte-americanas da Pillsbury, Rick era a pessoa certa para o cargo e perfeita para enfrentar esse desafio. Começou trabalhando imediatamente no desenvolvimento de uma mudança estrutural na área de vendas. Era preciso implodir a atual força de vendas redesenhada e começar tudo do zero.

Nossos novos planos exigiam uma estrutura que recuperasse os melhores elementos do sistema antigo, incorporasse algumas linhas de produtos da estrutura reorganizada atual e, acima de tudo, instigasse o moral e a reputação que caracterizava o antigo grupo de vendas.

Entretanto, o preço da ação não é baixo nem fácil. Eu ainda precisava ir ao conselho de administração da Nabisco e contar para eles que a reestruturação anterior — que havia sido apresentada a eles como uma estrutura organizacional de última geração — tinha de ser descartada. E mais, que a nova organização custaria cerca de US$ 100 milhões. Muito embora eu fosse novo no cargo e ainda não tivesse sido testado como CEO, o conselho enfrentou a situação e votou a favor do novo plano.

Há um importante adendo para resumir a história. Rick Lenny agiu rapidamente e atacou o problema com uma extensa reorganização que recuperou o relacionamento individualizado entre as lojas e os representantes de vendas. Embora a mudança, que durou cerca de um ano, tenha colocado 70% da força de vendas da Nabisco em novos cargos e trazido duas mil novas pessoas para se juntarem ao grupo de vendas formado por cinco mil pessoas, os resultados vieram imediatamente. As vendas, que tinham sido derrubadas no período anterior de um ano e meio, voltaram a crescer. Em um ano, a equipe de representantes da Nabisco havia recuperado seus dias de glória, voltando a ser uma das áreas de vendas mais poderosas do setor.

UM + UM = CRESCIMENTO

Enfrentei outro desafio no qual a ação precisava superar a inércia organizacional: empenhar meus esforços para integrar os negócios da Kraft e da General Foods numa única entidade jurídica. Eram duas empresas multibilionárias compradas em diferentes ocasiões pela Philip Morris e com operações separadas. As empresas tinham muito em comum e também muitas coisas que as mantinham separadas. O resultado disso: duas empresas com grande potencial e marcas fortes, mas com margens operacionais combinadas em 8,6%. Por meio de uma integração bem-sucedida, com recuperação do crescimento, aumento da carteira de clientes e a realização de sinergias e de economias de escala, a margem operacional aumentou em 40%, atingindo o patamar de 12%.

ASSUMINDO A VANTAGEM DE SER A PRIMEIRA DO MERCADO

Um terceiro exemplo de quando a ação deve ter a primazia sobre todas as outras considerações é quando a rapidez é uma questão crucial. Há ocasiões em que todos os "t"s devem ser traçados, todos os pingos nos "i"s colocados, e cada passo do processo corporativo deve ser seguido de modo escrupuloso e rígido. Todos os testes devem ser realizados, todos os planos devem ser cuidadosamente desenhados e validados e todas as contingências devem ser contempladas antes que a ação seja implementada. Isso é especialmente verdadeiro se grandes gastos com capital estiverem envolvidos — por exemplo, quando um novo produto é lançado e requer uma nova fábrica ou equipamento produtivo, gerando perda total se o produto for um absoluto fracasso.

Porém, se a velocidade de comercialização representar um fator decisivo que possa influenciar a probabilidade de sucesso de um produto, então algumas fases de planejamento e etapas do processo devem ser sacrificadas. Foi exatamente o que aconteceu comigo na Kraft, enquanto trabalhava num novo produto do segmento específico de pizza congelada.

Ee estava na direção da Kraft North America quando compramos a Tombstone, uma empresa regional fabricante de pizzas sediada em Wisconsin, que pretendíamos expandir em rede nacional. No período de um ano, levamos a

> Se a velocidade de comercialização representar um fator decisivo que possa influenciar a probabilidade de sucesso de um produto, então algumas fases de planejamento e etapas do processo devem ser sacrificadas.

Tombstone a todos os pontos do país, operando um negócio de pizzas congeladas de aproximadamente US$ 440 milhões que representava mais de um quarto do mercado total avaliado em US$ 1,6 bilhão.

No entanto, nossa meta era dobrar as vendas em cinco anos e sabíamos que se tratava de um longo caminho a percorrer. A responsável pela equipe de marketing do negócio de pizzas era Betsy Holden, uma jovem gerente que conheci na General Foods e sentia que estava destinada a grandes conquistas. (Betsy galgou rapidamente altos cargos na Kraft, e poucos anos depois de eu deixar a empresa ela foi nomeada vice-presidente.)

Betsy percebeu que o melhor meio de atingir nossas metas agressivas era expandir o modelo referencial do nosso negócio de pizzas. O mercado de pizzas congeladas totalizava pouco menos de US$ 2 bilhões; porém, o segmento de pizza para viagem/para entrega em domicílio (*delivery*) totalizava quase US$ 15 bilhões.

Como lembrado por Betsy: "Conseguimos entender qual era a segmentação do mercado. Os consumidores gostavam de pizza congelada, mas achavam que a massa e a borda tinham gosto de papelão. O padrão de preferência dos consumidores eram as pizzas do tipo *delivery*, ou seja, aquelas entregues em domicílio. Felizmente, contávamos com novas tecnologias para o preparo da massa de pizza que nos permitiram alavancar o produto final produzindo pizza congelada de qualidade superior. Nossa massa, já acrescida de fermento, só assava quando colocada no forno pelo consumidor. Desse modo, ficava com gosto de massa fresca quando assada. Se conseguíssemos posicionar essa pizza como concorrente da pizza *delivery*, a recompensa seria muito alta."

Entregando em velocidade de foguete. A equipe comandada por Betsy tinha um bom conhecimento do mercado. Eles sabiam que se tratava de um mercado estruturado e segmentado por marcas; portanto, resolveram criar uma nova marca em vez de tentar alavancar a marca já existente, a Tombstone. Os consumidores gostavam da Tombstone, mas a consideravam como "a melhor pizza *congelada*". A nova marca — a DiGiorno — com a massa fresca que assada ficava crocante foi lançada no mercado para concorrer com a pizza entregue em casa. A reação dos consumidores foi inimaginável: colocaram nossa pizza na mesma categoria — ou mesmo acima — das pizzas para viagem/*delivery*.

Entretanto, a realização de todos os testes de mercado, normalmente necessários antes de investir uma soma considerável de capital para lançar a DiGiorno, poderia criar sérios problemas. Para que a DiGiorno estivesse pronta para colocação no mercado em plena alta temporada do consumo de pizza, ela teria de ser comercializada em menos de seis meses. Mas os testes adicionais de marketing levariam mais de três meses para ser realizados. Se o lançamento da DiGiorno fosse adiado por um ano, havia uma grande possibilidade de que algum concorrente adquirisse a mesma tecnologia para preparo de massa fresca para pizza.

Para mim, a decisão era muito simples. Era preciso aceitar o risco e ir a mercado o mais rápido possível. Não se tratava de imprudência. Tínhamos um plano B para usar o equipamento industrial, caso o negócio com a DiGiorno falhasse. Porém, atuamos em velocidade de foguete e colocamos a DiGiorno no mercado em menos de um ano.

O resto, como dizem, é passado. A pizza DiGiorno foi considerada o produto de maior sucesso de 1996. Nossa participação no mercado cresceu mais de 30% no ano e batemos a marca de um bilhão de dólares um ano antes do previsto em nosso plano estratégico.

Ser o primeiro do mercado com um produto inovador não significa necessariamente ter sucesso garantido, mas sempre representa uma incrível vantagem competitiva. Vários livros foram escritos sobre a importância da rapidez de colocação no mercado e sobre ser o primeiro a comercializar. Apesar de muitos deles serem supervalorizados e de tirar o fôlego, todos enfatizam a importância da ação, de ter iniciativa e evitar a paralisia provocada pelas análises e outras síndromes corporativas bastante comuns.

INVESTIR EM MARCAS, *NÃO APENAS* GASTAR DINHEIRO COM MARKETING

O quarto exemplo em que a ação é a conduta a ser implementada, é quando a ação sustenta um princípio básico ou uma estratégia básica. Eu me considero um homem voltado às marcas, uma vez que passei toda a minha carreira restaurando marcas existentes e desenvolvendo novas marcas. Logo, uma de minhas convicções mais básicas repousa na importância de se investir em marcas. Porém, esses investimentos, que envolvem enormes montantes de dólares, devem ser feitos com base em análises detalhadas e sofisticados recursos de marketing.

Durante minha passagem pela Kraft, desenvolvi algo chamado IMI — Inteligência de Marketing Integrado — que nos proporcionou uma excelente visão, usando recursos de última geração, sobre nossas marcas, categorias e dinâmica do consumo, sobre a resposta desses últimos elementos a diferentes formas de propaganda e promoção, sobre qual o montante ótimo de gastos e sobre qual sua capacidade futura de exploração. Na Kraft, quando gastávamos dinheiro em marketing, estávamos realmente *investindo* na construção de marcas.

Tanto na Nabisco como na Gillette, poucos recursos de inteligência em marketing eram usados na ocasião. Enquanto a Kraft já estava graduada em termos de IMI, a Nabisco e a Gillette estavam no início do programa — no nível 101 do IMI. Mas apesar da ausência de dados sólidos, tínhamos de agir. Investir em marcas era imperativo, mesmo não tendo em mãos tudo o que precisávamos.

Alimentando os ursinhos. Na Nabisco, por exemplo, as despesas de marketing foram reduzidas a décimos do seu total com o intuito de inflacionar o lucro líquido registrado em seus balanços financeiros logo após a operação de compra (conhecida como *leveraged buyout* ou LBO) e à oferta pública de ações (IPO — Initial Public Offering) promovida na bolsa de valores. Os gastos da Nabisco com propaganda e publicidade foram reduzidos à metade, de 8,2% do total de vendas em 1987 para 4,5% em 1997. Portanto, praticamente todas as marcas ícones da Nabisco estavam à míngua por falta de suporte financeiro. Imediatamente começamos a restabelecer as despesas de marketing, ao mesmo tempo que melhoramos nossas capacidades referentes ao IMI.

Por exemplo, você deve se lembrar de um biscoito chamado Teddy Grahams. Esse biscoito foi lançado no final da década de 1980 e suas vendas explodiram, atingindo US$ 150 milhões em apenas dezoito meses. Em seguida, no entanto, a Nabisco largou os pobres ursinhos e eles seguiram em frente por conta própria. Consequentemente, suas vendas despencaram para US$ 25 milhões em 1998. Para recuperar a marca Teddy Grahams tivemos de retornar aos conceitos básicos de marketing: ampliar os gráficos, restaurar o foco nos jovens que adoravam os ursinhos, acrescentando algumas novas variedades, e dar suporte a todas as ações com uma das melhores campanhas de propaganda, jamais vista no segmento de biscoitos. Qual foi o resultado? No final do ano, as vendas dos ursinhos Teddy Grahams pularam para US$ 100 milhões.

Conseguimos resultados semelhantes em todo o portfólio de biscoitos. O biscoito representava a joia da coroa — um ícone no mercado de biscoitos por 85 anos, com vendas da ordem de meio bilhão de dólares na época — mas suas vendas estavam estagnadas. Decidimos derrubar todos os obstáculos. Lançamos uma pesada campanha de publicidade e uma promoção de grande visibilidade atrás da outra. Sempre tinha alguma ação envolvendo a Oreo em todos os meses do ano. No primeiro trimestre de 1999, fizemos uma grande promoção chamada — "Não Coma o Oreo Vencedor", apoiada por uma extensa publicidade. As vendas do Oreo cresceram mais de 9%.

Com o rejuvenescimento da área de marketing, as vendas de nossa franquia — a Newtons — deixaram de registrar um declínio de 10% para mostrar um crescimento de 4%, e a marca Cheese Nips teve crescimento de 28% nas vendas.

Promovendo aumentos de participação de mercado de 10/90 para 90/10.
Efetivamente, nossa participação no mercado de biscoitos cresceu na carteira de biscoitos e bolachas em termos gerais, por doze períodos consecutivos. De maneira significativa, o crescimento começou um mês depois de iniciarmos uma campanha de marketing voltada para a reabilitação dos produtos. O crescimento continuou ininterrupto, revertendo o acentuado declínio registrado em termos de participação de mercado nos três anos anteriores.

No começo de 1998, as vendas referentes a 90% dos produtos da empresa nos Estados Unidos *perderam* participação no mercado. Um ano depois, 90% das vendas da Nabisco foram originadas por produtos que tinham *aumentado* sua participação no mercado e *aumentado* sua preferência do consumidor. Decidir pela ação foi lucrativo.

Como veremos no Capítulo 8 ao discutirmos o processo de liderança, ações e conquistas compõem a base da minha abordagem frente aos negócios. Esforços incansáveis têm seu valor, mas se não forem acompanhados de algum retorno, não podem ser recompensados. Muitas organizações ficam em apuros porque costumam recompensar as pessoas pelo empenho árduo de suas tentativas e não pelas ações realizadas e conquistas alcançadas. Sem um foco afiado e incansável na ação, muito pouco será feito.

> Muitas organizações ficam em apuros porque costumam recompensar as pessoas pelo empenho árduo de suas tentativas e não pelas ações realizadas e conquistas alcançadas.

Em resumo, ter todas as informações de que você precisa no momento exato em que você precisa delas simplificaria muito as tomadas de decisão nos negócios e reduziria significativamente a probabilidade de erros. Mas os negócios sempre envolvem trocas. Em geral, trata-se de uma decisão do tipo "esperar ou agir". E nesses casos, você deve agir em vez de promover discussões evasivas e extensas análises de risco. Você deve agir nos casos em que a rapidez na comercialização é crucial. E você deve sempre agir para investir em marcas.

A HORA DA AÇÃO É AGORA!

Tudo parece estar no caminho certo. As vendas estão aumentando; os lucros crescendo; a participação no mercado está em ascensão. Você poderia afirmar que nenhuma outra ação é necessária? Provavelmente não.

- Velocidade de cruzeiro nunca é a velocidade certa para acompanhar os passos da concorrência que fica mais rápida e melhor a cada dia.
- Relatórios diários de vendas são essenciais. Saber o que acontece em tempo real permite que você faça pequenas correções necessárias para evitar grandes problemas.
- Reuniões semanais de *staff* são um meio excelente para incentivar as ações e assegurar a prestação de contas.
- Insistir no recebimento de relatórios da parte de seus altos executivos sobre os acontecimentos dos sete dias anteriores e sobre o que será feito diferentemente nos sete dias subsequentes para enfrentar qualquer situação de escassez ou falha. (Sempre *há* escassez e falhas.)
- Circular os relatórios elaborados por analistas de investimentos sobre seus principais concorrentes e perguntar às suas unidades de negócio como planejam direcionar os esforços para novas iniciativas. Mesmo que as ações dos concorrentes sejam previstas, seus planos devem ser revistos.

CAPÍTULO 6

ENTENDER AS COISAS CERTAS IMPORTA

Algumas vezes é difícil saber o que importa. Mesmo a abordagem da velha escola pode falhar quando se trata de *realmente entender* o que importa. Mas os grandes líderes acertam mais do que falham, e eles sabem como enquadrar o que importa de modo a esclarecer as questões para o seu pessoal.

Quando Jack Welch assumiu o cargo de CEO da General Electric, ele precisou restabelecer a ordem, a disciplina e o senso de urgência no imenso conglomerado industrial que formava a GE. Além disso, ele teve de identificar o que era realmente importante para atingir o sucesso. Apesar de uma série de abordagens serem pertinentes para atingir partes daquilo que ele desejava alcançar, Welch queria obter uma visão simples e abrangente — um conceito geral capaz de direcionar o progresso da empresa. O simples e elegante conceito que ele desenvolveu transformou-se no mantra de longo prazo da empresa.

A GE somente permanecerá no negócio se for — ou se tornar — uma empresa visivelmente líder. Ou a GE se transforma no número um ou número dois do setor, ou então está fora do mercado.

Esse conceito abrangente proporciona um entendimento claro sobre o que era importante para Jack Welch recriar a GE como uma empresa que seria altamente valorizada por todos os seus parceiros, incluindo investidores, clientes e funcionários. Esse foi o conceito que serviu de guia para todas as ações de Welch como CEO, de seus diretores departamentais e todos os gerentes quando se tratava de decidir sobre objetivos e planos corporativos.

Ao substituir Welch como CEO, Jeff Immelt descobriu que ele precisava de uma nova abordagem para lidar com o trabalho que tinha pela frente. Apesar de Welch ter tido uma longa trajetória como um dos CEOs mais bem-sucedidos do século XX, Immelt percebeu que o foco de pesquisa global da GE estava muito diversificado, uma vez que trabalhava em mais de dois mil projetos. Immelt agiu rapidamente no sentido de identificar apenas três áreas para a GE liderar e "tomar para si": nanotecnologia, medicina molecular e energia renovável, e tecnologia ambiental e uso eficiente de energia. Ele promoveu a redução de dois mil para oitenta projetos de pesquisas no total.

Quando A. G. Lafley assumiu o cargo de CEO da Procter & Gamble, ele precisou encontrar meios para incrementar o lento crescimento da empresa. Ao analisar a capacidade do premiado departamento de pesquisa e desenvolvimento da Procter & Gamble, identificou parte do problema. Apesar de contar com bons inventores, eles não eram os melhores em várias áreas; diversas invenções *fora* da empresa poderiam ser comercializadas como novos produtos de sucesso.

A solução deu-se por meio do *conceito de conexão e desenvolvimento*. Lafley explicou que a P&G deveria se conectar e desenvolver-se junto a inventores externos e mover seus projetos conjuntos do patamar de 10% de toda a atividade de desenvolvimento de produtos em geral

> **Valor Total da Marca significa que a empresa deve ser inovadora no sentido de proporcionar valor ao consumidor e liderança aos clientes de maneira mais rápida, mais completa e com melhor qualidade do que a concorrência.**

para o patamar de 50%. Dentro de um período de cinco anos, o medidor registrou um aumento de 10% para 40%... e continuava subindo em direção aos 50%.

Minha visão geral e abrangente do negócio está centrada no comportamento do consumidor e do cliente. Durante minha experiência passada na Kraft, desenvolvi um conceito que tem sido a base central da minha filosofia administrativa por três décadas. Eu o batizei de Valor Total da Marca e ele tem servido como diretriz básica para todas as empresas que comandei nesses anos.

Valor Total da Marca significa que a empresa deve ser inovadora no sentido de proporcionar valor ao consumidor e liderança aos clientes de maneira mais rápida, mais completa e com melhor qualidade do que seus concorrentes. Trata-se de um conceito simples, porém bastante abrangente e capaz de cobrir todos os aspectos relacionados aos negócios e todas as pessoas envolvidas na organização.

VALOR TOTAL DA MARCA — TRADUZINDO IDEIAS EM PRODUTOS DE SUCESSO

Para as pessoas da área de pesquisa e desenvolvimento, esse conceito significa ouvir com atenção os consumidores e traduzir suas ideias e pensamentos em produtos e embalagens de sucesso.

Nas áreas operacionais de compras, produção e distribuição, as pessoas vão acrescentar valor por meio da busca eficiente por matérias-primas, pela fabricação de produtos de alta qualidade a custos baixos e pela distribuição desses produtos aos clientes no tempo e local que eles desejarem.

Para o pessoal de marketing, o conceito significa entender mais os clientes do que a concorrência, garantir que os preços reflitam o valor dos produtos, para então criar as melhores promoções e a melhor propaganda para transmitir aos consumidores os benefícios e a superioridade dos produtos.

O pessoal de vendas deve ajudar os clientes a entenderem por que os produtos da empresa são superiores à concorrência, como a experiência e especialização da empresa introduzida nos produtos são incomparáveis e como os produtos e estratégia da empresa serão capazes de construir volumes lucrativos.

Na área de comercialização e de atendimento ao consumidor, o valor será acrescentado pelo fornecimento de informações úteis aos clientes e pelo fato de antecipar as necessidades do consumidor e atender a elas.

E finalmente, nas áreas de finanças, recursos humanos, relações públicas, tecnologia da informação e semelhantes, seu papel é trazer grande experiência e conhecimento profissional aos clientes internos que irão criar parcerias e facilitar a construção do Valor Total da Marca.

O Valor Total da Marca promove um importante ponto de conexão integrada para a elaboração de planos e programas.

Quando uma empresa atinge cada elemento que constitui a visão corporativa usando a inovação para dar aos consumidores produtos que eles consideram valiosos e fornecer aos consumidores serviços de excelência e lucrativos, ela será capaz de derrotar todo e qualquer concorrente e tornar-se uma empresa vencedora.

Como veremos no Capítulo 8, estratégias e planos de crescimento são subprodutos que derivam diretamente da conquista da visão inerente ao conceito de Valor Total da Marca. Na realidade, eu sempre uso o Valor Total da Marca para enquadrar a visão geral corporativa. Esse conceito me possibilitou identificar o que era importante e o que não era. Se promover uma ação não gera o Valor Total da Marca, então essa ação é classificada num grau de prioridade muito menor.

Você precisa ter um conceito abrangente para enquadrar e filtrar as questões, independentemente do seu ramo de atividade. O Valor Total da Marca funciona dentro do setor de produtos voltados para o consumo, porém seus elementos essenciais usados para aquisição de resultados — que são mais rápidos, mais completos e melhores do que os resultados dos concorrentes — também se aplicam com grande extensão em vários outros setores do mercado.

Melhor definição e mais rapidez. O Valor Total da Marca é o primeiro filtro que utilizo para analisar qualquer ação ou proposta. Há várias coisas boas que podem ser feitas. Há várias maneiras interessantes e atraentes para ocupar seu tempo. Contudo, devem contribuir para que seu negócio alcance seu objetivo de maneira mais rápida, mais completa e com maior qualidade do que seus concorrentes, ou, então, você precisa pensar duas vezes antes de colocá-las em ação.

Além disso, o conceito de Valor Total da Marca funciona independentemente do tamanho ou da importância do produto. Serve para a avaliação dos planos para o lançamento de um novo produto, bem como para a análise de uma megafusão ou aquisição. Por exemplo, quando estávamos analisando o lançamento da pizza DiGiorno da Kraft, sabíamos ter em mãos um produto da melhor qualidade. A massa com fermento seria assada pelo consumidor em sua casa e seria comparada com o padrão superior de uma pizza para viagem. Ela satisfazia as condições de "inovadora" e "mais rápida" que faziam parte da visão do produto. A pizza DiGiorno poderia ser a primeira do mercado com uma diferença marcante e nova. Além disso, a DiGiorno fornecia uma experiência completa e positiva por meio de sua embalagem atraente, ótimo preço e fácil preparação. Consequentemente, a decisão de lançar ou não lançar o produto foi relativamente fácil, assim como a decisão de deixar de lado alguns dos testes usuais de marketing em favor da vantagem de ser a primeira a chegar ao mercado. O Valor Total de Mercado contribuiu nos dando a segurança de que a probabilidade de sucesso era muito superior ao risco de fracasso.

> O Valor Total da Marca é o primeiro filtro que utilizo para analisar qualquer ação ou proposta.

Em resumo, o Valor Total da Marca foi de grande utilidade. E trata-se de um conceito fundamental da velha escola de administração. Com grande frequência, diversas organizações — mesmo de grande porte e sofisticadas — falham ao dispensar a importância de conceitos básicos, fundamentais.

O mais elementar e básico dos livros sobre marketing afirma que para se conseguir que um produto seja bem-sucedido você deve entender o mercado como um todo, os produtos com os quais está concorrendo, a dinâmica do consumidor em relação a produtos da mesma categoria, como o consumidor enxerga sua marca e o valor agregado da mesma. No entanto, ignorar os preceitos mais básicos reflete uma atitude habitual, e não em caráter excepcional, de muitas empresas.

Ignorando os consumidores; descartando as escovas de dentes elétricas. Na Gillette, em 2001, por exemplo, a marca Oral-B era líder mundial no segmento de escova de dentes. Nos Estados Unidos, a Oral-B posicionava-se como líder de mercado no segmento de escovas de dentes manuais, mantendo a distância equivalente a 1,2 vez do seu concorrente mais próximo. Na Europa, a Oral-B Braun praticamente não tinha nenhum concorrente no segmento de escovas de dentes elétricas. Seu conhecimento sobre pequenos motores elétricos proporcionava à Braun uma grande vantagem competitiva em termos de tecnologia. A Braun desenvolveu-se com base em sua vasta experiência adquirida com aparelhos de barbear elétricos e uma completa gama de produtos e criou as escovas de dentes elétricas e recarregáveis Braun/Oral-B, de excepcional durabilidade e eficácia. A empresa parceira e irmã da Oral-B era a Duracell, a maior fabricante de baterias e pilhas alcalinas do mundo.

Portanto, quando uma pequena empresa nova no mercado conseguiu registrar excelentes resultados na década de 1990, vendendo a SpinBrush do dr. John, uma escova de dentes barata e que funcionava a pilha, esperava-se que a Oral-B reagisse. De certo modo, ela reagiu. A empresa olhou o pequeno lucro possível, com baixa margem de rentabilidade, resultante de um mecanismo barato com cara de escova de dentes vendida a US$ 5, comparado aos elevados e atraentes ganhos resultantes da venda da Oral-B recarregável — com alta margem de lucro de um produto top de linha — vendida a mais de US$ 100, e decidiu não entrar no mercado de baterias e pilhas.

A opinião do consumidor não recebeu praticamente qualquer atenção. Para a empresa, se o consumidor quisesse uma escova de dentes com preço entre US$ 3 e US$ 6, ele que comprasse a escova manual Oral-B. Se ele quisesse uma escova elétrica, ele deveria pular para o modelo *Premium*, top de linha, e gastar US$ 100 com a compra da escova elétrica recarregável da Oral-B.

Acontece que o consumidor pensava de modo diferente. Gastar poucos dólares para experimentar uma escova elétrica era uma alternativa bastante atrativa; mas gastar uma centena de dólares não era uma ideia nem um pouco atrativa.

A corrida dos concorrentes. Em poucos anos, as vendas do segmento de escovas de dentes elétricas saíram do zero e chegaram em US$ 500 milhões. Todos os outros concorrentes do segmento de escovas manuais viram no segmento de baterias um meio fácil de roubar uma fatia de mercado da Oral-B.

Rapidamente, a Colgate, a Procter & Gamble, a Johnson & Johnson, e várias outras empresas de menor porte entraram no segmento de escovas a pilha.

Com o crescimento do mercado de escovas a pilha, a participação no segmento de escovas manuais da Oral-B despencou. Esse mercado parecia tão atrativo que a Procter & Gamble, que havia tentado — e fracassado — por anos atacar o segmento de escovas manuais, concordou em pagar a vultosa soma de US$ 500 milhões pela SpinBrush. (No interesse da total transparência nos negócios, a P&G foi obrigada a reduzir os investimentos da SpinBrush como parte das condições estipuladas pela Comissão Federal de Comércio para concluir a aquisição da Gillette Company e de nossa franquia da Oral-B.)

Todos os concorrentes da Oral-B enxergavam o segmento de escovas a pilha como uma possibilidade de mudança de paradigma. Os consumidores de escovas de dentes costumavam ser leais a uma marca por toda a vida. Como acontecia no segmento de aparelhos e lâminas de barbear, os consumidores trocavam de produtos dentro de uma mesma marca segundo critérios de desempenho; era difícil trocarem por produtos de outra marca, mesmo aquelas que anunciavam serem superiores em termos comparativos. O fenômeno da escova movida a pilha rompeu com o modelo existente, porque a Oral-B não oferecia nenhuma opção de produto pela qual o consumidor pudesse trocar. A única possibilidade existente era de que os usuários mudassem sua lealdade para com as marcas de escovas de dentes a pilha entre as marcas Colgate e Crest. (Depois da aquisição, a P&G rapidamente mudou a Dr. West para a marca Crest para aproveitar integralmente essa oportunidade.)

EMPILHANDO AS CHANCES *CONTRA* O SUCESSO

Embora tenha sido a última, a Oral-B entrou no mercado de escovas a pilha e no prazo de dezoito meses conquistou a liderança absoluta no segmento. Contudo, como provei para as pessoas da Oral-B em relação ao comportamento que deveriam ter com seus novos usuários das escovas elétricas: elas não tinham conduzido um estudo de segmentação do mercado de escovas dentais.

Em outras palavras, apesar de toda a turbulência ocorrida no mercado de escovas de dentes, nunca colocamos as pessoas de nossa área de marketing e desenvolvimento, da agência de publicidade e empresas externas especializadas em marketing para descobrir quais os produtos usados pelos consumidores, como eles os usavam e as razões de sua escolha.

Não sabíamos por que os consumidores escolhiam escovas manuais, a pilha ou recarregáveis; o que desejavam delas; e o quanto pretendiam pagar por elas.

Não sabíamos se o usuário de uma escova de dentes a pilha trocaria por um modelo recarregável dentro da categoria de escovas elétricas somente segundo critérios de melhor desempenho dos produtos.

Sabíamos que uma parcela dos consumidores escovava os dentes pela manhã, durante o dia e à noite. Mas não sabíamos qual era a importância das diferenças existentes com relação às necessidades específicas do usuário ou o que esperavam de uma escova para cada um desses usos. Obviamente, sem um estudo de segmentação, estávamos empilhando as chances contra nosso próprio sucesso.

Tecnologia da era espacial. O ponto principal é que essas omissões não são atípicas. Há várias defasagens dentro da unidade de Aparelhos & Lâminas de Barbear que representa o coração e a alma da Gillette Company e uma das mais avançadas e sofisticadas organizações de todos os produtos destinados ao consumo.

Quanto mais eu conhecia o negócio de aparelhos de barbear da Gillette durante meu primeiro ano na empresa, mais impressionado eu ficava. Um amigo meu, que comandava a produção de uma empresa industrial de grande porte, me contou que havia feito uma visita ao centro de produção da Gillette em Boston — alguns anos antes de eu entrar — que o deixou muito surpreso.

O que ele viu no local ao sul de Boston foi uma fábrica de aparelhos e lâminas de barbear de última geração, comparável à tecnologia utilizada pela NASA em todos os aspectos. Cartuchos do aparelho Mach 3 com três lâminas produzidas em aço inoxidável importado — com um corte cinquenta vezes mais afiado do que o de um bisturi cirúrgico — eram montadas juntamente com outras nove partes em um cartucho plástico a uma velocidade de 600 unidades por minuto. A tolerância a defeitos permitida era zero, já que qualquer defeito, mesmo microscópicos pontos numa das lâminas, poderia causar dolorosas e sangrentas consequências para o infeliz que comprasse o aparelho defeituoso. O intenso uso de robôs e de equipamentos fabricados sob encomenda para a fábrica da Gillette assegurava um grau de precisão e de confiabilidade ao processo produtivo e, consequentemente, aos produtos resultantes.

Entregando os produtos de qualidade superior prometidos. A capacidade produtiva da Gillette combinava mais do que perfeitamente com suas habilidades de pesquisa e desenvolvimento. Mais de 270 pesquisadores — 160 dos quais detentores de títulos de Ph.D. em química, metalurgia, física, matemática e engenharia — dedicavam sua carreira profissional ao entendimento de cada aspecto da ciência e da arte de barbear e do processo e equipamento necessários para a produção em alta velocidade.

A profundidade do conhecimento envolvido é incomparável. Por exemplo, o sistema de barbear Mach3 Turbo está protegido por 35 patentes. Essas patentes representam características únicas que somente a Gillette pode utilizar. Nenhum produto concorrente pode tentar imitar essas características sob pena, caso tentem fazê-lo, de sofrer ações legais imediatas para impedir seu uso.

O mais novo sistema de barbear — Gillette Fusion e Fusion Power — estabeleceu um novo recorde de patentes: setenta ao todo. Não há dúvidas de que os novos produtos da Gillette conquistam uma grande aceitação junto aos consumidores. De fato, a empresa entrega o prometido: um produto superior em termos de qualidade, inovação e do mais alto desempenho.

Conhecimento — Além do dicionário. Mesmo assim, a inovação tecnológica representa somente uma parte da história. O processo de desenvolvimento da Gillette envolve contatos com mais de cem mil homens que se barbeiam durante o ano com o intuito de obter uma visão acurada sobre cada um dos aspectos relativos ao ato de barbear-se: o momento anterior ao ato de se barbear, o ato em si e as experiências pós-barba; os aspectos físico, emocional, social e psicológico relacionados ao ato de se barbear; as diferenças existentes entre os homens de 20 anos versus os homens de 30, 40 ou 50 anos.

O entendimento do processo vai além do significado encontrado no dicionário. Ele se aproxima do conhecimento total ou onisciente, comparável a qualquer outra aventura mortal. Muitas empresas têm um entendimento adequado sobre como os consumidores interagem com seus produtos e como os utilizam; a Gillette leva esse entendimento para além dos limites.

Antes de entrar na empresa, eu achava que fazia algo em torno de 25 a 50 movimentos para me barbear com minha lâmina Gillette. Os pesquisadores da Gillette, por sua vez, sabiam que a média do barbear totalizava mais de 130 movimentos. Tendo em vista que um fio de barba é mais duro do que um fio de cobre, eles sabiam que o melhor jeito de aumentar o desempenho e o conforto do ato de se barbear é enxaguar o rosto em água morna (nem quente, nem fria) por três minutos, o que reduz a força necessária para se cortar o fio da barba em 70%. Mas eles sabem também que três entre quatro homens nem molham o rosto antes de se barbear.

Sabendo que o pelo facial masculino é 50 a 60% mais largo em diâmetro e mais irregular no formato do que o pelo feminino — que tem formato oval, a recomendação feita para o tempo de imersão em água antes da depilação é de dois minutos.

Homens raspam uma área equivalente a 1,22 metro quadrado, enquanto as mulheres depilam uma área aproximada de 10,5 metros quadrados, ou seja, cerca de nove vezes maior. Porém, em média, a barba masculina possui a mesma quantidade de pelos que as pernas e axilas da mulher juntas.

A quantidade de pelos num rosto masculino? Seria algo em torno de sete mil a quinze mil pelos, conforme a disposição genética; poucos pelos crescem depois do nascimento. A taxa de crescimento de um bigode? Pouco menos de dois terços de centímetro por mês (0,63 cm).

Até que tamanho pode chegar a barba de um homem médio durante toda sua vida? Cerca de oito metros. E quanto tempo ele gastará para removê-la? Cerca de 780 horas (32,5 dias).

Quais as diferenças apontadas pelos gêneros quanto ao modo de ver o ato de se barbear ou de se depilar? Os homens encaram o barbear como uma arte ou habilidade; as mulheres encaram a depilação como uma tarefa rotineira.

Perdendo os descartáveis de vista. Com todo esse conhecimento e percepção, fiquei perplexo e, honestamente, muito aborrecido com o que havia acontecido com a participação de mercado da Gillette no segmento de aparelhos de barbear descartáveis. Tradicionalmente, os descartáveis eram os produtos do segmento de menor preço, no último lugar da fila, do mercado de barbear úmido. Em termos de mercado total, a Gillette detinha a maior fatia, tendo atingido 80% de participação durante as décadas de 1980 e início da década de 1990.

Contudo, no período de 1995 a 2000, a participação da Gillette no mercado global de aparelhos descartáveis despencou drasticamente. Esse declínio coincidiu com o momento de forte inovação por parte do principal concorrente da Gillette no segmento de aparelhos descartáveis, a empresa Schick-Wilkinson. Durante esse período, a Schick introduziu uma série de novos produtos que culminou com o lançamento do Xtreme3 — um aparelho descartável com três lâminas que oferecia um barbear razoavelmente bom pelo preço de US$ 1,35 a unidade. Mais importante do que isso, ele garantia um barbear mais rápido do que qualquer aparelho descartável da Gillette.

A razão por essa defasagem em termos de desempenho foi resultado de um pensamento semelhante ao pensamento da administração da Oral-B em relação às escovas dentais movidas a pilha. Segundo a opinião deles, se os homens queriam uma gilete descartável, eles que comprassem o aparelho Good News da Gillette, vendido por cinquenta centavos a unidade. Se os homens quisessem um aparelho de barba com qualidade, então deviam comprar um sistema de barbear de alta qualidade da Gillete, como o modelo de duas lâminas Excel ou o modelo top de linha — o Mach3 com três lâminas, cujos aparelhos custavam entre US$ 5,48 e US$ 6,58 e os cartuchos descartáveis de US$ 1,15 a US$ 1,62.

A GRANDE GUERRA DAS LÂMINAS DE BARBEAR

Para a Unidade de Negócios de Aparelhos de Barbear & Lâminas da Gillette, existia uma longa história que reforçava esse pensamento. De volta à década de 1970, quando a empresa BIC, sediada na França, introduziu a primeira lâmina de barbear descartável, a administração da Gillette responsável na época empenhou-se num longo e caloroso debate sobre "plásticos" (aparelhos descartáveis) versus "aço" (sistema de barbeadores). A facção representante dos plásticos argumentava que a Gillette deveria aceitar o futuro inevitável no qual os aparelhos descartáveis de baixo preço se tornariam a opção de barbear preferida pelos homens do mundo todo. Qualquer tentativa no sentido de combater essa mudança inexorável para o mercado dos produtos plásticos resultaria em desastre e ruína para a empresa. A Gillette deveria seguir a tendência do mercado e redirecionar seus esforços para os produtos plásticos.

Por outro lado, os defensores do sistema de barbeadores de aço falaram em heresia e traição. Os sistemas de aço não somente constituíam o legado e a tradição da Gillette, mas também representavam o futuro. A Gillette deveria se dedicar à inovação dos produtos e ao lançamento de sistemas de barbear com alta qualidade que oferecessem um desempenho superior aos consumidores, de modo que estes não os abandonassem nunca. Os aparelhos descartáveis de plástico deveriam ser mantidos apenas como uma segunda opção da Gillette.

Quando a poeira baixou, os defensores dos sistemas de aço ganharam; os defensores dos aparelhos plásticos foram vencidos e a Gillette continuou inovando dentro das linhas de marcas mais reconhecidas e bem-sucedidas no mercado em todos os produtos voltados ao consumidor — como o Sensor e o Sensor Excel na década de 1980 e o Mach3 e o Mach3 Turbo na década de 1990 e início dos anos 2000.

Transferindo a lealdade do consumidor. Logo, quando a questão dos descartáveis foi novamente levantada em meados da década de 1990, os responsáveis pela unidade de Aparelhos & Lâminas de Barbear retomaram seus postos no campo de batalha. Infelizmente, eles tomaram sua decisão sem levar em consideração a opinião dos consumidores e a dinâmica financeira das lâminas descartáveis.

Embora os sistemas de barbeadores continuassem a ser o padrão de qualidade referencial do barbear úmido, uma parcela do público-alvo preferia aparelhos descartáveis. Esses consumidores não trocariam os descartáveis por sistemas de barbear mais sofisticados, mas fariam uma troca por produtos de melhor desempenho dentro do segmento dos aparelhos descartáveis. Se a Gillette não decidisse inovar e fornecer esses descartáveis para que as trocas fossem realizadas, então estaríamos incentivando os consumidores a mudarem de marca, transferindo sua lealdade para novos produtos da Schick e da BIC, que também estavam ampliando sua linha de descartáveis.

Outro aspecto problemático relacionado à ressurreição dos descartáveis era a quantidade de novos consumidores de primeira viagem que estava sendo atraída para esse segmento. No passado, as marcas da Gillette, sua estratégia de marketing e sua herança atraíam praticamente todos os novos consumidores em idade de se barbearem — adolescentes e homens na casa dos 20 anos — para os modelos Sensor e Mach3. Então, com sua propaganda direcionada para o público jovem, estrelada pelo campeão de tênis, Andre Agassi, em horário nobre usando o modelo Xtreme3 para fazer a barba e raspar a cabeça, a Schick estava fazendo modestos avanços no segmento.

Margens dos descartáveis — Robustas e em crescimento. Na composição da questão inteira incluía-se o fato de que os novos modelos *Premium* dos aparelhos de barba descartáveis com preços mais altos eram altamente rentáveis. Não, eles não chegavam nem perto das margens registradas pelos sistemas de barbear com cartuchos removíveis — próximas àquelas dos produtos farmacêuticos — mas eram muito melhores do que as margens dos produtos descartáveis registradas nas décadas de 1970 e de 1980; e ainda mais elevadas do que as de outros produtos voltados para o consumidor, incluindo as baterias, escovas de dentes, espumas e cremes pré-barba e antitranspirantes.

Apesar de ter causado alguns aborrecimentos nos Estados Unidos, a questão dos aparelhos descartáveis teve mais importância em outras partes do mundo. A divisão dos consumidores entre sistemas de barbear versus aparelhos descartáveis era de 80-20 nos Estados Unidos. Na América Latina, por exemplo, essa divisão era exatamente o oposto. Os descartáveis correspondiam de longe ao mercado dominante, enquanto os sistemas representavam um nicho de mercado.

Esperando pelo retorno dos consumidores. Mesmo na América Central e na América do Sul, locais onde a participação da Gillette no mercado de aparelhos descartáveis chegava no patamar de 90%, durante décadas não houve nenhum lançamento de novos produtos ou qualquer tipo de inovação por parte da empresa nesse segmento. Os mesmos aparelhos azuis de plástico com cabo curto que a Gillette vendia nas décadas de 1970 e 1980 continuavam a ser vendidos na década de 1990. Enquanto isso, tanto a Schick como a BIC foram trazendo para o mercado aparelhos de barbear descartáveis brilhantes, com cartuchos removíveis e cabos longos feitos de elastômero e desenhados ergonomicamente, apresentados em embalagens atrativas e destacadas, evoluindo do modelo de uma lâmina para o modelo de duas lâminas e, finalmente, para o aparelho de barbear com três lâminas.

A resposta da Gillette foi introduzir nossos novos sistemas de barbeadores que eram caros demais para o mercado e também eram aparelhos que o público-alvo nem cogitava a possibilidade de comprar. E na raiz do problema se encontrava a firme crença ferozmente defendida de que a Gillette era uma empresa que vendia "sistemas de barbear feitos de aço". Os sistemas ofereciam ao mesmo tempo um ótimo barbear e ótimos lucros. No fim, estavam convencidos de que todos os consumidores voltariam atrás.

A Gillette volta atrás: Aprendendo a caminhar e mascar chiclete ao mesmo tempo. Os diretores-executivos da Unidade de Negócios de Aparelhos & Lâminas de Barbear ficaram chocados ao descobrirem que, ao exercer minhas funções anteriores na Kraft e na Nabisco, uma perda equivalente a um quarto da participação de mercado representava uma razão suficiente para que eu promovesse uma inquisição completa. Uma perda de participação de mercado do tamanho sustentado pelo segmento de aparelhos descartáveis da Gillette faria o Massacre do Dia dos Namorados parecer um evento bem pouco sangrento.

Essa perda de participação de mercado tinha que ser contida. A Gillete precisava retomar sua posição no mercado de descartáveis. A Gillette continuaria a inovar e direcionar seu público-alvo para os sistemas de barbear no mercado como um todo. Mas nós também precisávamos inovar e promover a troca de produtos pelos consumidores dentro do próprio segmento de aparelhos descartáveis. Os descartáveis representavam o segundo produto de maior rentabilidade da Gillette e aumentaria ainda mais sua rentabilidade no futuro. Fiz um resumo disso tudo ao dizer que precisávamos aprender a caminhar e mascar chiclete ao mesmo tempo.

Demorou um pouco, mas a Gillette conseguiu reverter sua trajetória de queda em termos de participação no mercado de descartáveis e começou sua trajetória para recuperar o primeiro lugar no ranking. No final das contas, algumas de nossas melhores inovações na área de descartáveis utilizaram recursos produtivos que tinham ficado ociosos por causa de nossas inovações voltadas ao segmento de sistemas de barbear. Nosso aparelho descartável Sensor3 utilizou equipamentos e unidades fabris que tinham sido descartadas ou deixadas de lado quando o Mach3 foi lançado no mercado e atraiu os usuários do Xtreme3 para nossa nova marca. Portanto, nossa nova estratégia para os produtos descartáveis gerou ganho duplo para a empresa.

A IDEIA DE QUE UM TAMANHO ÚNICO SERVE PARA TODOS — PERIGO À VISTA

Além de lembrar que os fundamentos da velha escola importam, apresentamos aqui outro preceito igualmente importante: "Evitar o pressuposto de que um tamanho único serve para todos." Em outras palavras, preste atenção ao princípio da velha escola que diz o seguinte: "Não aplique uma fórmula que foi bem-sucedida numa área em outra área distinta, assumindo automaticamente que atingirá resultados semelhantes."

E um preceito correlato: "Aplicar velhas soluções a novos problemas pode ser muito arriscado."

Na Gillette, a tentativa de usar um modelo de trocas bem-sucedido que funcionou tão bem tanto na área de aparelhos e lâminas de barbear como na área de escovas de dentes pode resultar num enorme pesadelo se aplicado na área de baterias e pilhas. Entraremos em mais detalhes sobre o fracasso total do segmento de baterias e pilhas no Capítulo 11, mas alguns pontos principais serão mostrados a seguir para exemplificar o perigo que a ideia de um tamanho único que sirva a todos pode provocar.

Quando a Gillette comprou a Duracell em 1996, a categoria de pilhas alcalinas, na qual a Duracell foi pioneira e liderou por mais de trinta anos, foi considerada uma das melhores categorias em todos os produtos voltados ao consumo. Não apenas apresentava um crescimento constante, mas também sua taxa anual de crescimento de cerca de 5 a 8% estava posicionada bem acima da média de 2 a 4%, registrada pelos produtos de marca no setor de consumo.

> **Evitar o pressuposto de que um tamanho único serve para todos. Em outras palavras, preste atenção ao princípio da escola tradicional que diz o seguinte: "Não aplique uma fórmula bem-sucedida numa área em outra área distinta."**

Diferentemente de outras categorias, as pilhas alcalinas eram produtos de marca com baixa penetração e que apresentava grande lealdade dos consumidores pelas marcas. Os consumidores confiavam na marca Duracell, a valorizavam e estavam dispostos a pagar o ágio correto por isso.

Logo, quando a Gillette comprou a empresa, a administração assumiu que a Duracell se encaixaria perfeitamente e seria transformada no modelo de trocas usado para os aparelhos e lâminas de barbear. Tratava-se de uma marca poderosa que contava com preço especial e grande lealdade à marca por parte dos consumidores, além de uma concorrência puramente nominal, não significativa. Por que não transferir os consumidores das baterias Duracell CopperTop — carro-chefe dos produtos da Duracell por mais de uma década — e trocá-las por um novo e melhorado produto, a Duracell Ultra, que teria preços um terço superiores ao das baterias CopperTop?

Trocando pelo modelo *premium* — Quedas constantes. Em consonância com o modelo de aparelhos e lâminas de barbear, toda propaganda e promoção para o produto CopperTop deveriam ser encerradas; a propaganda deveria focar exclusivamente o produto Duracell Ultra. Os espaços nas prateleiras e balcões das lojas deveriam abrir espaço para o Ultra, em detrimento do CopperTop.

O resultado dessa ação foi um intenso declínio nas vendas da Duracell: as vendas do CopperTop despencaram drasticamente, enquanto as vendas do Ultra cresceram moderadamente. Quando entrei na Gillette, o negócio de baterias derretia há mais de três anos e não havia luz no fim do túnel. Toda essa bagunça foi uma grande surpresa para mim, porque eu conhecia bem o negócio da Duracell da época em que eu ainda estava na Kraft.

A Duracell havia se tornado parte da empresa como resultado de uma fusão de vida curta entre a Dart Industries e da Kraft. (Pouco tempo depois da conclusão do processo de fusão, ambas as empresas decidiram de comum acordo dissolver a união e seguir seus caminhos separadamente.) Como diretor da área de estratégia e desenvolvimento, era minha responsabilidade providenciar a redução dos investimentos no negócio da Duracell que não era considerado estratégico para o modelo da nova entidade Dart-Kraft.

A análise detalhada da situação da empresa (conhecida por *due diligence*) que realizei antes de oferecer a Duracell para venda mostrou um histórico de crescimento, força organizacional e vantagem competitiva em sua categoria muito impressionante. A Duracell parecia ter perspectivas de longo prazo acima da média de crescimento devido à proliferação de aparelhos eletrônicos que devoravam pilhas e baterias.

Foi com sentimentos controversos que vendemos a unidade de negócios Duracell por US$ 1,8 bilhão para a Kohlberg Kravis Roberts em 1988. E foi com grande satisfação que aguardei pelo meu reencontro com os negócios da Duracell.

Consumidores frustrados — Baterias e pilhas não são iguais a aparelhos de barbear & lâminas. Como uma marca poderosa com vantagens competitivas dentro de sua categoria de produtos cai por terra em tempos difíceis? Isso acontece quando se assume que o tamanho único serve para todos, quando se impõe uma estratégia de trocas em um produto totalmente diferente de aparelhos e lâminas de barbear, apesar de apresentarem semelhanças superficiais.

A interação dos consumidores com os sistemas de barbear é maior do que com qualquer outro produto. Diariamente, os consumidores passam lâminas de aço extremamente afiadas no rosto e na garganta, avaliando de imediato o desempenho do produto. Se decidirem experimentar um cartucho novo e melhorado, eles imediatamente sabem se existe uma boa relação custo-benefício, no caso de produtos com preços mais altos.

No caso de baterias e pilhas, não existe esse imediatismo; o fator tempo é postergado e a capacidade de avaliação do valor do produto é mais limitada. Uma pilha de melhor qualidade é colocada numa lanterna, num controle remoto de TV, num *pager* ou em algum outro aparelho eletrônico. Passam-se semanas ou meses até uma nova troca de pilhas, o que representa tempo demais para os consumidores saberem se a pilha nova e melhorada durou 17% mais do que a outra.

O preço do modelo *premium* — o Duracell Ultra — comparado ao de outras pilhas de marca subiu 40%, e mais de 50% se comparado a outros produtos de marca mas de categorias mais simples. Os consumidores reclamaram e, consequentemente, as vendas caíram imediatamente.

Assim como os administradores responsáveis pela unidade de Biscoitos Nabisco, os principais executivos da Duracell estavam convencidos de que a estratégia de trocas era forte e o sucesso no mercado era coisa certa e estava logo ali, virando o quarteirão. Nesse momento, chamei Mark Leckie, que seria a pessoa ideal para o trabalho. Com sua experiência de virada de jogo, que havia recuperado financeiramente a unidade dos cereais Post, Mark saberia como analisar preço, valor, posicionamento e todos os diversos aspectos envolvidos na restauração da Duracell, levando-a a assumir uma posição de liderança em sua categoria e de crescimento. Como veremos no Capítulo 11, foi exatamente isso o que ele fez.

CUIDADO COM VELHAS SOLUÇÕES PARA NOVOS PROBLEMAS

Algumas soluções parecem perfeitas para determinados problemas, mas no fundo são velhas soluções para novos problemas. Uma quantidade suficiente de velhos elementos está presente para dar a impressão de que uma abordagem baseada em tentativa e erro se aplicaria ao caso. Mas os resultados provam o contrário. Foi exatamente esse o caso da primeira experiência da Gillette no segmento de desodorantes corporais para homens.

Por muitos anos, a empresa foi líder na categoria de antitranspirantes e desodorantes (AT/DES) masculinos com as marcas Right Guard e Gillette Series. Ninguém conhecia mais os homens do que a Gillette, e nos Estados Unidos essa aura se estendia por todos os produtos, desde os de barbear até os de cuidados pessoais.

Durante a década de 1990, a Gillette manteve forte liderança no segmento masculino da categoria de AT/DES. Essa categoria estava longe de ser vibrante. As margens de lucros haviam sido corroídas e as vendas estavam estagnadas. No entanto, a Gillette conseguia sustentar sua participação no mercado anualmente apesar do intenso combate entre concorrentes mundiais que incluíam a Unilever, a Procter & Gamble e a Colgate.

Já no final da década de 1990, a dinâmica do segmento começou a mudar. A P&G elevou substancialmente o nível dos gastos com desenvolvimento e marketing direcionados à marca moribunda Old Spice, adquirida na mesma década. A marca começou a tomar impulso e roubou uma parte da fatia de mercado da Right Guard.

Perfeito para o fracasso. Apesar dos pesados gastos com promoção e propaganda realizados por todas as empresas participantes do segmento, as vendas continuaram lentas até que a Unilever introduziu o *spray* corporal Axe no mercado norte-americano. Mesmo não sendo exatamente um antitranspirante ou desodorante, o Axe foi um estrondoso sucesso na Inglaterra, onde havia sido lançado com a marca Lynx alguns anos antes. Seu lançamento nos Estados Unidos repetiu a mesma trajetória — um imediato e estrondoso sucesso, um campeão de vendas. Nosso pessoal da Right Guard precisava responder com um produto semelhante. Estavam certos de que mesmo não sendo as líderes da categoria, as marcas Right Guard e Gillette colocadas em *sprays* corporais venceriam facilmente a Axe, uma marca nova sem valor de mercado estabelecido.

Em um período de seis meses, o *spray* corporal da Right Guard em três diferentes fragrâncias, que superou o Axe em todos os testes, estava pronto para ser colocado no mercado com uma campanha publicitária cujos testes previam uma vitória fácil e certa. O grupo de representantes da Gillette realizou um excelente trabalho de venda dos novos produtos para os consumidores e assegurou a colocação dos produtos nas prateleiras e de cartazes e estandes adicionais nas lojas.

Baseados na fórmula antiga, tudo estava perfeitamente preparado para o sucesso: marca poderosa, atrativa oferta do produto, excelente distribuição dos produtos, testes bem-sucedidos de propaganda e publicidade. Porém, as vendas dos produtos foram fracas e, depois de dezoito meses, o Right Guard Xtreme foi retirado do mercado.

O que deu errado? Fórmula antiga; produto novo.

Deixando para trás velhas fórmulas e as marcas preferidas pelos seus pais. O público-alvo de *sprays* corporais era composto por adolescentes e homens na casa dos 20 anos. A razão: eles usavam o *spray* corporal para atrair o sexo oposto, ou seja, atrair garotas com uma fragrância que eles achavam que agia como um afrodisíaco. A preocupação com o suor nas axilas era a última coisa que passava pela cabeça deles; o mesmo acontecia com a marca Right Guard, "o antitranspirante dos seus pais". Em vez de atrair o público-alvo e garantir a eficácia do *spray* corporal, a marca Right Guard agia de modo contrário, afastando-o.

Como fazer com que homens jovens experimentem seu novo produto? É melhor enfatizar os veículos informais de comunicação verbal — o *boca-*

a-boca, as campanhas de marketing vibrantes e os eventos especiais... e não só comerciais de 30 segundos na televisão.

Um ano depois da retirada do *spray* corporal Right Guard Xtreme, voltamos ao mercado com o TAG *Spray* Corporal para Homens. Não se fazia qualquer referência às marcas Right Guard ou Gillette Series nas campanhas de marketing, publicidade ou nas embalagens — que não identificavam a Gillette como fabricante; em vez disso, citava o nome de uma subsidiária recém-criada — a TAG Fragrance Company.

A TAG empregou uma ampla variedade de veículos de comunicação da Nova Era, incluindo anúncios impressos em revistas como a *Cargo*, *Wired*, *Maxim*, *HM*, *Fader* e *Stuff*. Esses anúncios expressavam claramente a ideia de que a marca TAG estava muito distante daqueles tradicionais anúncios de AT/DES que diziam "fique seco por mais tempo".

Um ano após seu lançamento, o TAG conquistou o segundo lugar no mercado de *sprays* corporais, ficando logo atrás da Axe que continuava fazendo pesados investimentos em sua marca. Porém, passou bem à frente da Procter & Gamble, cujos esforços estancaram tempos atrás. Como a Gillette havia feito no início, a P&G usou a marca Old Spice para introduzir no mercado seu primeiro *spray* corporal. Diferentemente da Gillette, a P&G decidiu manter no mercado sua marca datada e antiga apesar do limitado sucesso alcançado.

Em resumo, entender o que importa será sempre um desafio. Leva uma vida inteira de experiências para acumular e controlar todas as habilidades necessárias. Mas alguns conceitos simples podem ser de grande ajuda ao longo do caminho.

> **Entender o que importa será sempre um desafio. Leva uma vida inteira de experiências para acumular e controlar todas as habilidades necessárias.**

SOLUCIONANDO O DESAFIO — ENTENDER O QUE REALMENTE IMPORTA

Aqui estão algumas dicas "do que fazer" e "do que não fazer" que o ajudarão em sua eterna busca para entender o que realmente importa.

- Em primeiro lugar, independentemente do seu campo de atuação, adote uma visão do que você quer fazer no futuro... e como você quer alcançá-la. Faça com que seja possível de ser colocada em prática e de fácil entendimento. Para produtos voltados para o consumo, o conceito de construção do Valor Total da Marca funcionou para mim por um período de mais de vinte anos em três das melhores empresas do setor.
- Em segundo lugar, não se deixe enganar pela teoria em moda na ocasião. Continue focado nos fundamentos e aplique-os rigorosamente e de modo abrangente. Eles podem parecer repetitivos e triviais, mas geralmente se revelam profundamente importantes.
- Em terceiro lugar, evite a abordagem de um tamanho único que serve para todos para resolver os problemas. Modelos prontos funcionam dentro de alguns limites; eles não são transpostos extensamente com os mesmos efeitos. Estude cada situação cuidadosamente e assegure-se de que a solução customizada se enquadra no problema.
- E em quarto lugar, só porque alguma coisa funcionou no passado isso não significa que funcionará no futuro. Hoje em dia, as coisas mudam muito rapidamente e de maneira essencial. Portanto, fique atento para que as semelhanças superficiais não escondam profundas diferenças.

SEÇÃO II

LIDERANÇA IMPORTA

CAPÍTULO 7

A EQUIPE CERTA IMPORTA

"Todos seremos demitidos. Fracasso total. Kilts disse que nos dará mais uma chance. Mas estamos acabados."

Essas não eram as palavras que Peggy Guillet esperava ouvir do seu marido, Ned, quando ele voltou para casa depois de uma reunião comigo fora do escritório que durou dois dias. Foi a primeira reunião da equipe de administração da Gillette.

Ned não se reportava diretamente a mim. Ele era o número dois do departamento de recursos humanos. Havia participado da reunião porque estava trabalhando num projeto especial. Portanto, seria uma ótima oportunidade para ele observar e pensar sobre o que estava observando. Como havia sido a estrela do time de futebol do Boston College, além de ter jogado profissionalmente por algum tempo, Ned costumava fazer analogias relacionadas a esportes. Contou para Peggy que a Gillette tinha virado um "time perdedor" e que Kilts fora contratado recentemente para ser o "novo treinador". Nenhum treinador novo fica com a mesma equipe de assistentes do antigo, e a Gillette estava "tão ineficiente por causa do desalinhamento" do Comitê Operacional (o comitê executivo da Gillette) que Kilts ia se livrar do grupo inteiro. Eles eram um "bando de perdedores" tão grande que as coisas não tinham como piorar se Kilts decidisse mandar todo mundo embora e colocasse seu próprio pessoal para substituí-los.

POR QUE TODO MUNDO QUER ALCANÇAR UM DESEMPENHO SUPERIOR AO ESPERADO?

Foi uma primeira reunião bastante difícil, mas era importante mostrar para meus subordinados diretos como iríamos trabalhar e qual era minha expectativa em relação a eles. Mesmo sabendo que havia uma evidente ausência de liderança e uma perda de disciplina, jamais tive a intenção de fazer qualquer outra coisa além do que expressei em meu primeiro comunicado à organização.

Não havia nenhuma ideia preconcebida sobre quem deveria ficar ou ir embora, ou mesmo quantas pessoas seriam trazidas para a equipe. Eu avaliaria a todos com base no desempenho individual, pelo cumprimento ou pela superação dos objetivos previamente estabelecidos.

> Eu avaliaria a todos com base no desempenho individual, pelo cumprimento ou pela superação dos objetivos previamente estabelecidos.

As dúvidas de Ned basearam-se em algo além do que foi dito na reunião fora do escritório. Faziam referência a uma reunião na qual ele participou poucos dias antes da minha chegada à empresa. Bob DiCenso, nosso vice-presidente executivo administrativo e de recursos humanos, e chefe de Ned, pediu a ele que preparasse uma apresentação geral sobre como a Gillette estava organizada e sobre o sistema de critérios e avaliação de desempenho.

Como Ned já havia começado a prepará-la, perguntei quantas categorias existiam. Ned respondeu que eram cinco: *Não Atingiu as Expectativas*, *Precisa Melhorar*, *Atingiu as Expectativas*, *Acima das Expectativas* e *Desempenho Excepcional*. Comentei que parecia bom e perguntei sobre as notas da avaliação do grupo de liderança em uma escala de 1 a 5. Qual era o percentual registrado em cada uma das categorias? Ned disse que achava que 65% dos funcionários da organização se enquadravam na categoria *Acima das Expectativas* ou mais além. Comentei que é a posição onde a maioria das empresas está, e Ned concordou com a cabeça.

Em seguida, eu disse que queria fazer só mais duas perguntas, ao que Ned respondeu: "Claro. Pode mandar." Em primeiro lugar, 65% dos nossos executivos foram avaliados e enquadrados na categoria *Acima das Expectativas*, portanto quais eram os resultados da empresa no ano passado que haviam corroborado esses conceitos de avaliação? Pude perceber a apreensão e o desconforto que tomou conta do rosto de Ned ao perceber que estava prestes a despencar ladeira abaixo. "A Gillette registrou crescimento *zero* nas vendas e crescimento *zero* nos lucros", respondeu Ned.

Aqui vai minha última pergunta: "Todo mundo é altamente eficiente no quê, então?" Ned parecia querer morrer, mas respondeu com pura honestidade e total precisão: *"Esforços."*

"Está certo", eu disse. Os esforços eram recompensados, o que era ótimo. Mas esforços que não se transformam em resultados não refletem um bom desempenho no trabalho. Logo em seguida, expliquei minha opinião sobre avaliação de desempenho e sistema de recompensas.

Esforço é o preço pago para ser admitido numa empresa. Todo mundo tem de trabalhar duro, normalmente muito duro. Porém se esse esforço não gerar resultados, alguma coisa está errada. Talvez com as metas e objetivos estabelecidos. Ou com as ações que estão sendo promovidas. Ou, talvez, com a pessoa envolvida. Seja qual for a razão, esforço sem resultados indica a existência de um *problema* que deve ser resolvido. Isso não significa um *desempenho altamente eficaz* que deva ser recompensado.

Em direção à cultura do desempenho. Depois do choque desse começo desconfortável, Ned permaneceu na equipe e virou um dos nossos melhores gerentes. Em questão de meses, o chefe de Ned — Bob DiCenso, que estava na Gillette há mais de vinte anos se aposentou. Bob, um veterano da área financeira, assumiu funções-chave quando a Gillette passou tanto por bons tempos como por desafios difíceis. Trabalhava próximo a Colman Mockler e à equipe de executivos que combateu os ataques de Perelman e participou da batalha promovida pela firma Coniston Partners. Foi Bob quem encontrou Colman Mockler caído no corredor perto da sua sala, pouco depois da vitória apertada da Gillette sobre o grupo Coniston. Colman havia sofrido um ataque cardíaco fatal.

Bob, que estava com cerca de 65 anos, achou que eu precisava de alguém que pudesse trabalhar junto comigo durante o processo de virada. Promovi Ned ao cargo de diretor de recursos humanos e disse a ele que sua missão era me ajudar a transformar a Gillette e implementar a cultura de avaliação de desempenho dentro da empresa. Minha intenção era mudar o sistema baseado em esforços para um sistema de recompensas baseado no desempenho.

Durante o processo, fomos reorientando melhor a visão geral da empresa. Os gerentes deviam pensar de modo realista, conhecer seu negócio melhor do que qualquer outra pessoa, de dentro ou fora da empresa, para então definirem metas que pudessem ser atingidas com certeza. Essas metas deviam ser difíceis, mas possíveis de serem cumpridas. E quando fossem cumpridas, a classificação do desempenho seria *Cumpre as Metas*, equivalente a uma nota 3. No entanto, para aqueles gerentes que jogassem num time vencedor, um gerente que aspirasse ser o melhor do mundo, o bônus pago para uma classificação *Eficaz*, de nota 3, seria muito maior do que aquele pago para a categoria *Desempenho Excepcional*, de nota 5, da antiga Gillette, na qual as metas não eram atingidas, resultando num descompasso do sistema de bônus.

> **Quero gerentes que pensem de modo realista, conheçam seu negócio melhor do que qualquer outra pessoa e então definam, com certeza, metas que possam atingir.**

Ned e eu percebemos que a mudança seria difícil. Ned disse ter sido sempre avaliado com as notas *Acima das Expectativas* e *Desempenho Excepcional* durante anos. Se fosse rebaixado a uma categoria *Cumpre as Metas* (equivalente à nota 3) consideraria a si próprio como um gerente mediano, classificado como C, e não um superastro com alto potencial. E Ned não era exceção à regra.

Quando checamos a nota de desempenho de três mil gerentes globais avaliados no ano 2000, 59% deles haviam sido classificados como *Acima das Expectativas* e 4% como *Desempenho Excepcional*. Apenas 34% deles haviam recebido *Atingiu as Expectativas* e 3%, *Precisa Melhorar* ou *Inadequado*. Fazer algo que fosse percebido por dois mil gerentes como equivalente a um grande rebaixamento seria um empreendimento arriscado, porém necessário.

"Só minha mãe seria capaz de pensar que sou realmente excepcional." Queríamos ter certeza de que estávamos mandando a mensagem correta para causar um impacto positivo. Nós esperávamos que os gerentes percebessem a classificação *Eficaz* como uma nota A e não um C. Em outras palavras, você — o gerente — determina suas próprias metas. Se você atingir suas metas, e o fizer de modo qualitativo, receberá nota 100, um A, que equivale à classificação *Atingiu as Expectativas*. Se você exceder suas metas em 10%, obterá um A+ — correspondente à classificação *Excedeu as Expectativas*. E ainda, se você ultrapassar suas metas em muito mais, ganhará um A++, ou seja, será classificado como *Excepcional*.

"Eu sabia que lá no fundo muitos de nós reconhecíamos que não éramos *Excepcionais*", lembra Ned. "Trabalhávamos excepcionalmente muito, por longas horas e com extrema dedicação, mas os resultados não apareciam. Logo, só mesmo minha mãe seria capaz de pensar realmente que eu era excepcional. É impossível considerar-se excepcional se seu negócio está em grandes apuros."

Consequentemente, demos início a uma jornada para recuperar a posição da Gillette e levá-la novamente para o ranking das melhores do setor de consumo. Começamos também nossa transformação cultural para fazer da Gillette uma empresa voltada para o desempenho. Vamos avançar no tempo, por um momento, para que possamos perceber o grau de profundidade relativo à mudança drástica que estávamos prestes a implementar.

De 1999 a 2000, o crescimento das vendas da Gillette foi equivalente a zero e o lucro por ação (LPA) era de 4%. Mesmo diante desse resultado, dois terços dos gerentes (três mil gerentes ao redor do mundo) obtiveram avaliação de *Excedeu as Expectativas* e *Excepcional*. O crescimento da Gillette em 2004, comparado ao de 2003, registrou um aumento de 13% nas vendas, 23% nos lucros e 25% no lucro por ação. E a avaliação dos três mil gerentes globais da empresa refletiu essa nova cultura: aproximadamente três quartos (74%) foram classificados como *Atingiu as Expectativas*; 19% receberam nota *Excedeu as Expectativas*; e 4%, *Desempenho Excepcional*. Os 3% restantes receberam a classificação de *Precisa Melhorar*.

Motivando gerentes com desempenho excepcional. Além de promover uma mudança cultural, as notas de classificação reajustadas também serviram como um fator adicional de motivação para os gerentes realmente excepcionais. Poucas coisas motivam menos do que receber uma nota igual a dois terços dos funcionários de uma organização, ainda que os resultados atingidos fossem medíocres.

Uma nota de avaliação *Excepcional* numa cultura voltada para o desempenho deve receber os benefícios e distinções que merece. Cumprindo nossas promessas, os prêmios aumentaram drasticamente à medida que a cultura voltada para o desempenho ia se estabelecendo. Os gerentes, que precisavam de uma classificação *Excepcional* para ter direito a receber um bônus ainda que irrisório quando a Gillette não conseguia atingir suas metas e o índice de lucro por ação crescia 4% ano, agora estavam ganhando prêmios que ultrapassavam, em muito, suas expectativas estabelecidas no início do processo.

> **Poucas coisas motivam menos do que receber uma nota igual à obtida por dois terços dos funcionários de uma organização, ainda que os resultados atingidos fossem medíocres.**

E o mais importante, a satisfação pessoal ia muito além dos prêmios em dinheiro. Da mesma maneira que fizemos na Nabisco, contratamos o Instituto Gallup para realizar uma pesquisa de comportamento e atitudes dos gerentes de toda a organização. Já usei diversos questionários e pesquisas de todos os tipos e modelos ao longo dos anos. A maioria deles, desenvolvidos internamente ou fornecidos por profissionais externos, sofria do mesmo mal: eram demasiadamente longos, detalhados e complexos. Geralmente, demorava meia hora ou mais para serem respondidos ou preenchidos, o que limitava muito o número de participantes do estudo. Os dados resultantes desses gigantescos elefantes brancos, em forma de questionários, tinham a tendência de ser exatamente isso: exaustivas planilhas de dados, de difícil interpretação e mais difíceis ainda de serem trabalhados.

A pesquisa Gallup compreende apenas doze questões para serem respondidas por meio de notas dentro de uma escala de 1 a 5. O tempo de preenchimento é de alguns minutos e as ideias e dados resultantes da pesquisa são excelentes. O Instituto Gallup conta com um banco de dados formado pelas respostas de centenas de milhares de funcionários de empresas que participaram dessas pesquisas ao longo dos anos. O instituto faz um trabalho de correlação entre os resultados das trajetórias subsequentes das empresas, tanto daquelas que foram bem-sucedidas em sua missão como as que enfrentaram o fracasso. Consequentemente, é possível obter uma excelente compreensão sobre o significado das respostas e, principalmente, também usá-las para fazer uma previsão do desempenho futuro de sua organização.

PROMOVENDO AÇÕES PARA MUDAR AS ATITUDES

Não foi nenhuma surpresa ver que os resultados da nossa primeira pesquisa de atitude (recebidos no início de 2002) posicionaram a Gillette no 44º lugar do ranking de todas as empresas que participaram da pesquisa com relação ao comprometimento dos funcionários. O processo de virada estava começando e também, consequentemente, a eliminação de custos desnecessários que incluía o corte de emprego de milhares de pessoas que estavam preenchendo cargos ou funções que não agregavam nenhum valor à empresa. Em outras palavras, era uma época de transição, ansiedade, incerteza e angústia para os trabalhadores que haviam sido ou estavam prestes a ser demitidos.

Os resultados da pesquisa Gallup permitiam ações; logo, promovemos ações na organização como um todo. Formamos mais de cinquenta equipes em toda a empresa — em nossas unidades de negócios, em nossos grupos de operações comerciais e em unidades administrativas — para analisar os resultados, definir conjuntamente quais os três problemas de maior prioridade e, em seguida, desenvolver e implementar planos de ação para solucioná-los. Nossas ações postas em prática com base na pesquisa Gallup passaram a ser a prioridade de cada um dos meus subordinados diretos. Não se tratava de um problema ou programa da área de Recursos Humanos; esse era um assunto que abrangia toda a empresa e todos eram responsáveis e deviam prestar contas de sua parcela de participação envolvida nele.

No ano seguinte, quando decidimos refazer a pesquisa dentro da organização, o Instituto Gallup explicou que seus dados demonstravam que a partir do momento que tínhamos sido altamente bem-sucedidos na execução de nossos planos de ação, conseguiríamos aumentar nosso posicionamento no ranking — saindo da faixa dos 44% para a faixa correspondente aos 55%. Tendo em vista tudo o que estava ocorrendo na Gillette, nossa preocupação era perder o passo. Por isso, foi uma grata surpresa verificar que os resultados de 2003 registraram um aumento de 34%, mais do que o dobro projetado pelo Gallup, o que nos levou ao 59º lugar do percentil. O comprometimento e a satisfação dos funcionários estavam definitivamente crescendo.

PROMOVENDO O CRESCIMENTO DOS GERENTES

Nossos esforços no sentido de desenvolver os gerentes também cresciam. Uma das responsabilidades mais importantes de um líder é a de criar o ambiente certo e adequado de trabalho para, em seguida, dar aos funcionários oportunidades para que desenvolvam plenamente seus potenciais. Eu gostaria de fazer uma analogia, que ouvi há alguns anos, com a carpa japonesa, conhecida como koi, para ilustrar esse ponto.

> **Uma das responsabilidades mais importantes de um líder é a de criar o ambiente certo e adequado de trabalho para, em seguida, dar aos funcionários oportunidades para que desenvolvam plenamente seus potenciais.**

Uma das características fascinantes do koi é a seguinte. Se você deixá-lo dentro de um aquário pequeno, ele crescerá somente até atingir 5 ou 7 centímetros de comprimento. Se colocá-lo num tanque maior ou num pequeno lago, ele atingirá de 15 a 25 centímetros de tamanho. Se você colocá-lo num lago grande, ele poderá chegar a 45 centímetros. Entretanto, se você colocá-lo num lago de enormes proporções onde ele realmente terá condições de se esticar e crescer, seu potencial de desenvolvimento atinge quase um metro de comprimento.

As pessoas, a exemplo do koi, crescerão até a dimensão de suas fronteiras. Felizmente, diferente do koi, temos a vantagem de poder ajudar nossos funcionários na escolha de suas fronteiras individuais. É tarefa do líder definir as fronteiras que permitam que nosso pessoal atinja seu potencial pleno de crescimento.

Caçadores de talentos no encalço. Com o passar do tempo, nosso pessoal começou a chamar a atenção de outras empresas e recrutadores de executivos que acompanham as viradas bem-sucedidas do mercado. Quando chegamos ao terceiro e quarto anos do processo de recuperação, não havia uma semana em que um de nossos melhores gerentes não fosse abordado com uma proposta de trabalho de outra empresa. Felizmente, descobrimos que a maioria dessas propostas feitas era recusada pelo nosso pessoal. Tivemos um índice de rotatividade muito baixo durante nossa trajetória de ascensão.

Outro indicativo evidente do grau de atratividade e de qualidade da nossa gerência foi o que aconteceu depois do processo de fusão com a Procter & Gamble. Eu contava com treze subordinados diretos que formavam o Comitê Operacional da Gillette. Nas áreas de staff, nosso diretor-executivo de finanças, Chuck Cramb, foi nomeado CFO da Avon Cosmetics. Nossa diretora de informações, Kathy Lane, tornou-se CIO das operações nos Estados Unidos da National Grid no Reino Unido; Ned Guillet, nosso diretor de recursos humanos, permaneceu no cargo, sendo convidado a ficar pela própria P&G; nosso diretor de planejamento e desenvolvimento, Peter Klein, retomou sua atividade de consultoria; e meu colaborador e coautor deste livro, John Manfredi, manteve sua própria firma de consultoria, além da carreira de escritor. Na linha intermediária, três de nossos executivos assumiram cargos mais altos dentro da P&G, o que era um fato raro, considerando-se que se tratava de uma empresa com uma forte política tradicional de promoção interna a partir do seu próprio quadro funcional. Bruce Cleverly, que chefiava a Unidade Global de Negócios da Oral-B, passou a comandar todas as atividades da área de cuidados pessoais da P&G, incluindo os produtos da marca Crest: pasta de dentes, enxaguantes bucais e branqueadores, além da linha de escovas de dentes e produtos Oral-B. Ed Shirley, que comandava a área de operações comerciais internacionais da Gillette, tornou-se o presidente da área de vendas da P&G na América do Norte. Desse modo, Ed ficou responsável pela mais avançada e sofisticada área de vendas de todos os produtos de consumo, cujas vendas de produtos totalizavam mais de US$ 34 bilhões por ano. Joe Dooley, que chefiava nosso grupo de Operações Comerciais destinadas à América do Norte, foi promovido a diretor de operações da Duracell. Como mencionei anteriormente, Mark Leckie assumiu o cargo de diretor de todos os negócios da Gillette; Mary Ann Peace, que liderava nossa Unidade de Negócios de Cuidados Pessoais, assumiu a presidência da área de Desenvolvimento de Novos Negócios, Cuidados Pessoais Masculinos/Desodorantes e Higiene Pessoal da P&G; Joe Scalzo, que dirigia nossas operações relacionadas à cadeia de fornecedores, bem como trabalhava como chefe de equipe da área de Cuidados Pessoais, foi recrutado para o cargo de presidente e CEO da empresa WhiteWave Foods, maior fabricante de leite orgânico e leite de soja sediado em Broomfield, no estado do Colorado; e Mike Cowhig foi promovido e assumiu as responsabilidades de Ed DeGraan como diretor de pesquisa, desenvolvimento, manufatura, compras, cadeia de fornecedores e engenharia. Peter Hoffman continuou no comando da todo-poderosa Unidade de Negócios de Aparelhos & Lâminas de Barbear até sua aposentadoria no final de 2006.

Se descermos mais um nível hierárquico, as movimentações foram muito semelhantes. Alguns gerentes executivos receberam promoções dentro das unidades de negócios da própria Gillette ou da P&G, ou foram mantidos em seus cargos; outros assumiram cargos mais altos em outras empresas; e outros se aposentaram.

Esses resultados me lembram os tempos da Nabisco e da Kraft. Na Nabisco, dois diretores de nossas unidades de negócios — Rick Lenny e Doug Conant — tornaram-se CEOs de grandes e importantes empresas alimentícias. Rick foi para a Hershey e Doug para a Sopas Campbell. Beth Culligan, diretor de nossas operações internacionais, tornou-se presidente da A&P (Great Atlantic & Pacific Tea Company). Nosso CFO, Jim Healey, abriu uma empresa especializada em contabilidade pública. Nosso segundo executivo da área de finanças, Bob Schiffner, foi para a Campbell como CFO junto com Doug Conant. Dave West, nosso vice-presidente de planejamento, foi para a Hershey como diretor de vendas e, posteriormente, assumiu o cargo de CFO e depois COO da empresa sob o comando de Rick Lenny. John Manfredi, Peter Klein e Joe Schena vieram comigo para a Gillette. Nos níveis hierárquicos intermediários, houve também algumas histórias de sucesso.

Executivos com notável trajetória ascendente. O movimento ascendente de executivos que saíram da Kraft talvez seja o mais notável. Rick Lenny e Doug Conant deveriam contar duas vezes, já que ambos fizeram seu curso de graduação para CEO tanto na Nabisco como na Kraft. Há vários outros casos. Bob Eckert assumiu o cargo de CEO da Mattel; Alan Lacey assumiu como CEO da Sears; Bob Morrison comandou a Quaker Oats e, depois do processo de aquisição, tornou-se vice-presidente da PepsiCo; Dick Bailey tornou-se COO da Dean Foods; Luc Vandevelde tornou-se *chairman* do conselho de administração da Marks & Spencer; Ann Fudge comandou as atividades da Young & Rubicam; Irene Rosenfeld foi inicialmente para o comando da Frito-Lay a convite da PepsiCo, e depois retornou para assumir o cargo de CEO da Kraft; e Dave Rickard é o atual CFO da CVS, tendo trabalhado também como CFO da Diageo e RJR Nabisco depois de sua saída da Kraft. Tanto Betsy Holden como Roger Deromedi trabalharam comigo na Kraft durante anos e anos; na minha saída ambos se tornaram CEOs e passaram a dividir as responsabilidades da função. Em seguida, Roger tornou-se o único CEO. Na época em que escrevia este livro, ambos eram ex-CEOs, mas tenho um palpite de que não ficarão nessa situação por muito tempo.

DESENVOLVENDO AS FORÇAS DA ADMINISTRAÇÃO

Por que razão esses gerentes e diretores de alta qualidade conseguiram alcançar o topo tanto dessas duas empresas como fora delas? Uma tentativa para explicar esse fenômeno foi feita por Bain & Company, cuja pesquisa menciona que enquanto os esforços de desenvolvimento de outras empresas são cuidadosamente controlados e isolados do trabalho no dia-a-dia da organização, nossos esforços completam nosso modelo de negócios. Esses esforços ocorrem durante o trabalho e são importantes para o trabalho realizado.

Na Kraft, conforme os gerentes promissores seguiam em frente, enfrentavam uma série de desafios que lhes permitiam aprender os princípios, valores e processos da empresa. O processo de desenvolvimento pode ser encarado como um "corredor de liderança" que atravessa o negócio.

Redução de custos como parte do processo estratégico. Nos primeiros anos do desenvolvimento, os gerentes assumem responsabilidades na linha de base funcional e aprendem o conceito fundamental de que a redução de custos não é um programa reativo e estático que ocorre uma única vez. Trata-se de um processo estratégico contínuo para liberar caixa e outros recursos com o objetivo de fortalecer as marcas. Em outras palavras, cortar gastos significa ajudar a alimentar a construção de marcas.

O desenvolvimento nesse estágio também se concentra em promover a exposição e o entendimento do ponto de vista do fornecimento do negócio.

Geralmente, envolve negociações nos mercados de *commodities*, com a área de produção e com a administração de caixa. Vimos no Capítulo 4 que Bob Eckert, Dave Rickard e Roger Deromedi, todos sem exceção, tiveram um "batismo de fogo" ao ter de negociar na Bolsa Nacional de Queijos durante tempos difíceis para o negócio de queijos da Kraft.

Essa fase também enfatiza a importância de se incentivar jovens gerentes a abordar gerentes com mais experiência para pedirem conselhos ou informações, mesmo que isso signifique ultrapassar alguns níveis dentro da burocracia. O importante é fazer com que o talento e a experiência da organização participem juntos das decisões mais essenciais.

Aprendendo as vantagens da "administração afrouxa-aperta". A segunda parte do corredor de treinamento é caracterizada pela administração do tipo "afrouxa-aperta". Em outras palavras, você define os objetivos e as metas financeiras e, em seguida, exige sua entrega. Porém, permite uma grande margem de flexibilidade e liberdade de execução aos gerentes para que possam atingir seus resultados. Você os incentiva a criar estratégias que possibilitem a conquista de metas mais altas no futuro. Nessa fase, os gerentes jovens também aprendem a trabalhar dentro de uma estrutura matricial, particularmente em relação ao modo de obter apoio a partir das variáveis que devem ser influenciadas, mas não controladas, por meio de um relacionamento em linha direta de subordinação.

Organizações estruturadas em forma matricial podem e devem ser poderosas. Entretanto, apresentam riscos potenciais não aparentes. Em primeiro lugar, você precisa especificar claramente como será a prestação de contas e definir as responsabilidades ao longo de toda a matriz. Se não o fizer, várias coisas importantes se perderão pelos espaços vazios, permitindo sua indentificação no futuro. (Na Gillette, em duas ocasiões trouxemos consultores da McKinsey para trabalharem junto a nossas unidades de negócios e aos grupos de operações comerciais para prestar esclarecimento sobre papéis e responsabilidades. A primeira incursão produziu uma concordância relativa às áreas de maior abrangência; já na segunda o trabalho focou áreas menores mais específicas, não atingidas anteriormente.) Em segundo lugar, os gerentes em início de carreira devem continuar sua curva de aprendizagem obtendo o máximo resultado possível a partir dessa matriz. Alguns nunca chegam lá; eles querem controlar tudo. Outros, por sua vez, viram verdadeiros especialistas na matriz. Aprendem a organizar listas de pessoas e funções que não possuem relação direta de subordinação de modo a fazer parte de sua equipe expandida. São capazes de motivar pessoas a promoverem ações, ainda que não tenham qualquer influência direta sobre o desenvolvimento de suas carreiras ou sistema de remuneração e compensação.

Colocando os ganhos da empresa acima dos interesses pessoais. A última parte do corredor de desenvolvimento ensina a importância de se colocar os ganhos da empresa acima dos interesses pessoais individuais. Os interesses corporativos devem sempre prevalecer sobre os interesses individuais. A pesquisa Bain afirma que "o desenvolvimento do processo de liderança na Kraft não tem a menor semelhança com o modelo de planejamento sucessório baseado na identificação de *personalidades líderes* e na sustentação e incentivo de indivíduos carismáticos à medida que ascendem dentro da hierarquia. Para começar, pessoas egocêntricas e que prezam a autopromoção não são incentivadas a se juntarem à empresa. Além disso, ninguém na história recente da organização foi escolhido a dedo para ser o próximo em qualquer cargo ou função que fosse. [Ex-CEO da Kraft] Mike Miles chama isso de "ausência de presunção". As pessoas da Kraft confiam em seu potencial, mas não a ponto de serem egocêntricas. Os executivos da Kraft precisam fazer mais do que atingir apenas seus próprios objetivos e metas; devem apoiar cada um dos membros da equipe e dar suporte aos esforços coletivos da organização.

> A última parte do corredor de desenvolvimento ensina a importância de colocar os ganhos da empresa acima dos interesses pessoais individuais.

Embora a origem do "corredor de treinamento" seja da época de Mike Miles, seu desenvolvimento teve continuidade durante os anos em que assumi o comando da Kraft Estados Unidos e Kraft Mundial. Além disso, apliquei o modelo conceitual e muitos dos elementos táticos tanto na Nabisco como na Gillette. Contar com o programa certo de desenvolvimento ajuda a assegurar a existência futura de uma equipe de profissionais fortes e com profundos conhecimentos, capaz de enfrentar o processo sucessório de sua organização, e mais importante, em relação aos cargos hierárquicos mais elevados.

Treinamento de desenvolvimento *on-the-job*. Algumas empresas confiam no que Bain chama de "cuidadoso treinamento interno, isolado das operações da empresa" ou "uma série de cursos específicos" ou "intenso estudo de casos práticos sobre dilemas organizacionais". Todas essas abordagens são válidas. Entretanto, a utilização de um processo de desenvolvimento concentrado fortemente em experiências reais e práticas, *on-the-job*, tem funcionado melhor para mim. A dificuldade apresentada por abordagens focadas em cursos isolados, separados dos negócios da empresa, relaciona-se com o desafio que o participante enfrenta ao tentar integrar o aprendizado ao trabalho no dia-a-dia.

Não é muito bom expor um número limitado de pessoas a um programa ou curso especial, independentemente do seu mérito, se os conceitos e materiais são estranhos ao resto do grupo gerencial ou da organização. Nos meus primeiros dias na General Foods, lembro-me de ter participado de programas externos de treinamento gerencial, nos quais eu ficava incrivelmente ansioso para voltar ao escritório e contar a todos sobre a quantidade enorme de conhecimento e ideias que havia aprendido. Lembro-me também da incrível decepção que sentia ao voltar para o escritório e a única reação ao meu entusiasmo era um olhar inquisitivo ou um mero encolher de ombros. Se uma pessoa tenta introduzir um conceito que seja novo ou estranho a uma empresa, a reação mais provável será: "*É interessante, mas não é desse jeito que fazemos as coisas por aqui.*"

PROGRAMA DE TREINAMENTO PARA MODELAGEM DA CULTURA

Na Kraft, na Nabisco e na Gillette, tínhamos pelo menos um curso de treinamento do qual todos os gerentes deviam participar. A proposta do programa era ensinar como analisar estrategicamente um tema. O programa chamava-se Pensamento e Resultados Estratégicos — STAR (Strategic Thinking and Results), composto por seis fases, que fornecia uma abordagem detalhada e uma linguagem completa que descrevia cada um dos passos. Seu instrutor era John Furcon da Buck Company.

Uma vez que todos os nossos gerentes deviam participar desse programa, era possível ter um sistema comum com uma linguagem universal e uniforme que pudesse ser usada por toda a empresa, ao redor do mundo. Todos nós partíamos de um mesmo ponto ao discutirmos um determinado assunto, logo não havia perda de tempo, nem de meia hora, na definição de termos ou concordância sobre um processo. Os programas de treinamento e desenvolvimento contribuem para a modelagem da cultura ou de atitudes comportamentais envolvidas num negócio. Porém, o ponto de partida para um esforço nessa direção deve começar muito antes. Deve começar com as pessoas que você traz para ser membro de sua equipe.

Mas como selecionar as pessoas que farão parte da sua equipe de executivos? Quais atributos você deve buscar? Qual característica faz você descartar uma pessoa?

Como já dizia Mike Miles, nós não temos "líderes aparentes" na Kraft. Não temos pessoas do tipo líderes carismáticos que correm em alta velocidade em direção a um cargo predeterminado. Além disso, pessoas adeptas da autopromoção não são toleradas. Na verdade, a organização se une rapidamente contra qualquer um que tenha uma atitude do tipo "olhem para mim".

NUNCA CONTRATE IDIOTAS PRESUNÇOSOS

Mike tinha também uma máxima com a qual todos nós concordávamos. "Há uma coisa, dentre as quais eu busco numa pessoa, sobre a qual arrisco dar uma definição. Procuro alguém que possa se transformar num idiota presunçoso. Temos uma regra na Kraft de *não* contratar idiotas egocêntricos."

Mike acredita que há um número suficiente de pessoas inteligentes no mundo; portanto, "você pode descartar os presunçosos inteligentes e esperar uma pessoa inteligente e de bom caráter entrar pela porta. Ao tomar essa atitude, você terá uma sociedade ou uma cultura... na qual as pessoas terão prazer em trabalhar com seus colegas, [e] um local onde as pessoas terão vontade de ir trabalhar todos os dias".

Warren Buffett expressou um sentimento semelhante, em especial ao analisar a possibilidade de aquisição de uma empresa. Independentemente da posição financeira estável de uma empresa e do seu modelo de negócios, Warren diz que não dá prosseguimento à negociação a menos que ele goste das pessoas, as respeite e tenha prazer em trabalhar com elas. Assim como

Mike, Warren acredita que a vida é curta demais para ser gasta trabalhando com pessoas de que você realmente não gosta.

Concordo totalmente com ele. E mais ainda, porque um mau ator acaba se tornando uma decepção pessoal. Ele ou ela causará danos à empresa. E quanto mais alto a pessoa sobe, e maior é seu círculo de responsabilidades e influência, mais grave e mais extenso será o dano.

Extirpando maus atores. Uma das práticas que instituí na Kraft e, de novo, na Nabisco e na Gillette, foi o uso de entrevistas de 360 graus para nossos gerentes seniores de maior destaque. Nós contamos com Tom Sapporito, Nancy Picard e sua empresa — a RHR International, localizada na Filadélfia, para aplicar as entrevistas, avaliar as respostas e trabalhar com cada um dos gerentes. Tanto na Nabisco como na Gillette, havia alguns gerentes que deveriam ter sido barrados na porta de entrada. Eram capazes de atingir metas e sabiam como administrá-las, mas o *feedback* dado por seus colegas, funcionários subordinados e contatos externos apontava alguns problemas sérios e reais. Em alguns casos, a realização de sessões individuais com Tom, Nancy ou um de seus associados era capaz de resolver a situação. Em outros casos, a sessão apenas confirmava que tínhamos maus atores que precisavam ser demitidos.

> **Autopromover-se ... sem nenhum interesse em desenvolver seu pessoal... Atingir metas individuais e conquistar a satisfação pessoal são objetivos que definem seus esforços.**

Em geral, trata-se de pessoas autocentradas que querem comandar um feudo no qual sua palavra é inquestionável. São pessoas que desejam a autopromoção, sem nenhum interesse em desenvolver seu pessoal ou trabalhar em prol dos objetivos da empresa. Atingir as metas individuais e conquistar a satisfação pessoal são objetivos que definem seus esforços.

Outra técnica de Mike para extirpar candidatos é convencer o pretendente a desistir do emprego. "Lanço os piores desafios que posso imaginar. Se ao final do relato de minhas histórias de terror os candidatos continuarem querendo o emprego, ainda parecerem confiantes sobre sua capacidade de enfrentar os desafios do cargo de modo satisfatório, se tiverem preenchido os requisitos necessários, credenciais e assim por diante, e se não forem idiotas pretensiosos, fico geralmente satisfeito." O histórico de sucesso de Mike na escolha das pessoas certas não era perfeito, mas era excelente. O melhor de todos que eu já conheci.

ESCOLHENDO A EQUIPE

Há diversos aspectos que eu levo em consideração ao escolher pessoas para a minha equipe. A inteligência e a capacidade para trabalhar com afinco são aspectos básicos, o que não significa dizer que estejam sempre presentes, ou existam com certa regularidade, num gerente. Mas é necessária certa voltagem intelectual ou uma bateria de capacidade suficiente para o funcionamento em cargos com maior nível de responsabilidades dentro de uma corporação de maior porte. A inexistência dessas características impossibilita qualquer consideração adicional. Pessoas que não são altamente inteligentes ou não possuam um nível elevado de energia simplesmente não podem ser consideradas sérios candidatos a posições de alto nível hierárquico.

> **Há uma forte tendência por parte de algumas pessoas e organizações de esmorecer ao deparar com más notícias.**

No início deste livro, exploramos quatro atributos que procuro nas pessoas com as quais pretendo trabalhar: integridade intelectual, entusiasmo, orientação para a ação e um bom entendimento dos negócios e das pessoas. Agora, vamos analisar alguns elementos referentes a esses atributos sob um prisma ligeiramente diferente e, em alguns casos, sob diferentes nomenclaturas. Essa análise promoverá uma visão adicional sobre o papel mais importante de todos que um líder deve desempenhar: a seleção e desenvolvimento de pessoas.

A seguir, analisaremos cinco aspectos críticos:

- Integridade intelectual
- Resultados

- Habilidade de tomar decisões
- Liderança
- Habilidade de pensar de maneira conceitual

Integridade intelectual é a habilidade de posicionar um espelho na frente da sua organização e mostrar a determinação de querer enxergar o reflexo com total honestidade. Acima de tudo, você deve ter a determinação de confrontar a realidade o tempo todo — todos os dias da semana, todas as semanas do mês, todos os meses do trimestre, todos os trimestres do ano, ano após ano, ainda que exista uma forte tendência por parte de algumas pessoas e organizações de esmorecer ao deparar com más notícias. Certifique-se de que você é exatamente o oposto delas.

Pouco tempo depois de ir para a Gillette, passei à noite no escritório do diretor de planejamento, Joe Schena, e expliquei-lhe quais informações gostaria que ele coletasse para mim. No topo da lista estava o relatório diário de vendas para que eu pudesse acompanhar dia-a-dia como estava o andamento das vendas em comparação com o planejamento e com o ano anterior, e o que precisava ser feito para atingir a meta da semana, do mês e do trimestre. Joe, que havia trabalhado comigo na Nabisco, sabia exatamente o que eu queria e qual o meu formato preferido. Quando me encontrei com Joe no dia seguinte, ele me deu notícias alarmantes. Não havia nenhum relatório diário de vendas; não havia nenhum relatório semanal de vendas; e o melhor que poderia ser feito em termos globais era um relatório mensal! A determinação de confrontar a realidade tinha muito menos importância e senso de urgência do que na antiga Gillette.

Não enfrentar a realidade pode ser uma importante falha em termos de limitação de carreira. Tenho a tendência de cortar pessoas por motivo de negligência, particularmente quando descubro o erro. Foi exatamente o que fiz. Tanto Ned como Joe disseram que as coisas ficaram tensas com umas poucas pessoas que, usando as próprias palavras de Ned, estavam "fumando sua própria fumaça".

Quando alguém vem para uma reunião e diz: "Estamos ótimos; minha área realizou grandes conquistas", é sinal de que estão em apuros. Eu estava buscando alguém que enxergasse a realidade, não que quisesse se autopromover e convencer-me de que era perfeito e não errava nunca. Se um líder chega e tudo o que ele ou ela quer fazer é me contar as coisas boas que realizou, penso com meus botões: *"Você está tão enamorado com o que já conseguiu conquistar que deixou de pensar em tudo o que ainda precisa fazer pela frente.* Estou buscando alguém que me apresente o cenário completo: *Conseguimos realizar essas coisas específicas; temos muito trabalho a fazer daqui para a frente.*

Procuro gerentes que conheçam os dados reais e que sejam transparentes com relação a eles. O único meio possível para se construir uma relação de confiança é saber compartilhar seus problemas e dificuldades, bem como suas vitórias. Se alguém sabe da existência de um problema à frente, deve compartilhar essa informação. Se há um boato no mercado sobre um concorrente prestes a lançar um novo produto que vai nos deixar uma geração para trás, eu quero saber em primeira mão e não ficar sabendo disso por meio de uma publicação setorial. Conforme expliquei a todas as pessoas que se reportam a mim, durante minha primeira reunião, eu não gosto de surpresas. Faço tudo que está ao meu alcance para merecer o respeito das pessoas. Espero que meu pessoal faça o mesmo comigo. Os gerentes não devem nunca esconder informações ou manipular dados.

> **Não quero saber de gerentes que escondem informações ou manipulem dados.**

Uma das razões pelas quais valorizo muito Mark Leckie é sua transparência em relação aos problemas e dificuldades. Apesar de Mark estar conquistando um enorme sucesso com as operações nos Estados Unidos, pouco depois de apresentar seu relatório sobre as operações domésticas ele nos alertava sobre as crescentes dificuldades encontradas em relação à concorrência na Europa. Ou sobre a melhoria de um novo produto em andamento no Brasil. Ele sempre tinha em mãos uma longa lista de preocupações que compartilhava integralmente comigo e com todos os membros da nossa equipe.

Outro aspecto relacionado à integridade corresponde ao uso mais popular da palavra, significando honra, ética e boas práticas. Essas são acepções fundamentais para mim. Acredito na honestidade e transparência dos relatórios financeiros. Não permito que as arestas sejam aparadas, que a verdade seja encoberta, que normas e regulamentos sejam menosprezados ou relaxados ou que infrações sejam acobertadas por outras pessoas. Nenhum desses aspectos pode ser praticado ou será tolerado. É impressionante o quanto se pode aprender sobre os valores éticos de uma pessoa se você a ouvir com atenção durante uma entrevista. Pessoas que gostam de aparar as arestas e esconder a verdade geralmente não resistem à tentação de alardear seus feitos com prazer. Essas pessoas não farão parte da minha equipe.

Procurando pessoas que trilhem o caminho definido. O segundo traço importante está relacionado aos resultados. Você consegue identificar as pessoas que entendem a importância dos resultados porque os resultados fazem parte do seu histórico de sucesso. Para usar uma linguagem coloquial: elas andam no caminho traçado e entregam o que prometem entregar e na data em que prometeram. Pessoas como essas são simplesmente grandes competidoras de verdade. Elas odeiam perder. Elas entendem que o vencedor é aquele que consegue atingir o resultado em primeiro lugar e de maneira mais rápida. Portanto, por definição, elas ficam muito mais à vontade sendo fazedoras do que sendo observadoras.

> Pessoas que trilharam uma estrada fácil, sem obstáculos, ao longo de suas carreiras e nunca enfrentaram uma situação difícil podem ser pouco confiáveis ou não previsíveis.

Uma pessoa orientada por resultados também se concentra em soluções. Mike Miles gosta de dizer que, geralmente, uma boa estratégia é nada mais do que uma execução excepcional. "É raro uma pessoa ter algum pensamento estratégico, ou uma ideia brilhante ou mesmo apresentar algum incrível elemento ou avanço tecnológico que lhe proporcione uma *vantagem competitiva sustentável*. Isso é consequência da execução do outro cara." Isso é consequência da ação de uma pessoa orientada por resultados que foca em soluções. Isso é consequencia de uma análise daquilo que funciona e do porquê funciona, de modo que você possa extrair soluções sólidas baseadas em fatos.

Tenho opinião formada sobre quase tudo, mas sempre pondero os fatos. Na Gillette, Ed DeGraan dizia que o contexto "vai se direcionando de acordo com os fatos. Muitas vezes ao lidar com decisões sobre a cadeia de valores, assunto em que Jim tem vasta experiência, ele entraria numa reunião com uma opinião muito forte, já formada. No entanto, ele sempre se rendia ao conjunto de fatos expostos à sua frente. E depois de tudo dito e feito, ele também era capaz de reconhecer que nós fizemos bem ao não seguir seus instintos."

Particularmente, prefiro gerentes que já foram testados em batalha. Pessoas que trilharam uma estrada fácil, sem obstáculos, ao longo de suas carreiras e nunca enfrentaram uma situação difícil podem ser pouco confiáveis ou não-previsíveis. Ao observar uma pessoa no momento em que ela passa por uma situação difícil nos negócios, você aprende muito. É possível saber se essa pessoa é capaz de manter a compostura, pensar claramente e apresentar os fatos, com honestidade e transparência, independentemente da gravidade das notícias.

O terceiro traço diz respeito à capacidade de tomar decisões. Há uma série de subdivisões desse item. Primeiro há uma parte do processo relacionada à tomada de decisão, a capacidade de rastrear rapidamente e descobrir os fatos que são importantes para a tomada de decisão, a capacidade de enxergar as coisas de modo quantitativo e a disciplina para proceder de modo sistemático, mesmo que outras pessoas lhe apressem, mandando você virar à esquerda ou à direita, ou até mesmo parar de vez. Além disso, há um aspecto com o qual você pode contar: sempre haverá essas vozes ao fundo falando no seu ouvido.

A segunda parte do processo decisório diz respeito ao risco. Você deve ser capaz de enfrentar a possibilidade de que, apesar dos seus melhores esforços, sua decisão possa estar errada, e seguir em frente, tomando-a do mesmo jeito.

E, finalmente, as melhores pessoas simplesmente têm um instinto para os negócios. Elas analisam a situação, mas não perdem o contato com alguma coisa dentro delas que diz: "Não me interessa o que os números estão dizendo, tem alguma coisa errada aqui."

Você pode chamar isso de esperteza das ruas, bom senso ou sabedoria. É real, é importante e faz a diferença.

Identificando o tipo de liderança. A quarta qualidade é a liderança, que significa aquilo que o grande músico Louis Armstrong respondia quando alguém lhe pedia para definir o jazz: "Se você precisa perguntar, nunca vai entender." Logo, não vou nem tentar resumir o conceito de liderança em um algum tipo de definição organizada e clara.

No entanto, você é capaz de identificar um líder por meio de alguns traços reveladores.

Em primeiro lugar, ele ou ela vê um alvo e, em seguida, organiza pessoas e recursos para alcançá-lo. Você tem de ser capaz de dar dimensão a um projeto e gerar motivação e estímulos, exatamente como o presidente John F. Kennedy fazia quando dizia que o homem caminharia sobre a superfície da Lua; ou quando Herb Kelleher, o lendário CEO da Southwest, criou uma companhia aérea altamente rentável — em uma indústria onde a falência era regra geral — por meio da adesão constante e estável ao conceito de a "MAIS barata" linha aérea; ou ainda quando os jovens fundadores das empresas da Internet convenceram o pessoal de Wall Street de que suas firmas inexperientes valiam mais do que as concorrentes já bem estabelecidas no mercado, mesmo sem ter gerado qualquer lucro.

Outro aspecto-chave relacionado à liderança é a capacidade de comunicação. Para muitas pessoas, a comunicação é um ponto fraco. A habilidade de se comunicar por escrito, em reuniões e em apresentações extensas e curtas é um fator crucial.

Você precisa obter o comprometimento das pessoas e fazer com que se transformem em fiéis seguidoras de suas causas. Há muito poucas coisas que podem ser realizadas sozinhas. Você precisa de uma equipe, e a equipe deve desejar o prêmio da vitória tanto quanto você.

> A equipe deve estar comprometida com o líder mas, acima de tudo, o líder deve estar comprometido com a equipe.

Grandes líderes devem ser parceiros da equipe. Quando se trata de liderança, o aspecto relacionado à equipe não pode ser negligenciado. A equipe precisa estar comprometida com o líder mas, acima de tudo, o líder deve estar comprometido com a equipe e com as metas que estão além dos seus interesses pessoais. Você deve acreditar e estar comprometido com os objetivos corporativos, com as metas organizacionais, e deve encará-los como prioridade máxima.

Hoje em dia, muitas empresas estão organizadas sob uma estrutura matricial e exigem líderes capazes de apoiar uns aos outros, independentemente das relações de subordinação existentes. A menos que os líderes ajudem os outros a alcançarem suas metas e objetivos, a empresa nunca será bem-sucedida e, obviamente, as conquistas individuais dos líderes não significarão absolutamente nada.

Liderança requer maturidade e autoconfiança a fim de lidar com as críticas que a acompanham. Bons líderes sabem como ouvir as críticas construtivas e ignorar as críticas inúteis; e são capazes de explicar a diferença entre as duas.

Empresas e pessoas fracassam quando ficam estáticas. Um bom líder também reconhece que as pessoas, assim como as organizações, fracassam quando ficam estáticas. Quando você tem a "plataforma explosiva" de uma empresa em dificuldades, uma empresa afundada no Círculo do Fracasso, você tem algo ao redor do que todos podem se reunir e juntar, possibilitando ao líder virar o jogo e recuperar a empresa.

Tentar conter o impulso e evitar a descida em direção ao Círculo do Fracasso é muito mais desafiador. E é por essa razão que você deve formar e institucionalizar uma atitude de contínua insatisfação. O *status quo* nunca é bom o suficiente. A busca por algo melhor deve ser constante. Esse é um dos dogmas da Inovação Total. Todos os meus líderes devem estar comprometidos com a insatisfação construtiva e melhoria contínua.

Finalmente, busco líderes que saibam delegar. Eles sabem como dividir e distribuir o trabalho e sabem o momento de tomar uma atitude quando as coisas parecem se desviar do foco. Eles entendem como funciona a "administração afrouxa-aperta" — os benefícios resultantes de uma prestação de contas rigorosa e metas financeiras desafiadoras, aliados à flexibilidade para crescer e inovar na busca desses objetivos.

> **Pensadores conceituais são pessoas capazes de unir as peças e transformar essas peças em soluções corretas.**

Pensadores conceituais passam a vida toda aprendendo. O traço de número cinco é o pensamento conceitual. Pensadores conceituais são pessoas que conseguem unir as peças e transformar essas peças em soluções corretas. São pessoas que conseguem enxergar a floresta e as árvores ao mesmo tempo. São capazes de olhar um problema e visualizá-lo sob todos os ângulos, virando-o de cima para baixo, de dentro para fora e, em seguida, analisá-lo e enquadrá-lo de modo que permita a eles e a sua equipe decidir qual o curso certo para a ação.

Pensadores conceituais habilidosos dedicam uma vida toda ao aprendizado; portanto, são relativamente fáceis de ser identificados. São pessoas que tiram alguma lição de tudo o que fazem. Eles até aprendem mais com o que não fazem do que com o que fazem. Além disso, carregam toda essa bagagem de conhecimento em seus bancos de dados pessoais com o objetivo de desenvolver seus próprios princípios ou parâmetros de ação. Esses princípios transformam-se em planos de jogo que eles usam para resolver situações difíceis. Essa é uma das razões pelas quais gosto de gerentes que já foram testados em batalha.

Essas são as qualidades que mais valorizo e busco em qualquer pessoa que venha a fazer parte da equipe. Contudo, não acredito em demissões em massa a fim de colocar pessoas novas no lugar. É preciso ver se e como as pessoas desempenham suas funções. As que ultrapassam os obstáculos e atingem suas metas de desempenho devem provavelmente ser mantidas, mas não estão necessariamente no cargo certo.

DOIS TERÇOS DAS CEM PRIMEIRAS POSIÇÕES

Vamos avançar cerca de um ano depois da minha chegada na Gillette. Sessenta e seis dos cem primeiros cargos de gerentes estavam preenchidos por contratações externas ou pessoas da Gillette que eram novas nos cargos. E a divisão chegava a quase meio a meio com relação às contratações externas versus promoções internas.

Embora não tenha havido demissões em massa, o efeito líquido era uma enorme mudança. Queríamos energizar e polinizar a cultura da Gillette com ideias, atitudes e credos oriundos de outras empresas. Portanto, recrutamos pessoas que haviam trabalhado anteriormente na General Electric, na Coca-Cola, na Tropicana, na Procter & Gamble, na PepsiCo e em diversas outras empresas.

A Gillette sempre foi uma empresa 100% orientada pela promoção interna dos seus funcionários. Nossa nova meta para os primeiros cinco anos seria distribuída da seguinte maneira: 60% de promoções internas e 40% de contratações externas. Ao longo do tempo, chegamos a alterar para uma combinação de 70 por 30, mas eu jamais pretendi reverter à prática de promoção total dentro da própria empresa. Mesmo a Procter & Gamble, a mais fiel defensora da abordagem de promoções totalmente internas, foi demovida dessa ideia. Como resultado de suas aquisições anteriores, como da Clairol, dos alimentos para animais de estimação — Iams, dos produtos de beleza — Wella e, atualmente da Gillette; a Procter & Gamble estima que cerca de 30% das promoções de pessoal não envolverão veteranos da P&G com anos de casa. Essa fatia será preenchida por "estrangeiros virtuais", ou seja, gerentes que serão incorporados via novas aquisições ao quadro funcional da P&G.

Essa mistura de pensamentos externos combina perfeitamente com o conhecimento interno enciclopédico da Gillette com relação às categorias mais importantes e valores direcionados ao comprometimento com a mais alta qualidade de produtos e inovação contínua. Essa combinação de elementos internos e externos proporciona certa tensão construtiva, um sentimento de insatisfação contínua. Mas nunca resultou em polarização, fracionamento ou formação de campos inimigos. Os valores totais da empresa e nosso objetivo de nos tornarmos a melhor empresa do mundo de produtos voltados para o consumidor solidificaram o grupo em torno de um propósito comum.

> **Você deseja trabalhar com pessoas com as quais gostaria de trabalhar, sendo que parte desse processo é pessoal e sensorial e não científico ou acadêmico.**

SABER ESCOLHER AS PESSOAS CERTAS DEFINE OS GRANDES LÍDERES

Reunir uma equipe é parte integrante de um conjunto de traços e qualidades que comprovadamente ao longo do tempo é capaz de prever o sucesso comparado com outros aspectos que certamente resultam em problemas. Entretanto, é uma tarefa que também se apoia na intuição e na química. Essa afirmação é uma extensão do que Warren Buffett e Mike Miles já disseram.

Você deseja trabalhar com pessoas com as quais gostaria de trabalhar, sendo que parte desse processo é pessoal e sensorial e não científico ou acadêmico. Em última análise, fazer as escolhas certas é a parte mais importante daquilo que define um grande líder.

ESCOLHENDO SUA EQUIPE

As pessoas correspondem ao fator "ou vai ou racha" de um negócio. Com as pessoas certas, quase tudo é possível. Com a equipe errada, o fracasso o aguarda. Portanto, demore o tempo que for preciso, mas seja determinado ao escolher as pessoas.

- Identifique *todas* as habilidades, capacidades e atributos de que você precisa para seu negócio como um todo. Seja rigoroso e específico ao fazer sua lista, pois ela servirá de guia para todas as suas decisões. Atividades empresariais diferentes exigem habilidades diferentes.
- Decida quais habilidades, capacidades e atributos são necessários para cada cargo principal. Lembre-se que as melhores e mais brilhantes mentes "quadradas" nunca serão "estrelas" de desempenho, porque têm formas diferentes que não combinam.
- Assegure-se de que a soma das habilidades, capacidades e atributos dos ocupantes nos cargos principais *cobrem* todas as suas necessidades relevantes.
- Nunca contrate um imbecil egocêntrico — mesmo que seja muito inteligente. Há uma grande quantidade de pessoas muito inteligentes para contratar no lugar de orgulhosos e arrogantes promotores de si próprios.
- Desempenho importa: dê uma chance para as pessoas. Se você for chefe de primeira viagem, observe como as pessoas mais experientes se comportam antes de tomar uma decisão.
- Inteligência e energia: elimine as pessoas que são diferentes nesses aspectos; são características essenciais para qualquer administrador de primeiro escalão.
- Foco na ação: escolha pessoas que confrontem a realidade e sejam focadas em soluções.

- Boa capacidade para tomar decisões: escolha mentes pensantes que sejam boas em qualidade e em quantidade, e com capacidade de proceder sistematicamente.
- Capacidade de liderança: procure por alguém que seja um bom comunicador, motivador e organizador; e que zele pelo sucesso da equipe bem como por seus ganhos pessoais.
- Entusiasmo importa: contrate líderes que sejam positivos, incentivadores e determinados — especialmente em tempos difíceis quando o moral se abate, o desejo de vencer esvanece e o foco de atuação tende a se desviar.

CAPÍTULO 8

PROCESSO DE LIDERANÇA IMPORTA

Qual a importância do efetivo processo de liderança e de administração de uma empresa? O processo realmente importa? Se você reunir a equipe certa, formada por pessoas talentosas, motivadas e cheias de energia, será que é preciso se preocupar com algo mais?

Responderei a essas perguntas mostrando os resultados de uma pesquisa que realmente me chocaram. Um dos aspectos mais importantes levantados pelo Instituto Gallup por pesquisas de comportamento conduzidas ao redor do mundo mostra que empresas com as menores pontuações possuem uma legião de funcionários que nem sequer tem conhecimento das responsabilidades básicas relativas ao seu cargo. Em outras palavras, eles não sabem por que vão trabalhar todos os dias.

Um bom processo preenche essa lacuna. Além de fornecer esse conhecimento básico sobre as tarefas e atividades das pessoas, o processo também promove o entendimento sobre como as responsabilidades e os papéis individuais estão ligados aos objetivos mais amplos de uma unidade, divisão e, em última análise, de toda a organização. Logo, o processo realmente importa.

Ter uma grande liderança é importante. Líderes individuais podem contribuir pessoalmente de maneira significativa para o desempenho geral da empresa. Porém, sem uma boa definição, um bom entendimento e uma rigorosa adesão ao processo de liderança e de administração de uma empresa, nada acontece.

O PROCESSO É FATOR CRUCIAL DO DESEMPENHO

Uma empresa deve funcionar como um motor muito bem calibrado de um carro de corrida. Não apenas deve conter os componentes certos — como injetores, válvulas, pistões e peças equivalentes — mas também cada elemento deve estar corretamente conectado com todos os demais, de modo a obter uma total sincronia de tempo e movimento entre todos os componentes. Até mesmo uma perda mínima no tempo pode resultar num desempenho fraco.

Equipes técnicas de carros de corrida têm obsessão por ajustes precisos a fim de obter as exatas conexões, as interações e a velocidade de todas as partes do motor. No mundo dos negócios, pouco tempo e menos do que a atenção adequada são direcionados ao alinhamento de todos os elementos compreendidos na atividade empresarial. Com frequência demais, a atenção está direcionada às partes mais glamorosas envolvidas na condução de um negócio: contratação de executivos altamente reconhecidos pelo mercado para ocupar os cargos mais elevados; aquisição de marcas e negócios em alta no mercado; veiculação nos jornais de promessas sobre grandes conquistas a serem realizadas.

As ações e os esforços evaporam quando se trata de executar um trabalho disciplinado e direcionado ao estabelecimento de um processo que promova o entendimento, a definição de diretrizes e o cronograma e plano de ação detalhados no sentido de maximizar o aproveitamento de todo o capital físico e humano da organização.

Líderes tendem a supor que o processo deve ficar a cargo dos especialistas e consultores da área de recursos humanos; acreditam que CEOs e executivos seniores devem se dedicar a questões estratégicas e com a visão geral do negócio. Nada é capaz de deixar uma empresa em apuros tão rapidamente quanto um processo de liderança fraco e preconceituoso, ou que atue segundo conceitos e formalidades e não baseado no mundo real. Por exemplo, a maioria das empresas afirma atuar orientada por objetivos. Porém, com grande frequência, esses objetivos representam aspirações não-quantificadas ou meros clichês, não-mensuráveis, sem metas para atuação.

Muitas empresas dizem que o desempenho de todos os seus gerentes é avaliado anualmente, ainda que diversos gerentes reclamem tanto sobre a frequência quanto sobre a qualidade dessas avaliações. As revisões não são feitas no tempo certo e geralmente são vagas e subjetivas. Por exemplo, a tarefa do funcionário era pesquisar e escrever um relatório sobre um determinado mecanismo industrial. Tendo em vista que seu supervisor nunca fez nenhum comentário sobre isso, o funcionário presumiu que ele estivesse satisfeito com o resultado da tarefa. Porém, foi só na ocasião da revisão de desempenho que o supervisor expressou sua insatisfação com relação ao conteúdo, à profundidade e à análise compreendidos no relatório. Falta de entrosamento e desconexões desse tipo são muito comuns.

Meu processo de liderança baseia-se em minhas convicções fundamentais e filosofia de negócios e é uma extensão da minha maneira de lidar com as pessoas e de como espero que elas lidem comigo. Minha filosofia administrativa se expressa pelo conceito de construção do Valor Total da Marca, base fundamental do meu pensamento corporativo por mais de vinte anos, que propõe inovação contínua com o objetivo de entregar valor ao cliente de modo mais rápido, mais completo e com mais qualidade do que a concorrência. Em outras palavras, uma empresa deve contar com uma gama de produtos com vantagens competitivas e estruturas adequadas de custo.

Cada elemento importa. Construir o Valor Total da Marca é a visão; o modo de alcançar essa visão se dá a partir de um plano estratégico para o crescimento. Juntos, a visão e o plano estratégico de crescimento, representam os primeiros tijolos dessa construção.

Na etapa seguinte, o plano estratégico traça as diretrizes do plano operacional anual que, por sua vez, traça as diretrizes para a definição das prioridades trimestrais. O desempenho, mensurado em comparação com o plano estratégico e com os planos operacionais anuais combinados, bem como em comparação com as prioridades trimestrais, fornece a base para o processo de reconhecimento e de recompensas. A partir da combinação desses elementos, a estrutura do processo é modelada.

Cada elemento é crucial. Nada é incluído porque *deveria estar lá* ou porque *pode* ser útil no futuro. Em algumas empresas, os planos estratégicos são elaborados principalmente para satisfazer os interesses do conselho de administração: para assegurar que a administração tenha um plano para o futuro. Consequentemente, os planos estratégicos tendem a ser preparados, apresentados e, então, arquivados até a próxima apresentação do conselho, ocasião em que o plano deverá sofrer uma drástica revisão tendo em vista que nenhuma das metas foi atingida.

Acrescentando os a's aos planos estratégicos. Se os planos estratégicos não apresentarem diretrizes claras e explícitas que ajudem a criar um entendimento "corporativo único" de como a empresa pretende atingir seus objetivos, eles não serão executados. Se os gerentes não forem convocados para a reunião de apresentação dos preceitos fundamentais contidos no plano estratégico, será uma total perda de tempo e de energia. Planos estratégicos devem conter dois a's inseridos neles: devem ser passíveis de *ação* e devem exigir prestação de contas [*accountability*] individual por parte dos gerentes, isto é, sua obrigação de prestar contas.

Esses dois a's fazem com que o processo de planejamento estratégico seja mais difícil, e também mais significativo para todos os seus envolvidos. Quando um gerente sabe que o tamanho do seu bônus depende da capacidade efetiva de realização e de ação de cada estratégia e iniciativa contida no plano, a tendência é de que esse plano chame a atenção de todos com grande intensidade.

Meus gerentes sabem que cada elemento do processo representa um fator crucial para o bom desempenho de um negócio, mas há uma resistência generalizada à execução do trabalho necessário para colocar a estrutura no lugar. Ou pior, há uma resistência à implementação dentro do tempo oportuno.

> **Planos estratégicos devem conter dois a's inseridos neles: devem ser passíveis de *ação* e devem exigir prestação de contas [*accountability*] individual por parte dos gerentes.**

Meus primeiros dias na Nabisco e na Gillette foram árduos e intensos. Ambas as empresas apresentavam um quadro grave de hemorragia que exigia a adoção imediata de uma série de medidas emergenciais a fim de estancar o sangramento. Num contexto como esse, quando todas as mãos estão sendo usadas no campo de batalha, é muito difícil para as pessoas perceberem a urgência de se elaborar um plano de crescimento para os três anos seguintes. Sua reação é: *como é possível retirar com baldes a água do barco que está afundando, preparar os canhões para o tiro e desenhar o curso de ação para o futuro, tudo isso ao mesmo tempo?*

Sem um destino certo, qualquer direção serve. A resistência na Gillette era especialmente forte porque a empresa teve de descontinuar seu planejamento corporativo estratégico alguns anos antes de minha chegada. Apesar de contar com um quadro de funcionários administrativos gigantesco, a Gillette não possuía um departamento de planejamento corporativo! A estratégia da Gillette basicamente seguia o seguinte aforismo: "Se você não tem um destino certo, qualquer direção serve para chegar lá."

Mesmo assim, nossa equipe deu andamento ao processo e, dentro de um período de nove meses, conseguimos montar um plano estratégico para a Gillette com a direção de que precisávamos para conseguir virar o jogo. Foram nove meses de muito trabalho e o plano estratégico foi uma das diversas prioridades importantes. Além de trabalhar em cima das diretrizes estratégicas, conseguimos estancar quase todas as perdas com relação à participação de mercado; começamos a controlar o ritmo desenfreado dos custos e a reassumir o controle do processo corporativo. Também estudamos e analisamos cada uma das unidades de negócios da empresa com profundidade e reunimos a nova equipe de administração.

Ao apresentar o novo plano estratégico para um grupo formado por duzentos gerentes seniores no final de 2001, observei o comentário crítico de um dos melhores analistas que havia dito: "Confrontada por incontáveis oportunidades, grandes marcas... altas tecnologias e uma vasta herança, a Gillette nunca conseguiu combinar todos esses elementos." O único modo de silenciar esse tipo de crítica, retruquei, é apresentar um desempenho sólido e consistente. Nosso novo plano estratégico vai nos fornecer não apenas uma direção geral, mas também ações específicas que serão cuidadosamente planejadas e mensuradas com atenção.

MUDANÇA NA PARTICIPAÇÃO DE MERCADO — DE QUEDA DE DOIS TERÇOS... PARA CRESCIMENTO DE DOIS TERÇOS

Não pretendo dissecar aqui cada uma das cinco estratégias contidas em nosso plano, mas gostaria de passar uma ideia geral para que você possa perceber que, apesar do horizonte de três anos do plano, cada uma das estratégias trazia consigo diversas iniciativas que especificavam como a estratégia seria colocada em prática.

Nossa primeira estratégia era construir um núcleo composto pelas categorias de produtos mais significativas — aparelhos de barbear e lâminas, pilhas, escovas dentais, produtos para cuidados pessoais (principalmente antitranspirantes e produtos para preparar o barbear) e barbeadores e outros pequenos produtos elétricos.

Como líderes de mercado, precisávamos promover o crescimento de novas vendas e das vendas de todo o segmento. Quando iniciei meu trabalho, a perda de participação no mercado dos negócios da Gillette representava 64% das vendas totais. O caminho estabelecido pelo plano estratégico era o de reverter essa tendência. Manteríamos e aumentaríamos a participação de mercado em mais de 65% do nosso negócio em 2002 e nos anos seguintes. Ao elevar de modo consistente a participação de mercado do seu negócio em dois terços, você se torna uma bem-sucedida empresa de produtos voltados para o consumo.

Havia iniciativas específicas para dar suporte a essa estratégia.

Em primeiro lugar, o foco seria mantido sobre os segmentos altamente rentáveis dentro de nossas categorias, porém não seria mais permitido que nossos concorrentes se apropriassem de fatias de nossa participação no mercado nas categorias intermediárias. No segmento de Aparelhos de Barbear & Lâminas, como já mencionado, fizemos um excelente trabalho com os sistemas de barbear Mach3 e Venus, da categoria Premium. Depois, pretendíamos focar os sistemas de barbear de categoria intermediária destinados aos mercados de países em desenvolvimento e aparelhos descartáveis destinados a todas as regiões geográficas.

Duracell — Chega de distribuição grátis de produtos. Em segundo lugar, pretendíamos melhorar a "relação valor/preço definido ao consumidor, especialmente na Duracell". Mark Leckie e outros novos líderes da Duracell não tinham dúvidas de que o futuro deles na Gillette dependia muito de como iriam resolver rapidamente os problemas do segmento de pilhas e baterias, porém a solução da causa principal deveria ser direcionada ao entendimento da equação valor/preço ao consumidor da marca Duracell. Quando o plano estratégico foi finalizado, a equipe da Duracell já javia absorvido completamente a mensagem e seu foco estava concentrado em um conjunto de planos de ação a serem executados.

A Duracell iria relançar a pilha intermediária da linha de produtos — Duracell Copper & Black sob o nome de CopperTop com nova campanha de propaganda. A embalagem seria redesenhada para reforçar a imagem do produto CopperTop. Outras mudanças seriam acrescentar no mercado de varejo por meio de uma reestruturação de toda a apresentação da linha Duracell nas prateleiras das lojas. A política de preços estaria focada na redução e simplificação com o intuito de diminuir a resistência do consumidor à grande diferença de preços em relação à concorrência. E, o mais importante, o volume de investimentos destinado a dar suporte à reconstrução do valor da marca Duracell aumentaria, enquanto os gastos relacionados à distribuição de produtos grátis e outras atividades promocionais descontroladas seriam praticamente eliminados. Esse aumento nas verbas de propaganda não se limitava aos produtos da linha Duracell.

Novo mantra: Construir patrimônio... não despesas. Nossa terceira iniciativa se dirigia ao aumento significativo das verbas de propaganda e publicidade e ao incremento de qualidade e eficiência de nossos investimentos direcionados ao consumo e aos investimentos de marketing direcionados ao consumidor. Era real a necessidade de aumentar os gastos com propaganda. De 1995 a 2000, os recursos da Gillette destinados à propaganda proporcionais às vendas totais declinaram de 8,6% para 7,1% no período. Para um negócio de US$ 10 bilhões, esse percentual correspondia a uma redução de US$ 150 milhões. O investimento em propaganda foi reduzido em cada um dos principais segmentos de negócios. No segmento de Aparelhos de Barbear & Lâminas, esse investimento caiu 1,5 ponto percentual. A queda ocorreu apesar do lançamento do sistema de barbear Mach3, fato que normalmente não teria acontecido se houvesse suporte de investimentos mais altos. No segmento de pilhas e baterias, foi registrada queda de 4,4% para 3,9% em relação às vendas, tendo em vista a total eliminação dos gastos em propaganda com produtos da linha Copper & Black. Com relação aos produtos de Cuidados Bucais, os gastos em propaganda foram cortados na razão de aproximadamente 1 ponto percentual ao longo de cinco anos.

Quando o assunto é disciplina de marketing, a Gillette apresentava lacunas significativas a serem preenchidas. Conduzimos testes mínimos com relação aos níveis de gastos em propaganda ao redor do mundo, o que nos fornecia uma modelagem empírica muito tímida capaz de nos ajudar a encontrar o *marketing mix* ótimo (combinação ótima) em termos de gastos. Era preciso entender melhor a eficácia geral do nosso patamar de investimentos em marketing. Era preciso saber muito mais sobre quanto de dinheiro seria necessário gastar com marketing. Em resumo, precisávamos de um processo rigoroso que integrasse todo o conhecimento de marketing para medir a eficácia de nossos gastos com propaganda e publicidade, bem como otimizar nossos níveis de gastos e estabelecer métodos de cálculo e avaliação comuns.

A segunda plataforma de atuação contida em nosso plano estratégico tratava de tópicos mais amplos: a redução de custos e o direcionamento da produtividade para todos os ativos sem comprometer a qualidade. Mais uma vez, as iniciativas que compunham essa estratégia eram muito específicas.

- Implementar o Programa de Centralização Estratégica de Compras e Serviços (SSI — Strategic Sourcing Initiative) que, segundo as estimativas do plano estratégico, geraria uma economia de mais de US$ 250 milhões nos próximos três anos por meio da centralização das compras corporativas, procedimento que se utilizaria integralmente da escala da Gillette e as técnicas administrativas mais modernas e avançadas, inclusive o sistema de negociação via pregão eletrônico.
- Racionalizar as SKUs (Unidades Mantidas em Estoque), processo explicado no Capítulo 5, que afundava por culpa da indecisão e estava custando para a Gillette quantias incalculáveis ao somar complexidade e ineficiência à cadeia de fornecimento da empresa.
- Focar os investimentos de capital em produtividade a fim de reduzir o custo dos produtos. Apesar de os gastos de capital da Gillette terem atingido um nível insustentável em termos gerais, uma parcela insuficiente desses gastos foi investida em projetos capazes de resultar na

redução dos custos de fabricação dos nossos produtos. Grande parte desses recursos, muito além do necessário, vinha sendo investida na "opção *Luxo*". Ao tomar uma decisão sobre qual alternativa escolher entre: uma nova fábrica para manufaturar produtos ou aumentar a capacidade de um produto existente, a direção da Gillette jamais escolheria a "opção *Básica*"; sempre optaria pela alternativa *Luxo*, top de linha. Esse tipo de pensamento deriva do fato de que as pessoas da empresa não estavam sendo devidamente responsabilizadas e obrigadas a prestar contas sobre o dinheiro que estavam gastando e sobre os resultados que deveriam alcançar. Nossa iniciativa específica sobre esse assunto destinava-se a assegurar que o montante suficiente de recursos contidos no orçamento de gastos em capital (CAPEX — Capital Expendure) fosse alocado a programas destinados ao incremento de produtividade. Como regra de ouro no setor de produtos voltados para o consumo, eu gosto de destinar 40% do orçamento total de CAPEX para aumento da produtividade, 25% para manutenção e 35% para novos produtos ou expansão da capacidade produtiva.

- Reduzir as principais funções administrativas ao melhor nível registrado no setor (segundo demonstrado pelo estudo de *benchmarking*). Trata-se de uma importante iniciativa que levaria vários anos até sua completa implementação, tendo em vista que os custos e o quadro funcional da Gillette estavam totalmente desalinhados em relação ao nível ideal registrado pela concorrência. Resultados do estudo detalhado de *benchmarking* mostraram que algumas funções mais abrangentes como na área de finanças, por exemplo, estavam 40% acima em termos de custos dos concorrentes no setor!

- Estabelecer Crescimento Zero de Custos Operacionais (ZOG) e Crescimento Negativo de Custos Operacionais (NOG) como princípios operacionais em comparação com os concorrentes do setor (*benchmarks*). Desse modo, com os custos da Gillette posicionados muito acima dos custos da concorrência e com uma taxa anual de crescimento de 15% nos últimos anos, era essencial que se pusesse um freio nesses aumentos. Definimos que ZERO seria nossa meta mínima aceitável, mas eu já sabia com base em experiências anteriores que conseguiríamos alcançar o "crescimento negativo" — ou seja, uma redução — em muitas áreas. Uma vez que você dá o primeiro passo no sentido de

implementar melhores práticas gerenciais, essa iniciativa assume vida própria. Como diria Martha Stewart: "É uma coisa boa."
- Melhore seu capital de giro. Daremos mais detalhes sobre esse assunto no Capítulo 10. Por enquanto, digamos que iluminar as práticas que se tornaram parte da cultura e da estrutura da empresa promove um retorno com ótimos resultados. E esse tópico de melhorar o capital de giro promove uma das mais dramáticas entre todas as transformações.

Regra imperativa sobre concorrência — Certifique-se de que você sabe quem está ganhando de você. O primeiro passo de um plano estratégico é sempre difícil, especialmente quando, como ocorreu na Gillette, pode-se confiar muito pouco no passado e muito tempo tenha decorrido sem qualquer planejamento. O valor do planejamento estratégico resume-se ao fato de que ele obriga você a olhar tanto para dentro como para fora da empresa. Internamente, você deve avaliar os pontos fortes e fracos e identificar quais são as vantagens competitivas únicas da empresa. Externamente, você deve buscar oportunidades de colocação para novos produtos e serviços, bem como visualizar as ameaças que possam alterar a dinâmica do seu mercado de atuação ou identificar a probabilidade de novos desafios impostos pela concorrência.

> **Definimos que ZERO [crescimento de custos operacionais] seria nossa meta mínima aceitável, mas eu já sabia com base em experiências anteriores que conseguiríamos alcançar o "crescimento negativo" – ou seja, uma redução — em muitas áreas.**

Contudo, ao se elaborar um plano para os próximos três anos, as atualizações anuais requerem menos tempo e muito menos recursos. Na Gillette, solicitamos a cada unidade de negócios que nos fornecesse uma lista de temas e questões estratégicas que seriam posteriormente discutidas. Somente os temas ou questões que notadamente pudessem alterar as premissas e os resultados potenciais contidos no plano estratégico inicial resultariam em revisões significativas dos mesmos. Outros temas seriam trabalhados e discutidos de acordo com o plano operacional anual.

PRIORIDADES TRIMESTRAIS: MARCA D'ÁGUA DE QUALIDADE PARA ESPECIFICIDADE

A discussão de temas de potencial estratégico também me dá a oportunidade de dispensar um tempo com uma série de pessoas dentro da organização com as quais eu normalmente não teria contato.

Os próximos componentes importantes do meu processo de liderança são o planejamento operacional anual e as prioridades trimestrais, que estão tão inter-relacionados que é melhor discuti-los em conjunto.

De modo semelhante ao plano estratégico, meus requisitos para os planos operacionais anuais são mais detalhados do que a maioria dos CEOs costumam adotar. Já me disseram que minhas prioridades trimestrais definem uma marca d'água em termos de especificação. Alguns chamariam essa exigência pelo detalhamento de uma tentativa de administrar em termos microeconômicos. Minha opinião é exatamente contrária a essa visão. Você precisa de especificação suficiente em termos do que é planejado e que padrões de mensuração serão usados para calcular o desempenho de modo que você tenha de gastar o menor tempo possível com os planos que já estão alinhados e no caminho certo. Por outro lado, você obterá boas informações e alertas em tempo sobre os planos que estão se encaminhando para uma direção equivocada, de modo a poder tomar uma atitude para endireitar as coisas.

A outra razão para a existência de prioridades trimestrais e planos operacionais anuais completos e detalhados é assegurar um total alinhamento da empresa como um todo. É por isso que muitas empresas estão tão infestadas de informações divergentes ou fracionadas que é necessário usar os poderes da telepatia para saber o que acontece em outras áreas do negócio. Você deve seguir na direção oposta. Todos os executivos seniores devem saber o que está acontecendo por toda a empresa. Esse conhecimento permite que eles saibam quais são as expectativas diretas da empresa e do seu grupo. Além disso, fortalece seu poder para fazer recomendações que possam melhorar, rever ou mesmo suspender a execução de um plano. Serve também para apurar sua percepção do que é importante para a empresa como um todo e lhes dá uma nova perspectiva sobre seu próprio papel, bem como sobre o papel de outras pessoas em diferentes funções e áreas.

E, acredite, compartilhar a informação com os executivos mais experientes *não* aumenta drasticamente o risco de vazamento de informação confidencial para a concorrência. Todo mundo sabe que eles têm um altíssimo nível de responsabilidade para ter a certeza de que nem eles, nem seu pessoal, são capazes de vazar qualquer tipo de informação. Além disso, esses executivos sabem muito bem que as consequências são extremamente severas para qualquer tipo de deslize nesse sentido.

PLANOS ANUAIS — MÚLTIPLOS BENEFÍCIOS

Visualizo os planos operacionais anuais sob perspectivas diferentes.

Em primeiro lugar, o processo todo é um processo de unificação, uma vez que envolve a entrada de informações e participação oriundas de todos os cantos da empresa.

Em segundo lugar, é o melhor indicador da excelência geral de uma organização. O desempenho financeiro de uma empresa é mensurado, por exemplo, pelo crescimento de vendas, pelos lucros e pelas participações de mercado, introdução de produtos novos e bem-sucedidos e pela administração do capital de giro e de ativos. Todos esses indicadores e muitos outros mais que fazem parte de um bom plano operacional fornecem um padrão real de mensuração sobre a qualidade de todos os elementos: seus produtos, pessoas, marcas, práticas e sistemas.

Em terceiro lugar, é um excelente motivador e construtor de equipes. As metas definidas num plano anual devem ser difíceis o suficiente para serem desafiadoras e resultem na expansão e crescimento da empresa. Porém, devem ser alcançáveis de modo que todos os funcionários sejam capazes de empenhar esforços integrais e sentirem-se responsáveis. Devem também fortalecer o entendimento de que só será possível ganhar individualmente se toda equipe for vitoriosa.

Em quarto lugar, reforça os valores corporativos ao enfatizar a qualidade e a maneira pelas quais as metas são atingidas, não somente o resultado final. Qualquer meta pode ser cumprida se uma empresa e seus funcionários optarem pelo meio mais fácil de atuação e destruir o futuro a fim de obter uma vitória de curto prazo.

Em quinto lugar, é a base para o sistema de recompensas e reconhecimento. Um bom planejamento anual, aliado às prioridades trimestrais responsáveis por sua orquestração, faz com que todos na empresa saibam exatamente como está seu desempenho e qual será sua premiação. O resultado oriundo das avaliações anuais de desempenho individual não é mais passível de surpresas, como que saído de uma misteriosa caixa preta ou definido de acordo com as preferências tendenciosas de um supervisor. Todos os funcionários, da diretoria até os cargos mais simples, sabem desde o início do ano quais são as regras e os critérios de recompensas para o ano todo.

Há outras dimensões e valores que derivam de um plano anual; no entanto, o que deve ser enfatizado nesse ponto é o seguinte: a elaboração de planos anuais merece a dedicação de uma boa quantidade de tempo e merece ainda mais tempo e atenção à medida que o ano vai passando.

REUNIÕES TRIMESTRAIS EXTERNAS — EXPOR AS MÁS NOTÍCIAS SOBRE A MESA ... E DISSECÁ-LAS

O tempo gasto com a avaliação de desempenho em comparação com o plano é uma das maiores diferenças da minha abordagem administrativa. A cada três meses, junto meus subordinados diretos — doze a quinze pessoas que formam o comitê executivo da empresa, chamado de Comitê Operacional da Gillette — para uma reunião de dois a três dias, realizada fora da empresa. Em geral, essa reunião de três dias ocorre na primeira semana do primeiro trimestre do ano; é o momento em que revisamos e classificamos nosso desempenho por meio de uma análise comparativa com as prioridades e objetivos anuais do quarto trimestre anterior, e também decidimos os objetivos anuais e prioridades para o primeiro trimestre no ano que se inicia. Cada um dos doze diretores, ou mais, apresenta as prioridades e os objetivos individuais do quarto trimestre, do ano anterior, e para o primeiro trimestre para o ano corrente; desse modo, os três dias são rapidamente preenchidos.

Além das apresentações individuais, também classificamos de modo coletivo o desempenho da empresa relativo ao último trimestre e em termos anuais. E, finalmente, cada diretor dá uma nota de classificação para o desempenho de cada um dos outros diretores integrantes da equipe.

Rapidamente as pessoas percebem que não se trata de uma sessão para mostrar ou contar coisas. Boas notícias são bem-vindas nessas reuniões externas. Contudo, são as más notícias que devem ser colocadas sobre a mesa e precisam ser dissecadas e discutidas. E como resultados dessa discussão surgem decisões claras sobre novos objetivos e passos a serem dados. Nem sempre é confortável enfrentar uma discussão sobre fracassos de maneira aberta e honesta. Mas é o único modo de se criar soluções. Manter uma postura de educado coleguismo é saudável, exceto quando atrapalha o caminho do progresso.

Tudo isso representa uma enorme quantidade de esforços e de tempo. Além disso, parte do conteúdo é repetitivo, e esse é o ponto em questão. Se *não* houver repetição e sobreposição de objetivos e prioridades, isso reflete a falta de alinhamento adequado da equipe e da empresa. Quando alguém da área de produção acha que sabe mais do que gostaria sobre os planos de alguém da área de vendas, isso significa sucesso.

Trinta anos juntos, mas sem cooperação. A primeira reunião externa trimestral da Gillette ressaltou exatamente a distância que tínhamos de percorrer antes de conseguir que a repetição e a sobreposição de temas entrassem em foco. Embora todos os executivos seniores da Gillette tivessem muito tempo de casa — vinte, vinte e cinco e até trinta anos de empresa — e se conhecessem uns aos outros tanto profissional como socialmente ao longo de grande parte da sua vida adulta, os conceitos de compartilhamento de informação e de trabalho de equipe lhes eram totalmente estranhos.

As unidades de negócios que dependiam das unidades operacionais de comercialização para venderem suas marcas aos consumidores, que também lhes fornecem elementos para a execução de táticas de marketing com objetivo de atingir seu público-alvo, resistiam à ideia de compartilhar as análises detalhadas do mercado. Dados básicos, como a participação de mercado específica de uma marca da Gillette, serviam de base para discussões acaloradas sobre quais números eram mais precisos. Cronogramas sobre a disponibilidade de novos produtos eram confusos e mal-definidos. Solicitações de longa data por parte da unidade de mercados internacionais relativas a mudanças nas embalagens ou alterações nas características dos produtos eram ignoradas.

Os muros que cercavam cada uma das unidades e funções eram tão altos que somente uma crise conseguiria penetrá-los e, também com muita frequência, tendo em vista a expansão dessa mentalidade feudal dentro da Gillette, nem mesmo uma crise seria capaz de reunir essas unidades. Na primeira reunião externa, o diretor regional de um dos mais importantes mercados em desenvolvimento da Gillette fez uma longa reclamação sobre a indiferença e inépcia dos executivos da matriz com relação aos mercados externos. Afirmou que sua única alternativa era ignorar as ordens corporativas, desenvolver seus próprios planos, definir diretrizes e operar como uma unidade de negócios independente! Supostamente, a Gillette deveria ser uma das grandes empresas globais da atualidade, porém agia como se fosse uma empresa iniciante dirigida por adolescentes.

Fechando os números. As recordações de Ned Guillet, segundo homem do departamento de recursos humanos na ocasião, sobre a primeira reunião externa nos dizem muita coisa.

"Todos os membros do Comitê Operacional receberam uma breve mensagem de Jim com instruções e modelos para a preparação dos objetivos anuais e prioridades trimestrais a serem apresentados na reunião.

"A primeira pessoa a se levantar foi Peter Hoffman, presidente da Unidade de Negócios de Aparelhos de Barbear & Lâminas. Ele mostrou os números relativos à participação de mercado atual para o negócio norte-americano de aparelhos e lâminas de barbear, bem como elencou seus objetivos anuais e prioridades trimestrais. Quando ele começou a descrever os planos e atividades específicas para o trimestre, Jim disse: 'Tudo bem, não está ruim, mas gostaria que fossem mais mensuráveis. Senão, como poderei avaliar o desempenho e atribuir uma nota?'

"Peter disse que a unidade de Aparelhos de Barbear & Lâminas estava desenvolvendo uma campanha publicitária de abrangência mundial. Então, Jim perguntou: 'Como é essa campanha mundial? Como vou saber que se trata de uma campanha mundial? Quais testes estão sendo feitos? Qual é seu objetivo?'

"Jim fazia perguntas para assegurar que faríamos o que estávamos propondo e que as ações poderiam ser efetivamente mensuradas de alguma maneira. Era tudo muito bonito e educado, mas era muito difícil não se deixar levar e desviar do rumo."

Chega de dois números. "O segundo executivo a se manifestar foi Joe Dooley, diretor de Operações Comerciais Norte-Americanas. Joe projetou um quadro mostrando a participação dos aparelhos de barbear e lâminas no mercado norte-americano. Jim disse: 'Espere um pouco. Pare. Alguns minutos atrás, Peter afirmou que a participação no mercado norte-americano seria de 71,1% para o trimestre. Estou olhando para o seu número e ele me diz que a participação será de 69,9%. Como é possível termos dois números diferentes se o mapa geográfico é o mesmo? Por que dois números?'

Ned conta que Joe Dooley deu uma explicação meio obscura segundo a qual as Operações Comerciais enxergariam o mercado de modo distinto da Unidade de Negócios de Aparelhos de Barbear & Lâminas. "Em seguida, Jim disse: 'A partir desse momento vamos trabalhar com um único número. Vocês acertem entre si qual é esse número e quais os dados que lhe dão suporte, mas chega de dois números!'"

Segundo Ned, esse foi o início de tudo. "A reunião foi se transformando realmente numa reunião de medição e alinhamento, à medida que Jim interagia com cada um dos seus subordinados diretos. Jim fazia duas coisas. Primeiro, apontava imediatamente as incongruências e discrepâncias. Jim dizia: 'Se vocês pretendem fazer isso nesse trimestre, por que não estou vendo de onde vem o suporte para essa ação? Por que essa ação não consta das prioridades do pessoal que será responsável pelo suporte da mesma? Obviamente, seus colegas do Comitê Operacional não têm conhecimento do que vocês pretendem fazer. Portanto, vocês precisam alinhar suas ações.'"

"Se você não consegue medir algo, logo, esse algo não existe." O segundo ponto que Jim abordava dizia respeito à mensuração. Jim dizia: 'Como vou conseguir medir seu objetivo ou prioridade? Ned, você pretende elevar o moral dos funcionários. Como vou saber se você fez isso? Você fez uma pesquisa? Quais são os indicadores? Se a resposta for nenhum, então você não definiu um bom objetivo.'"

Ned concluiu dizendo que a reunião inicial foi toda sobre "fazer realmente as coisas realmente fundamentais". "Jim começou a explicar sobre a falta de alinhamento à medida que apontava incongruências óbvias em nossas prioridades que nunca soubemos que existiam. Ele demonstrou que não havia nenhum alinhamento; que nós não trocávamos informações entre nós sobre os objetivos; e que essa reunião era um excelente meio para promovermos nosso alinhamento. Além disso, também nos ensinou a importância da mensuração. Para Jim, tudo se resumia a 'Se você não consegue medir algo, logo esse algo não existe'. Todos nós captamos o sentido de sua mensagem."

Ned estava certo. A reunião inicial, e as diversas outras seguintes, foram muito difíceis. Se existiam empresas que precisavam de um processo de liderança, a Gillette era a *primeira* candidata. Não havia dúvidas de que um bom processo com longas reuniões trimestrais leva muito tempo.

Eu dedico muito tempo a esse processo. Antes de cada reunião trimestral externa, gasto pelo menos de uma a duas horas com cada um dos meus subordinados diretos. Vários dias antes das reuniões, os gerentes enviam autoavaliações escritas incluindo notas relativas ao seu desempenho. A reunião nos oferece uma oportunidade de concordar ou discordar dos detalhes específicos contidos nas avaliações de desempenho, além de ajudar a definir a meta final para o trimestre — ou, no caso de objetivos anuais, as metas para o ano.

SISTEMA DE AVALIAÇÃO DESATUALIZADO: TRAZENDO DE VOLTA OS *SCORECARDS*

Não há opiniões superficiais, análises descuidadas ou sessões de "tapinhas nas costas". O período de tempo alocado destina-se a discussões extensas e, até mesmo, em algumas ocasiões, a debates efusivos. Além da dinâmica geral, há espaço para a discussão do próprio sistema de classificação que é, ao mesmo tempo, controverso e eficaz.

Os sistemas convencionais de classificação usados pela administração simplesmente não funcionam. Qualquer que seja o tipo de nota atribuído: *Excedeu, Atingiu* ou *Não Atingiu; ou do tipo A, B, C, D ou F*; ou *1, 2, 3, 4 ou 5*, essas unidades de medida não captam o nível emocional. Aparentemente, são administrativos e distantes demais. Porém, a simples substituição por um sistema de notas de 1 a 100 é capaz de envolver a todos em um nível gutural. Provavelmente, isso ocorre devido à associação que fazemos com nossas notas na escola e à reação de nossos pais — de aprovação, desaprovação, ou pior, que faz a diferença. E faz uma profunda diferença.

Repetidas vezes, alguns dos meus executivos seniores que distribuíam pacotes de compensação de sete dígitos lutavam ferozmente para evitar a perda de um ou dois pontos na classificação dos seus gerentes. Para alguns deles, qualquer nota inferior a 90% representava um fracasso pessoal. E para mim, qualquer um que persistisse com constantes notas abaixo do patamar de 80% não ficaria muito tempo na equipe.

Vários gurus da administração e psicólogos organizacionais me disseram que o sistema de classificação por notas era ruim. Denegria a imagem dos executivos com cargos mais altos porque os tratava como alunos de escola. Além disso, esse sistema sugeria um grau de precisão relativo à mensuração dos resultados que, simplesmente, não existe. Cria uma paralisia causada pelo medo de receber notas baixas. E assim por diante. Cada uma dessas observações pode ter um quê de verdade. Contudo, elas desconsideram o ponto principal. Trinta anos de experiência demonstram que o sistema de classificação ou avaliação realmente funciona.

De fato, além de cada pessoa receber sua própria nota, toda a diretoria executiva vê a nota de todos os funcionários durante as reuniões trimestrais realizadas fora da empresa e a empresa como um todo recebe uma nota numérica referente ao seu desempenho no trimestre. É importante mencionar que as notas de um determinado gerente não são identificadas nominalmente; os gerentes são apresentados apenas como Gerente A, B, C, e assim por diante. Mas, tendo em vista o processo de revisão trimestral geral, não é difícil descobrir quem está no topo ou na base do escore de classificação.

> **Sistemas convencionais de avaliação usados pela administração, simplesmente não funcionam... [Eles] não captam o nível emocional. Aparentemente, são administrativos e distantes demais.**

Ao final do ano, cada um dos meus subordinados diretos também avalia e classifica cada um dos membros das outras equipes. Esse processo fornece mais uma perspectiva sobre o desempenho para eu utilizar como parâmetro. Um gerente pode bater todas as metas de modo qualitativo e ainda assim não agir como membro integrante da equipe, ou não dar apoio às ações ou esforços de outros gerentes. Essas notas evidenciam esse tipo de comportamento, revelando que talvez essa pessoa não pertença à equipe.

Astros também devem fazer parte da equipe. Astros individuais são necessários. Algumas vezes você vai tolerá-los, mesmo que eles não obtenham uma nota tão elevada quando avaliados pelos componentes da mesma equipe. Porém, você vai observá-los de perto para ter certeza de que sua contribuição geral é mais positiva que negativa.

Por exemplo, algumas pessoas sempre entregam seus números. Você gosta de tê-las em sua equipe porque pode contar com elas. Não importa como a concorrência se comporta ou se houve deterioração na situação econômica, essas pessoas sabem como fazer os ajustes necessários e fazer as coisas funcionarem a seu favor. Mas durante o processo, podem ser algumas vezes rudes ou agressivos com seu pessoal, fazendo-o trabalhar sob enorme pressão e ansiedade o tempo todo e por longos períodos de tempo. Nessas situações você deve intervir.

A outra vantagem do processo de classificação dos seus colaboradores e colegas é que esse sistema incentiva os gerentes a conhecerem melhor todas as unidades e funções, até aquelas com as quais não trabalha com muita frequência ou tem apenas contatos ocasionais. Se você vai assinar seu nome numa avaliação capaz de influenciar o futuro de alguém, deve assumir essa responsabilidade com seriedade. Logo, você sempre recebe um ótimo *feedback* sobre diferentes funções e unidades como resultado da lição de casa que precede o ato de classificação e avaliação.

REUNIÕES SEMANAIS DO STAFF — INFORMAÇÃO EM TEMPO REAL

As reuniões externas semanais proporcionam a oportunidade de realizar a revisão periódica necessária para assegurar o progresso e alinhamento da empresa. Reuniões informativas e de staff semanais proporcionam a atualização de informações correntes e em tempo real. Toda semana, cada um dos meus subordinados diretos me envia um relatório detalhado destacando os negócios mais importantes e algumas informações de mercado. Essas informações incluem: participação de mercado, vendas e lucros com operações, as variações e análise comparativa, dados atualizados sobre indicadores relacionados à unidade de negócios ou administrativa, problemas com clientes, informações sobre a concorrência — em resumo, todas as informações que o gerente considera importante para o seu entendimento de suas atividades — se os planos estão no caminho certo e, se não estiverem, o que está sendo feito para resolver a situação e colocá-los de volta nos trilhos.

De maneira semelhante aos objetivos anuais e às prioridades trimestrais, essas atualizações semanais eram compartilhadas por todos os subordinados diretos. As informações eram distribuídas às sextas-feiras para que todos pudessem lê-las no final de semana e estivessem preparados para as reuniões semanais de staff comigo, que eram realizadas às segundas-feiras. Ler todos os relatórios com seus anexos e apêndices levava no mínimo uma hora; o tempo necessário para estudar e analisar as implicações variava, mas, geralmente, era maior.

A participação nas reuniões semanais era obrigatória e eventuais substituições deveriam ser aprovadas com antecedência e ter uma boa razão para sua ocorrência. Essas reuniões eram curtas, com duração de aproximadamente duas horas.

Os temas sugeridos para a agenda deveriam sem enviados até a quarta-feira anterior à reunião, junto com o tempo estimado de apresentação e as ações ou decisões desejadas. A agenda era revista e publicada por mim no dia seguinte.

Regras rígidas; conversas paralelas não eram permitidas. Havia determinadas regras básicas: confidencialidade absoluta, participação integral, exposição franca e foco total na reunião. Conversas paralelas não eram permitidas. Eu interrompia a reunião caso alguém se prolongasse demais na discussão com a pessoa sentada ao seu lado. Os relatórios elaborados por cada uma das unidades de negócios, grupos de operações comerciais domésticas e internacionais, unidade de produção e distribuição e principais áreas administrativas — como a de finanças, TI e recursos humanos — deveriam ser preparados detalhadamente. Além disso, havia um procedimento de apresentação individual de todos os componentes da mesa a ser seguido, no qual cada um tinha três minutos para discutir assuntos de interesse geral para o grupo. O tempo curto e limitado impedia potenciais apresentações em grande estilo.

A preparação detalhada exigida para os relatórios semanais e reuniões de staff ajudavam a instigar a disciplina por toda a organização. Exigia que todos se mantivessem próximos ao seu negócio, analisassem e entendessem todas as variantes e eventuais falhas e estivessem preparados para responder a perguntas detalhadas sobre qualquer parte de sua operação.

Esse processo de preparação fez com que Mary Ann Peace, uma das diretoras mais enérgicas e criativas que já conheci, sentisse a necessidade de colocar-se a par de tudo para se manter e poder acompanhar o resto do grupo. Mary Ann, que dirigia a unidade de negócios de Cuidados Pessoais e se tornou presidente da unidade de Desenvolvimento de Novos Negócios, Desodorantes e Cuidados Pessoais Masculinos e da unidade de Higiene Pessoal da P&G, estava na empresa há cerca de vinte anos. Grande parte da sua carreira havia sido desenvolvida em funções nas áreas de administração e desenvolvimento de marcas dentro do negócio de cuidados pessoais. Entretanto, seu maior sucesso ocorreu quando ela trocou de área e foi para a unidade de negócios de Aparelhos de Barbear & Lâminas. Peter Hoffman, presidente da unidade de negócios, responsável pela contratação de Mary Ann, a colocou como responsável pelo desenvolvimento daquele que seria o mais novo produto de sucesso em toda a história da Gillette — o sistema de barbear Mach3.

Em seguida, Mary Ann assumiu uma área que nunca havia recebido recursos específicos — a de desenvolvimento de novos sistemas de depilação para mulheres. No passado, a Gillette ampliaria seu mais novo produto inovador para o público feminino, mudando as cores e a embalagem e designando o item como um produto feminino. Dessa maneira, o sistema de barbear Sensor transformou-se em Sensor para Mulheres e o Sensor Excel transformou-se em Sensor Excel para Mulheres. A aposta de todos na época era que Mary Ann faria algumas alterações adicionais no produto e acabaria lançando o Mach3 para Mulheres.

Eles não poderiam estar mais enganados. Mary Ann e sua equipe utilizaram a tecnologia avançada de três lâminas do Mach3, mas o permeou com mais de doze atributos e características projetadas especificamente para o público-alvo feminino, como um cartucho de formato oval para alcançar melhor as áreas curvas do corpo feminino, um cabo ergonômico especial para facilitar o uso durante o banho de chuveiro, etc. O resultado final foi o lançamento do sistema depilatório Vênus para Mulheres, o mais novo produto de sucesso em termos de sistema para depilação dedicado ao público feminino jamais visto.

Depois disso, inclui mais um item à lista de Mary Ann como "pioneira na história da Gillette" ao fazer dela a primeira mulher na empresa a se tornar presidente de uma unidade de negócios operacionais — nossa unidade de negócios de Cuidados Pessoais. E com esse merecido reconhecimento, Mary Ann juntou-se ao Comitê Operacional e começou a participar de todas as nossas reuniões semanais externas e de staff, e também a preparar relatórios semanais das atividades de sua área.

Como ela mesma recorda: "Os relatórios semanais começam a ser elaborados na semana anterior, ou seja, na quarta ou quinta-feira, quando você solicita a toda sua equipe — na verdade, a toda sua unidade de negócios — para juntar todas as informações financeiras correntes e atualizar todos os seus projetos. Em seguida, você monta de três a seis páginas com os principais dados sobre seu negócio: embarques, vendas, lucros e participações de mercado. Você deve informar o que aconteceu, por que aconteceu e qual sua ação correspondente. Depois você relata os outros projetos em andamento: Estamos trabalhando nisso; estamos trabalhando naquilo."

Correndo muito apenas para manter o passo. Segundo as palavras de Mary Ann: "As pessoas começam a juntar dados desde o início da semana. Cada equipe dentro da unidade de negócios deve completar essa coleta até quarta-feira para que a equipe de finanças possa juntar tudo isso, escrever o relatório e entregar um rascunho para o presidente da unidade de negócios até quinta-feira. Em seguida, os presidentes das unidades de negócios gastam um bom tempo reescrevendo e finalizando seus relatórios antes de enviá-los para o escritório de Jim Kilt, em formato eletrônico, antes da manhã de sexta-feira."

Os relatórios são lidos durante o final de semana, o que significa que na tarde de sexta-feira ou na manhã de segunda-feira, Mary Ann e os outros presidentes das unidades de negócios deverão se preparar, e ensaiar, para uma apresentação de quinze minutos que será feita durante a reunião de staff na segunda-feira.

Mary Ann explica: "É um trabalho enorme. Para uma apresentação de quinze minutos, não dá para levantar-se e tergiversar. Você tem de ser direto e objetivo. Pense bem. Você começa na quarta-feira. Você e seu grupo dedicam boa parte da quinta, da sexta e da segunda-feira. Na segunda-feira, às três horas da tarde, você termina. Isso significa que sobra parte da segunda, da terça e, às vezes, da quarta-feira antes de começar tudo de novo."

Usando o processo da sopa Campbell. O processo nunca é um substituto para a excelência nas ações. Mas é um importante elemento que contribui para o sucesso, a ponto de muitas pessoas que trabalharam comigo o considerarem como uma das coisas mais importantes que levaram como ensinamento de nossos tempos juntos. Por exemplo, Doug Conant, CEO que revolucionou a empresa de sopas Campbell, trabalhou comigo em duas ocasiões — na primeira ocasião como meu principal executivo de planejamento na Kraft e, na segunda, como presidente do grupo Nabisco Foods, responsável por todo o segmento de salgadinhos, exceto biscoitos e bolachas, o qual incluía grandes marcas como as nozes Planter e os confeitos Life Savers, e os condimentos mais conhecidos como a mostarda Grey Poupon e o molho para carnes A.1. Além de ser um notável executivo e um excelente diretor, Doug Conant também é um estudioso da administração.

> O processo nunca é um substituto para a excelência nas ações. Mas é um importante elemento que contribui para o sucesso.

"Você deve introduzir a disciplina e assumir o controle sobre o ritmo da administração dos negócios. Foi exatamente o que eu fiz quando assumi o cargo de CEO na empresa de Sopas Campbell. As atualizações semanais eram feitas às sextas-feiras para o CEO e todos os seus subordinados diretos. Toda segunda-feira, a reunião de staff definia a agenda da semana e assegurava o alinhamento corporativo — você pode perguntar o que quiser. Acima desse processo, há as prioridades trimestrais e os objetivos anuais que, juntos, colaborarão para a criação de uma cultura orientada para resultados. É necessário que haja um ambiente eficiente e bem-estruturado por meio de atualização semanal de informações, que devem ser lidas; de reuniões semanais de staff, que servem para discutir o progresso das atividades versus as prioridades trimestrais; de revisão trimestral, para ter certeza de que você está no caminho certo a fim de alcançar seus objetivos anuais. Não há nenhum questionamento sobre quais são as expectativas sobre você. Nenhum. Então, uma vez que você tenha estabelecido o processo, você se dedica ao conteúdo e passa a questionar o que está sendo feito, por que e como."

Dave Rickard, atual CFO da CVS, é outro executivo com que tive a sorte de trabalhar por duas vezes: a primeira, quando dirigia as operações da Kraft EUA; a seguinte, quando era CFO da RJR Nabisco e ajudou a me recrutar para a posição de CEO dessa empresa. Dave é um dos executivos mais determinados com quem já tive a oportunidade de trabalhar.

Você não quer parecer um fraco. Dave acredita que o bom processo apresenta dois resultados: gera alinhamento e incentiva a prestação de contas. Nas reuniões semanais externas, é obrigatória a apresentação de seus planos para o próximo trimestre na frente dos seus colegas. "Você

> "O sistema de notas é público, desprovido de emoção e conectado com a realidade. Ninguém pode reclamar."

não quer ouvir um executivo dizendo que vai conseguir desenvolver uma campanha publicitária até *novembro* e outro dizendo que conseguirá quebrar essa publicidade com um grande evento em *setembro*. Os eventos devem ser coordenados e alinhados."

Você também não quer ver as pessoas se esquivando das responsabilidades: "É muito penoso para alguém ficar na frente dos seus colegas e dizer: 'Chefe, por favor, entenda. Coisas aconteceram e dificultaram demais o meu trabalho'. Ninguém quer parecer fraco."

Dave gosta especialmente do fato de que "o sistema de notas é público, desprovido de emoção e conectado com a realidade. Ninguém pode reclamar de fato quando o chefe diz o seguinte: "Você, Bill, não completou aquele trabalho que representa 20% de sua nota total, portanto, sua nota final é 80."

"Ao abordagem fornece grande clareza. No final das contas sua classificação determina o valor de seu bônus. Portanto, a soma do resultado dos quatro trimestres informa exatamente como você vai proceder no dia do bônus".

"O processo trimestral toma tempo. Leva de oito a dez dias, mais dez dias de tempo para a preparação. Porém é um modo de garantir que todos estão remando na mesma direção; logo, é um investimento que vale a pena. Esse período de mais ou menos dezoito dias diz muito sobre o progresso que está sendo feito. Você consegue enxergar o que está sendo realizado coletivamente. Você observa o que as pessoas estão fazendo em termos individuais, como executam seu trabalho, qual seu desempenho frente às outras pessoas, e assim por diante. O processo ajuda a ter uma boa noção geral, de modo que no final você tem uma boa percepção do que todos da equipe estão fazendo, qual é sua motivação, e qual a carga de energia e entusiasmo num determinado ponto do tempo."

Harmonioso, disciplinado e lógico. "Toda essa coleta de informações e envolvimento possibilita uma atitude desprovida de emoção e harmonizada. A mensagem de Jim para seu grupo é a seguinte: 'Todos nós concordamos com nossos objetivos anuais e metas gerais? Alguém discorda? Alguém acha que está fora do nosso alcance? Não? Ótimo, então é isso. A partir de agora, vamos todos trabalhar nesse sentido e atingir os resultados. Todos nós conhecemos nossa parte no negócio. Verei a todos novamente na reunião do primeiro trimestre para checar o que foi realizado e o que vocês farão no trimestre subsequente.' Tudo é harmonioso, muito disciplinado, muito lógico. É uma abordagem administrativa muito eficaz e eficiente. Se for utilizada sem passionalidade e com harmonia, é a receita para se tornar um diretor-geral de sucesso.

ESPERANDO PELO TELEFONEMA DOS HEADHUNTERS*

Apesar de nem todos com quem trabalhei confiassem integralmente no processo total, o número de convertidos e crédulos era alto. Na Gillette, cada um

---

* *Headhunter* ou *caça-talentos* é uma pessoa ou um grupo de pessoas ou empresas especializadas na procura de profissionais talentosos ou gestores de topo. A remuneração de um *headhunter* é geralmente uma percentagem do salário anual inicial do indivíduo recrutado.

dos meus subordinados diretos adotou o mesmo processo com seus grupos — partindo de planos estratégicos, passando por todas as fases, até chegar às reuniões trimestrais externas e reuniões semanais com o staff. Poucas empresas têm departamentos legais, grupos de relações públicas e áreas de recursos humanos com planos estratégicos totalmente orquestrados. Mas a Gillette tinha. E desse modo, melhorou a qualidade de cada uma das funções e aumentou o valor e a atratividade das pessoas que as ocupavam.

Quando comecei a trabalhar na Gillette, disse para os executivos líderes da empresa que um dos parâmetros de sucesso deveria ser a seguinte imagem: eles tendo de lidar com o assédio constante por parte das empresas de recrutamento de executivos, que tentariam desesperadamente recrutá-los e levá-los para outras empresas. A outra parte do fator de sucesso seria sua recusa em sair, porque a Gillette é uma empresa inspiradora e cada dia de trabalho é uma nova e constante experiência de aprendizagem.

Nunca fizemos nenhuma pesquisa profunda sobre como os diretores e gerentes eram abordados pelos recrutadores externos; porém, nos baseamos em centenas de piadas e histórias e finalizamos nossa missão. Disciplina, trabalho árduo e um eficiente processo de liderança realmente importam.

O PROCESSO DEFINE O RITMO DA PRODUTIVIDADE

Cada empresa tem uma cultura, bem como um ritmo ou um compasso que a define. Particularmente, o processo de liderança influencia tanto a cultura como o ritmo de uma empresa.

- Reuniões e relatórios semanais exigem comprometimento total, atenção aos detalhes e um andamento rápido para que sejam atuais.
- Prioridades trimestrais com reuniões trimestrais externas à empresa significam que o desempenho deve ser mensurado diariamente a fim de assegurar que os planos estejam alinhados na direção certa... e

---

A sua participação nos processos de recrutamento pode ser importante quer para o candidato, quer para a empresa recrutadora, pela análise e identificação concreta das necessidades desta última.

permaneçam assim. Mesmo pequenos desvios podem afetar de modo significativo o alcance das metas trimestrais.
- Avaliações anuais de objetivos e desempenho fecham o circuito do exercício e determinam o estágio para atingir o ciclo de três anos — o plano estratégico de crescimento. Portanto, a preocupação com as metas a serem alcançadas no curto prazo deve ser balanceada com a de longo prazo.
- A visão corporativa de ser a mais rápida, a melhor e satisfazer os clientes de modo mais completo fornece uma modelagem abrangente que serve de guia para todas as ações.
- A adaptação a cada elemento integrante do processo afeta tanto as atitudes individuais como o resultado geral do negócio.

Eu realmente acredito que o processo de liderança determina a velocidade da taxa de produtividade.

CAPÍTULO 9

O PRIMEIRO DIA IMPORTA

Quais são os dois momentos mais importantes para assegurar o sucesso do seu novo compromisso ou cargo dentro de uma empresa? No Capítulo 3, discutimos como o tempo despendido antes de iniciar seu trabalho pode ajudá-lo a entender os desafios e oportunidades que terá pela frente sem preconceitos ou ideias preconcebidas. Neste capítulo, falaremos sobre o primeiro dia — isso mesmo, seu primeiríssimo dia de trabalho — e porque esse dia é capaz de estabelecer uma direção e proporcionar-lhe o impulso necessário para fazer a diferença, de fato, em seu novo cargo.

Seu primeiro dia num novo emprego deve ser parecido com as primeiras horas do "Dia D" durante a Segunda Guerra Mundial — a chegada das forças aliadas. Deve ter a mesma intensidade e ser preenchido com muita ação. Deve ser a recompensa por meses dedicados ao desenvolvimento de ideias, avaliações, análises e planejamento. A boa notícia é que a ação ocorre junto com seus aliados — pessoas que serão membros-chave integrantes da sua equipe de administração, além de quantas pessoas mais você conseguir alcançar na organização como um todo.

Ao final do primeiro dia, você vai se sentir como um candidato presidencial que acabou de percorrer mais de vinte cidades por todo o país, fazendo campanha. E, ainda que, ao final do dia, seus principais colaboradores e parceiros não estejam totalmente prontos para recebê-lo de braços abertos como seu novo líder, pelo menos estarão predispostos a aceitá-lo e terão certeza de que você merece uma chance para provar sua capacidade.

MENSAGEM TRANSMITIDA NO PRIMEIRO DIA — SEM DOURAR A PÍLULA

Meu primeiro dia na Gillette começou bem cedo com uma reunião durante o café da manhã, realizada na cafeteria dos funcionários na matriz em Boston e terminou num jantar com Ed DeGraan, que trabalhou como CEO e supervisionou com grande habilidade as operações industriais, de engenharia e técnicas durante todo o nosso processo de virada e recuperação da empresa. Porém, antes mesmo de eu entrar no prédio, todos os funcionários — que tinham acesso a um computador nos escritórios dos Estados Unidos e do mundo inteiro — receberam uma mensagem introdutória específica redigida por mim descrevendo meus planos e expectativas. Não houve nenhuma tentativa de dourar a pílula ou fingir que tudo estava indo muito bem na Gillette. Não estava e todo mundo sabia disso. O antigo CEO havia sido demitido, enquanto eu havia sido recrutado no mercado, fora da empresa.

Minha mensagem enfatizava que poucas empresas no mercado possuíam "mais marcas globais e poderosas do que a Gillette" e menos ainda apresentavam um histórico de sucesso tão incrível em inovações e lançamentos de novos produtos. Mas também disse que o desempenho da empresa durante os dois anos anteriores havia "desapontado toda a organização, bem como nossos acionistas". Os investidores da Gillette estavam procurando uma empresa que superasse o desempenho de seus concorrentes no mercado, enquanto eu esperava "um desempenho consistentemente superior... de cada um dentro da empresa".

Em seguida, expliquei a importância de construir o conceito de Valor Total da Marca e afirmei que estava pessoalmente empenhado em "estabelecer um plano estratégico de crescimento, com uma visão de longo prazo e extremamente bem calculado" para a empresa, que seria executado e seguido rigorosamente. "Sou também muito obsessivo com relação à excelência na execução das tarefas — como fazer coisas no dia-a-dia; mais obsessivo do que qualquer um."

Finalizei a mensagem com uma nota de confiança e compreensão: "Vocês passaram por muitas dificuldades nos últimos anos, e... vamos deparar com novos desafios... [mas] estou confiante de que teremos sucesso e um brilhante futuro pela frente."

Vinte perguntas com respostas francas e diretas. Minha mensagem no primeiro dia de trabalho estava longe de ser uma ação única e pontual. Em uma semana, todos na organização receberam um comunicado de 2.700 palavras, compreendendo uma mensagem e um autoquestionário composto por vinte perguntas e respostas. Mais uma vez, minha mensagem era direta e objetiva: Há "vários obstáculos no caminho da Gillette, impedindo que a empresa atinja seu pleno potencial". Minha intenção é avaliar e discutir todos eles com meus diretores e planos específicos serão traçados em breve. Enquanto isso, "gostaria de compartilhar com vocês, sob a forma de um questionário de fácil acesso, algumas de minhas observações iniciais, bem como minha visão e crenças sobre o negócio da empresa e também algumas de minhas experiências profissionais".

Meu colaborador e coautor deste livro, John Manfredi, e eu trabalhamos arduamente na seleção dessas perguntas que acreditávamos serem as mais importantes e visíveis na maioria das áreas da Gillette. Trabalhamos mais arduamente ainda na elaboração das respostas, que precisavam ser consistentes com o programa de comunicação total planejado principalmente para os primeiros cem dias, mas também para ser continuado no futuro.

Pessoas serão demitidas? Tentamos evitar não fugir de assuntos delicados. Uma das primeiras perguntas foi "Novos CEOs geralmente substituem as equipes atuais de administração por executivos de fora da empresa. Você está pensando em fazer o mesmo na Gillette?" Acredito que minha resposta foi honesta e reconfortante para a maioria das pessoas: "Minha experiência profissional ao longo de toda minha carreira confirma minha disposição de dar aos funcionários uma chance para demonstrarem sua capacidade de produzir resultados. Portanto, trocar a equipe de administração da Gillette não é definitivamente meu objetivo, mas sim atingir resultados e alcançar um desempenho de alto nível."

Diversos artigos de jornal alegaram que eu havia ido para a Nabisco com a intenção específica de vender a empresa para a Philip Morris (atual Altria), de modo que passasse a fazer parte do grupo da Kraft. Respondi às alegações do seguinte modo: "Vamos analisar os dados corretamente. A Nabisco foi vendida por um preço elevado para a Philip Morris, em face da outra alternativa existente que era vendê-la a um preço muito baixo para o especulador corporativo Carl Icahn. Entrei na Nabisco com a intenção de promover seu crescimento no longo prazo. Acontecimentos externos impossibilitaram a realização dessa estratégia."

Tendo em vista que eu era praticamente desconhecido dentro da Gillette, houve muita inquietação e dúvidas sobre meu estilo e filosofia administrativos. Com relação à filosofia administrativa, expliquei que em termos gerais era "*manter as coisas simples*. Eu quero análises rigorosas e avaliações conscienciosas. Mas não quero complexidade. Se as estratégias e os planos não forem de fácil compreensão para todos, não serão colocados em prática por ninguém. Portanto, ao manter as coisas do modo mais simples, seremos capazes de agir de maneira decisiva e transmitir nossos objetivos claramente por toda a organização".

Sobre o estilo de administração, expliquei que o meu deveria ser chamado de uma administração "do tipo circulando pela empresa". "Gosto de observar o que está acontecendo dentro da empresa e pretendo usar uma boa parte do meu tempo no campo de ação."

> **Acredito na não-existência de conflito entre baixo custo e alta qualidade se você conta com sistemas administrativos adequados e um índice de produtividade elevado.**

O que você vê é exatamente o que tem. Em face da necessidade de atingir a excelência com consistência e também evitar custos excessivos, afirmo que "você deve administrar cuidadosamente... Acredito na não-existência de conflito entre baixo custo e alta qualidade se você conta com sistemas administrativos adequados e um índice de produtividade elevado". A eliminação de custos desnecessários permite que você "invista em novos produtos e incremente e melhore sua área de marketing. Não pode haver nunca um compromisso somente e exclusivamente com a qualidade do produto, como também não há necessidade de conflito entre qualidade e custo".

E houve uma última pergunta: Qual seria a ideia que traduz o que gostaria que os funcionários entendessem sobre você? Minha resposta foi a seguinte: "No meu caso, o que você vê é exatamente o que tem. E o que você tem à sua frente é uma crença genuína na construção de um Valor Total da Marca... Eu digo isso em todos os lugares por onde passo e acredito fielmente nisso. Nosso papel é simplesmente o de construir o Valor Total da Marca. Tudo está relacionado a esse conceito, todos estão aqui para isso e todos nós da Gillette somos parte vital dessa construção."

REUNIÃO DO PRIMEIRO DIA — TRÊS HORAS E NÃO TRÊS MINUTOS

Meu dia consistiu em mais de uma dezena de reuniões com uma gama variada de pessoas. Porém, a reunião mais importante, e que durou três horas inteiras, foi realizada com todos os meus subordinados diretos — os doze membros do Comitê Operacional, os diretores-executivos que comandam a empresa.

Apesar do tempo gasto na reunião parecer menos relevante do que seu conteúdo, eu creio que a importância seja proporcionalmente igual. A maioria das pessoas espera pouco mais do que uma reunião breve de boas-vindas no primeiro dia. "Meu nome é Jim Kilts. Espero poder conhecê-los melhor. Assim que me instalar, vou agendar um horário para que possamos revisar as suas unidades de negócios e discutir quaisquer dúvidas que vocês tenham."

Uma mensagem bem diferente é transmitida quando o novo chefe chama a todos ao mesmo tempo e gasta três minutos com as boas-vindas, para então ocupar o tempo restante das três horas discutindo uma agenda detalhada de questões corporativas, processos administrativos e expectativas pessoais. Essa abordagem transmite ao grupo a ideia de que você é uma pessoa de ação. Você tem pressa e pretende se empenhar e se envolver nos assuntos da empresa. Esses elementos são essenciais se você quer captar a atenção de seu grupo e tê-los a bordo para implementar grandes mudanças.

> Essa abordagem transmite ao grupo a ideia de que você é uma pessoa de ação. Você tem pressa e pretende se empenhar e se envolver nos assuntos da empresa.

Essa reunião na Gillette que descrevi foi realizada com os diretores-executivos da primeira equipe. Porém, ao longo de toda a minha carreira usei uma abordagem muito parecida com uma série de outras funções ou cargos de diversas áreas, incluindo as áreas de produção, cadeia de fornecedores, marketing, desenvolvimento de produtos e administração geral, tanto para as operações domésticas como internacionais e, mais recentemente, como CEO de corporações globais. Os elementos e a estrutura desse tipo de reunião têm uma utilização muito ampla.

A situação real — Uma lista completa de horrores. Iniciei a apresentação sobre a Gillette fazendo uma revisão das conclusões destiladas durante semanas de pesquisa, discussões e contatos comerciais. Expliquei à equipe que o conselho de administração da Gillette assistiria a mesma apresentação numa reunião agendada para a semana seguinte. Desse modo, todos saberiam que se tratava de um relato da situação real, de fato, não algo especialmente criado e modelado para essa reunião inicial.

> Minha expectativa era de que todos apresentassem um desempenho excepcional, mas trabalharíamos com parâmetros baseados na realidade, ou seja, com objetivos atingíveis.

Comecei minha explanação elencando os formidáveis pontos fortes da Gillette: marcas ícones no mercado, alto índice de crescimento, categorias de produtos com alta margem líquida, tecnologia incomparável e inovação no desenvolvimento de produtos, além de sua vasta presença global. À medida que descrevia os pontos fracos — estagnação de vendas e rentabilidade, não-atingimento consistente das metas relativas a lucros, participação de mercado decrescente, redução dos gastos com publicidade e propaganda, aumento das despesas operacionais, baixos investimentos de capital, e fracos resultados financeiros gerais — pude perceber o desconforto se instalando e a postura de defesa se armando no grupo.

Sempre confronte a realidade. Ao longo do debate com o grupo, minha mensagem foi a seguinte: nós confrontaríamos a realidade. Não haveria mais imposição de regras de cima para baixo, não haveria mais definição de metas que não pudessem ser cumpridas ou promessas que não pudessem ser mantidas. Minha expectativa era de que todos apresentassem um desempenho excepcional, mas trabalharíamos com parâmetros baseados na realidade, ou seja, com objetivos atingíveis.

Não faremos as coisas do jeito mais fácil; integridade importa muito no trabalho — moralmente, eticamente e legalmente. Em resumo, essa primeira reunião, no primeiro dia de trabalho, possibilitou à minha equipe de diretores-executivos uma imersão total no universo das minhas opiniões sobre como administrar negócios e pessoas. Vamos examinar alguns dos aspectos apresentados.

MEU ESTILO

- Receptivo, franco, direto; o que você vê é o que é exatamente. Não faço jogos e não tenho segundas intenções. Digo aquilo que tenciono dizer; não há nada nas entrelinhas.
- Orientado para a ação — justo, porém um pouco impaciente. Valorizo a ação e a realização bem-sucedidas; não gosto de racionalizações e desculpas.
- Não quero surpresas. Se o teto está ruindo, me avise. Não quero descobrir lendo os jornais.

SEM PEGADINHAS, JOGOS OU TRUQUES

- Evite as "pegadinhas". Sem jogos; sem truques. Eu julgo pessoas com base no desempenho.
- Se algo o incomoda, quero um diálogo aberto. Não sou telepata. Fale para mim se você acha que alguma coisa está errada.
- Exija excelência, recompense na mesma medida. Sou exigente, mas recompenso excelentes desempenhos — provavelmente num nível que vai surpreendê-lo.
- Aprecie e aceite desafios. Passei minha vida toda construindo marcas e dirigindo negócios no setor de consumo. Minha maior satisfação é lidar com questões difíceis.

- Salve uma árvore. Evite memorandos, se puder. E quando não puder, escreva textos curtos.
- Peça meu conselho antes de decidir. Tenho mais de 25 anos de experiência. Se me der uma chance, provavelmente poderei ajudá-lo.

ERRADO PODE SER, MAS INDECISO NUNCA

- Posso errar, mas nunca fico indeciso. Eu nunca me abstenho de tomar uma decisão. Decido rapidamente. Portanto, se eu estiver errado, me avise... logo.

MINHA FILOSOFIA ADMINISTRATIVA

- Tudo diz respeito à construção do Valor Total da Marca.
- Marketing de alto nível direcionado pelo consumidor e entendimento do cliente.
- Produtos com vantagens competitivas e estruturas de custo.
- Acreditar que custo e qualidade são compatíveis. Quero custos mais baixos, mas insisto no compromisso com a qualidade.
- Acredito totalmente em manter as coisas num nível simples:
  - Estruturas organizacionais
  - Comunicações
  - Processos
  - Prioridades
- Prestação de contas total e transparente. Acreditar na estrutura matricial da organização. Matrizes organizacionais facilitam o desempenho, porém responsabilidade individual é essencial, o que significa que uma pessoa deve ser responsável e sempre prestar contas dos seus resultados.

NUNCA PROMETA EM EXCESSO; SEMPRE ENTREGUE MAIS DO QUE O ESPERADO

- Promessa feita é promessa mantida. Nunca prometa em excesso; sempre entregue mais do que o esperado. Esse é meu lema de vida seguido em toda a minha carreira.
- Acredite no alinhamento e no inter-relacionamento entre áreas e pessoas — gerentes operacionais trabalhando conjuntamente com as informações fornecidas por um staff forte de assistentes tomam as melhores decisões. Oito a dez dias despendidos em reuniões fora da empresa, aliados a reuniões semanais com a equipe de assistentes e relatórios semanais são destinados a reforçar e assegurar o alinhamento e o inter-relacionamento entre as áreas e as pessoas.
- Minha função principal é definir as diretrizes, alocar recursos e fornecer suporte. Sua responsabilidade principal é atingir os resultados acordados com base nos objetivos e nas prioridades. Quero que fique claro que meus gerentes têm grande autonomia para agir a fim de atingir suas metas e obrigação integral de prestar contas sobre seus resultados.

NIVELE AS ESTRUTURAS, AUMENTE O COMPARTILHAMENTO

- Quanto maior o canal de comunicação, cooperação e suporte, mais rápido e mais longe iremos. Se o compartilhamento da visão corporativa for expandido, as estruturas niveladas e o alinhamento incrementado, grandes resultados virão a seguir.
- Inovação deve ser aplicada a todos os aspectos do negócio; a inovação deve definir a maneira como pensamos e agimos. (O conceito de Inovação Total será ampliado no Capítulo 12.)

BOAS IDEIAS SURGEM FACILMENTE

- Boas ideias, se bem executadas, fazem a diferença. Esses dois elementos devem vir juntos para que tenham significado. Boas ideias surgem facilmente; são totalmente insignificantes a menos que sejam bem executadas.
- E por fim, embora não faça parte da minha filosofia administrativa, sinto-me fortemente inclinado a incluir esse aspecto que considero importante. Eu odeio qualquer um que diga: "Jim disse" ou "Jim quer" ou "os diretores disseram" ou "os diretores querem", como motivo para que algo seja feito ou não seja feito. As coisas são feitas, ou não são feitas com base em avaliações extremamente rigorosas e em deliberações bem pensadas. Tive experiências próprias com relação à confusão e desmoralização que pode ser causada pela imposição autoritária de regras de cima para baixo, especialmente se desprovidas de quaisquer explicações.

MINHAS EXPECTATIVAS COM RELAÇÃO A VOCÊ

- Desempenho excepcional. Promessas devem ser mantidas; calculamos e definimos nossos números; fazemos o que dissemos que faríamos. Esse é outro preceito que enfatiza a necessidade de excelência e responsabilização.
- Dê suporte a decisões já tomadas; dê sua contribuição antes que as decisões sejam tomadas. Nada é pior do que alguém que fica sentado em silêncio durante o processo de tomada de decisão e, depois do fato ocorrido, tenta interromper o curso da ação. Não tolero atitudes que subvertam.
- Ajudem uns aos outros na solução dos problemas. Às vezes, por orgulho ou por medo de perder autoridade e terreno, colegas relutam em procurar ajuda entre si, ainda que façam parte da mesma equipe. Faço tudo para romper com esse tipo de atitude.

ESCLARECENDO ASSUNTOS DIFÍCEIS — LEMBRE-SE DE SEUS PAIS E PROFESSORES

- Integridade — moral, ética, legal. Integridade é o ponto de partida para todas as decisões de negócio. Sempre digo que é possível resolver o assunto mais difícil e complicado se você simplesmente "fizer a coisa certa". Sempre se oriente pelas leis. Além disso, lembre-se do que seus pais, professores, ministros, padres e rabinos lhe ensinaram. Faça o que é certo e nunca estará errado.
- Seja líder de seus negócios, de suas funções e de seu pessoal. Eleve o nível de sua organização continuamente. Tendo em vista meu desejo de que a Gillette se tornasse a melhor empresa do mundo em produtos voltados para o consumo, eu precisava de uma equipe com alto desempenho — líderes que se empenhassem ao máximo na condução de suas unidades de negócios ou funções, bem como na administração e desenvolvimento do seu pessoal. Insatisfação contínua deve caracterizar um líder, o que resulta em contínuo crescimento e progresso de toda sua atuação empresarial.

NÃO HÁ ESPAÇO PARA VAZAMENTO DE INFORMAÇÕES

- Confidencialidade adequada — tanto interna como externamente. A Gillette era uma das empresas mais porosas que já encontrei. Eu não estava acostumado ao vazamento de informações, o que sempre demonstra sinais da existência de uma equipe de funcionários desiludida e com moral baixo. Como tencionava trabalhar a raiz do problema, fiz questão de que todos soubessem que "informantes" não seriam tolerados.
- Não quero competição entre funções, cargos ou dentro do grupo de executivos. Qualquer atitude nesse sentido é contraproducente. Se os diretores do primeiro escalão provocarem uns aos outros, o impacto será corrosivo a toda a organização.

NÃO COMETA ERROS SUPERFICIAIS DUAS VEZES

- Minha política com relação a erros:
  - Você ... não cometa erros estúpidos.
  - Eu ... não costumo punir erros superficiais.
  - Você ... não cometa erros superficiais duas vezes.
  - Errar por omissão é tão ruim quanto, ou pior, do que errar por decisão.

Eu não quero uma organização avessa a riscos. Mas, também não tolero práticas negligentes ou ideias descuidadas que levem ao fracasso. Quando os processos corretos e ideias não são bem-sucedidos, não tem problema, mas aprenda com o fracasso. Não importa o que você faça, nunca diga: "A culpa não é minha porque eu não sabia que x, y, ou z poderia acontecer." Acredite em mim, você deveria saber.

- Disciplina adequada e análises baseadas em fatos devem ser usadas na avaliação dos negócios, infraestruturas e oportunidades de crescimento. Quanto mais fatos e informações coletados, maior será a probabilidade de você tomar a decisão certa.

MUITA LIBERDADE, MAS NÃO AUTONOMIA

- Você deve me envolver nas principais decisões estratégicas e operacionais. Dou muita liberdade de ação aos meus gerentes, mas não total autonomia. Eu devo ser consultado e participar completamente de todas as decisões de maior importância.
- Necessito de informações e opiniões, e não apenas de dados, para que eu possa entender o que está acontecendo na empresa e por quê. (Uma das minhas primeiras ações dentro da Gillette foi acabar com o envio de uma série de relatórios mensais que resultavam em volumosas brochuras cheias de informações e dados não significativos e que não forneciam uma visão correta e real ou entendimento sobre o que estava acontecendo nos negócios ou por que aconteciam.) Qualidade importa, e não quantidade.

REUNIÕES SEMANAIS DE STAFF

- Por que reuniões semanais?
  - Quero atualizações em primeira mão sobre os negócios.
  - As condições empresariais garantem isso.
  - Ajudam a assegurar o alinhamento.
  - Compartilhar o que está acontecendo de modo que você possa executar seu trabalho e obter informações executivas em sua totalidade.

A RESISTÊNCIA PRECEDE A REALIZAÇÃO

Resistência às reuniões semanais de staff quase sempre precedia a realização das mesmas. Preocupações com relação ao tempo que seria gasto nas reuniões eram eliminadas e dirimidas pelo entendimento e opiniões recebidas de outras partes da empresa, além do impacto sobre a própria unidade do indivíduo.

- Participação obrigatória; pontualidade; nenhuma substituição sem minha prévia aprovação. Quero que entendam o seguinte ponto: eu levo muito a sério as reuniões semestrais; logo, todos devem fazer o mesmo.
- Semanalmente, às segundas-feiras, das dez horas da manhã ao meio-dia; pode ser prolongada, se for necessário.
- Agenda
  - Itens sugeridos e tempo necessário devem ser enviados ao CFO até a quarta-feira que antecede a reunião; indicar a necessidade de ação/decisão significativa durante a reunião.
  - Agenda revisada por mim e distribuída até quinta-feira.

Reuniões semanais de staff promovem uma oportunidade para uma completa revisão por parte da equipe de executivos e decisão sobre um assunto de modo rápido; não esperar até a reunião mensal ou trimestral.

- Confidencialidade
  - Sem fofocas
  - Reforçar com seus assistentes e outros funcionários

Ao enfatizar a importância da confidencialidade não tivemos nenhum tipo de questionamento. Na verdade, um grupo de cerca de meia dúzia de diretores-executivos do mais alto escalão conseguiu manter as conversas sobre a fusão da Gillette com a Procter & Gamble sob total confidencialidade por vários meses. Foi uma conquista notável e impressionante.

CONSENSO SEMPRE, UNANIMIDADE ÀS VEZES

- Processo decisório
  - Consenso — todas as opiniões ouvidas
  - A decisão final é minha, se necessário

Nos meus cinco anos na Gillette, sempre chegamos a um consenso sobre as decisões-chave — algumas vezes por unanimidade. Não me recordo de nenhuma ocasião em que tive de passar por cima da decisão tomada pela equipe.

- Comportamento
  - Preste atenção: nada de conversas paralelas ou tarefas secundárias; ouça realmente com atenção.
  - Restrinja-se ao tema.
  - Receptividade.
  - Trabalho prévio: preparação quando necessária.
  - Piadas engraçadas são bem-vindas.

Disciplina, foco e envolvimento são atitudes que espero de todas as pessoas em todas as ocasiões, e reuniões semanais de staff não configuram uma exceção à regra. Porém, admito que brincadeiras, piadas e humor são as melhores maneiras de se criar vínculos e unir o grupo.

MINIMIZANDO O TEMPO PARA EXPOSIÇÃO DE IDEIAS

- Processo de apresentação ao redor da mesa, uma exposição por vez.
- Limitada a três minutos de duração cada.
- Itens que requerem mais tempo devem constar da agenda.

Gosto de dar a todos uma oportunidade de serem ouvidos; o limite de três minutos mantém o foco nos assuntos e mantêm todos longe do palco.

OUTRAS TAREFAS DOMÉSTICAS

- Reuniões individuais; você decide; apesar do meu estilo "administrar caminhando pela empresa", chamo eventualmente meus subordinados diretos e vários outros para uma conversa particular, além de dar muitos telefonemas. No entanto, não costumo agendar reuniões individuais regulares com meus subordinados diretos, a não ser a nossa revisão trimestral para discutir as prioridades. Se alguém sentir necessidade de agendar uma individual, será bem-vindo.
- Somente seu assistente administrativo agendará reuniões comigo por intermédio do meu assistente administrativo. Um procedimento para organizar as reuniões ajuda a manter o controle do que facilmente pode se transformar numa agenda caótica.

IMPRESSIONE COM SUAS REALIZAÇÕES, NÃO PELO NÚMERO DE REUNIÕES E MEMORANDOS

- Menos é mais.
  - Documentos para reunião, participantes.

Alguns gerentes acham que me impressionam com a quantidade de memorandos e planos enviados para mim, ou reuniões incluídas na minha agenda. Quero garantir que as reuniões semanais de staff sirvam ao seu propósito — que é limitar a necessidade de mensagens, reuniões intermediárias, etc.

- Não existe essa coisa de "reunião informal" com parceiros e colaboradores externos, tais como: analistas de investimentos, banqueiros, acionistas, etc. A grande maioria dos executivos seniores sabe o risco de realizar reuniões — mesmo supostamente extraoficiais — com pessoas externas à empresa, que podem facilmente interpretar equivocadamente uma informação ou fazer mal uso de informações recebidas. Acredito que especialistas devem lidar com especialistas; por exemplo, John Manfredi conta a experiência do seu vice-presidente de relações com investidores, Chris Jakubik, que trabalhava como analista e gerente de uma carteira de clientes antes de vir para a Gillette. Especialistas falam uma linguagem diferente e enxergam as coisas sob uma perspectiva muito particular. Além disso, as leis que regulamentam o que pode e o que não pode ser divulgado mantêm um bom número de advogados financeiramente muito bem empregados.

Além de discorrer sobre meu estilo, filosofia, expectativas e reuniões semanais e trimestrais, também revisei meu processo de liderança na administração demonstrado pelo gráfico a seguir.

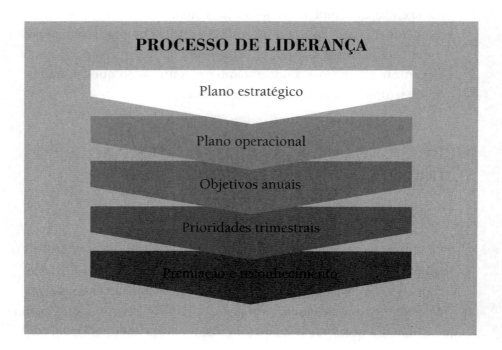

Também discutimos os modelos para elaboração de objetivos anuais e prioridades trimestrais, os quais cada um dos meus subordinados diretos deveria preencher antes da nossa reunião fora do escritório que seria realizada dentro de três semanas. Ambos os modelos são apresentados a seguir.

OBJETIVOS ANUAIS: EXERCÍCIO FISCAL

Gerente: (inserir nome)   Data: (inserir ano)   Aprovação: Jim Kilts

Prestação de contas	Objetivos	Prioridade relativa	Padrão de desempenho	Nota Atribuída pelo próprio gerente	Nota atribuída por Kilts
Franquia Saúde	Isto é, alcançar metas de participação: • x: + 2.1 pts • y: + 0.1 pts • Etc.	30%	Isto é, aumentar a participação contábil nos negócios em 80% do lucro operacional		

PRIORIDADES TRIMESTRAIS: EXERCÍCIO FISCAL

Cargo: (Inserir)   Gerente: (inserir nome)   Aprovação: Jim Kilts

Prioridades	Prioridades relativas	Data limite	Avaliação pessoal	Nota ponderada (0-100%)	Observações
Atingir meta de redução de custo de US$ 70 milhões	20%	Final do trimestre			
				Total = 100%	

+ = Excedeu os resultados planejados
10 = Completado conforme planejado
8 = Praticamente completado (acima de 85%) ou completado durante o trimestre porém tarde
6 = Substancialmente alcançado (acima de 50%)
4 = Parcialmente alcançado (entre 25 e 50%)
2 = Insatisfatoriamente completado (objetivo não atingido ou menos de 25% atingido)
0 = Nada alcançado conforme a prioridade

APROVEITE AO MÁXIMO O PRIMEIRO DIA

Aproveite ao máximo seu primeiro dia de trabalho. Use-o para demonstrar que você merece ser o novo líder.

- Você tem um bom conhecimento do trabalho que tem a fazer pela frente. Uma vez realizado o trabalho preliminar, apresente os problemas, desafios e oportunidades.
Identifique não apenas os pontos fracos, mas os pontos fortes que servirão de base para a construção do futuro.
- Sua filosofia de liderança está bem-fundamentada. Apresente sua concepção de Valor Total da Marca, a visão que determinará a modelagem abrangente de como você pretende abordar os negócios.
- Seu estilo de administração é isonômico. Suas decisões sobre pessoal serão baseadas em desempenho. Promessas feitas por você — e por todas as outras pessoas — serão mantidas.
- Seu processo de liderança está totalmente articulado. É muito mais do que meras ideias; suas crenças são detalhadas e consistem em múltiplos elementos — começa a partir de uma visão e se traduz em planejamento estratégico, planos operacionais anuais, prioridades trimestrais e relatórios e reuniões de staff semanais.
- Você tende a agir. Não há como confundir sua agressividade na busca dos seus objetivos com a realização dos seus objetivos. Você exige avaliações quantitativas, baseadas em fatos reais, mas, ao mesmo tempo, quer que as decisões fluam durante o processo.
- Seu estilo pessoal é franco e direto. Mencionou detalhes sobre quaisquer preferências ou idiossincrasias que caracterizem seu estilo.

Com um primeiro dia de trabalho igual a esse, outros dias bons virão pela frente.

CAPÍTULO 10

IGNORAR O QUE IMPORTA — ENTRADA NO CÍRCULO DO FRACASSO

Quando os consumidores comparavam o sabor do *cookie* Chips Ahoy! da Nabisco com a bolacha crocante de chocolate da Keebler, eles preferiam a bolacha da Keebler. O mesmo acontecia com os biscoitos salgados Premium da Nabisco em relação a uma marca genérica do próprio supermercado. A marca do supermercado ganhava.

Os preços dos produtos da Nabisco eram cerca de 40% mais altos do que os da Keebler e quase 100% superiores aos da marca própria do supermercado. Portanto, não era nenhuma surpresa que as fatias de mercado detidas pela Nabisco estivessem caindo mês após mês após mês..., por um ano e meio.

A administração da Nabisco, no entanto, estava confusa. Eram diretores brilhantes, dedicados e diligentes que haviam salvado a empresa da falência quando as taxas de juros relativas a seu gigantesco endividamento subiram vertiginosamente levando à operação de *leveraged buyout*. Mas eles estavam profundamente mergulhados no que eu chamo de Círculo do Fracasso. Ainda que a direção que levava à saída fosse evidente, eles eram incapazes de enfrentar a realidade da situação em que se encontravam. E o que acontecia na Nabisco, acontecia em muitas outras empresas.

A maioria dos líderes empresariais é dedicada ao trabalho e bem-intencionada. Mas apesar de suas melhores intenções e esforços, se mete em apuros por causa da falta de clareza em termos de visão corporativa e certeza com relação aos objetivos e propósitos necessários para confrontar a realidade que envolve as situações de negócios. Geralmente, é preciso que ocorra um fracasso inadvertido para que se enfrente a verdade em sua totalidade e com honestidade. Foi o que aconteceu tanto na Gillette como na Nabisco. A partir de conversas com outros CEOs, aprendi que esse cenário de "fracasso" exaure e drena a energia de centenas, se não de milhares, de empresas. Muito embora eu descreva as manifestações do Círculo do Fracasso em níveis corporativos, ele se espalha por todos os níveis existentes dentro das empresas.

QUEDA EM DIREÇÃO AO CÍRCULO DO FRACASSO

Em vários desses exemplos, a integridade intelectual fica turva quando enfrenta uma situação desse tipo e, para o CEO, a realidade passa a ser a última coisa a ser informada aos analistas e investidores de Wall Street.

Em certas ocasiões, a queda em direção ao Círculo do Fracasso é um lamentável subproduto derivado do sucesso. Uma empresa goza de vários anos de forte crescimento e lucros cada vez maiores. Tudo vai às mil maravilhas: a equipe de direção está motivada e bem colocada; o processo de liderança funciona bem; novos produtos são lançados com sucesso; o crescimento econômico é vigoroso; e os concorrentes estão quietos. O crescimento anual de lucros na ordem de 15 a 20% parece uma jogada sensacional. Ou, pelo menos, é o que o pessoal de Wall Street quer que você diga, para que possam continuar recomendando as ações da empresa e incentivando contínuas altas dos preços na bolsa de valores.

> Em certas ocasiões, a queda em direção ao Círculo do Fracasso é um lamentável subproduto derivado do sucesso.

Falsa segurança embalada por previsões insustentáveis. Embora o CEO saiba que um crescimento anual de 15 a 20% é excepcional e não sustentável, a pressão para manter esse ritmo é grande. Talvez seja possível manter esse ritmo por mais um ano, deixar os acionistas felizes com retornos altos e, obviamente, é ótimo ter alguém que o elogie publicamente. Desse modo, você continua a prever vendas e lucros recordes para o futuro.

No entanto, algumas vezes, a exuberância irracional advém de outra direção — de uma trajetória de má sorte, em vez de boa sorte. Nada parece dar certo. Diversos produtos novos permanecem neófitos no mercado. A atividade da concorrência continua em alta velocidade. O cenário macroeconômico inibe a expansão do consumo. Resultado: a participação de sua empresa no mercado caiu mais de 25% e continua caindo sem que se aviste o fundo do poço. Seus consultores internos e externos o incentivam a fazer uma projeção dramática sobre como será o cenário no futuro. E você está convencido de que o pior já aconteceu. A situação econômica está melhorando, seus

concorrentes parecem mais focados em ganhar dinheiro do que em roubar fatias de sua participação de mercado e você conta com um cronograma de lançamento repleto de novos produtos. Por que não virar o jogo e fazer uma previsão de 15 a 20% de crescimento para o futuro próximo?

O SONHO DO CRESCIMENTO DE DOIS DÍGITOS

Para nós, é muito fácil visualizar um futuro que gostaríamos que existisse em vez daquele que a análise e os dados nos digam que irá existir. Um estudo realizado pela consultoria em administração McKinsey & Company demonstra que apenas 15% de um grupo de mais de mil empresas é capaz de sustentar um crescimento de rentabilidade da ordem de dois dígitos por cinco anos consecutivos. Por um período de dez anos consecutivos, o número de empresas com crescimento de dois dígitos cai vertiginosamente para menos de 1% do total. E por quinze anos consecutivos, o número é ínfimo e corresponde a 0,003% do grupo.

Portanto, a probabilidade de qualquer empresa registrar desempenhos extraordinários ano após ano é tão mínima que chegaríamos a supor que a maioria dos CEOs deveria saber que era melhor não apostar nesses números. Porém, repetidas vezes, eles apostavam e perdiam. Consequentemente, as empresas iniciam sua descida em direção ao Círculo do Fracasso.

O círculo sempre se inicia por metas irrealistas de crescimento que são, na melhor das hipóteses, um tiro em direção a um alvo muito distante. Os investidores, porém, ficam satisfeitos. Apreciam um crescimento elevado e sentem-se confortáveis porque um CEO está disposto a colocar sua reputação em jogo.

A fim de cumprir as metas previstas de crescimento e manter essa força do momento para o futuro, as empresas devem investir um elevado montante de capital e montar estruturas operacionais extremamente agressivas. Um aumento drástico na taxa planejada de vendas significa que haverá necessidade de maior abastecimento de produtos que, por sua vez, significa a necessidade de maior capacidade produtiva — uma nova linha de produtos ou, quem sabe, até mesmo uma nova fábrica.

Uma vez que o incremento da capacidade produtiva leva tempo, investimentos de capital devem ser alocados anteriormente ao aumento das vendas a fim de começar o planejamento e acelerar a velocidade das operações da empresa.

Despejando dinheiro nos problemas. Não se trata apenas de acrescentar tijolos e cimento. Para dobrar de tamanho em quatro ou cinco anos, um negócio deve incluir o aumento na força de representantes para venderem mais produtos, mais pessoas da área financeira para controlar orçamentos maiores e o aumento no quadro funcional, mais funcionários na área de recursos humanos para administrar a força de trabalho e prestar assistência na forma de treinamentos e atividades de desenvolvimento e de avaliação. E assim por diante — e essas ações não se restringem à matriz, mas acontece em todas as localidades espalhadas pelo mundo em que opere uma empresa global. As consequências das previsões financeiras produzem um efeito cascata dentro da organização como um todo.

Quando veem que as metas irrealistas estão muito além do alcance, as empresas despejam cada vez mais dinheiro em cima dos problemas. Talvez cupons de descontos estimulem as vendas. Talvez um item extra dentro das embalagens de produtos top de linha atraia novos usuários. As empresas percebem que se os investidores se desapontarem, sua reputação vai sofrer e os bônus não serão pagos.

Essas soluções e substituições temporárias podem funcionar por um tempo. Porém, no final das contas, a realidade bate à porta. Nenhuma interpretação ilusória dos fatos será capaz de gerar um crescimento sustentável. As vendas começarão a cair e também os lucros.

Para aumentar as receitas, os preços são elevados. Porém, mais tarde essa elevação passa a corroer as vendas; e a participação de mercado começa a despencar à medida que os consumidores reclamam da diferença grande de preços entre seus produtos e as marcas dos concorrentes.

> **Nenhuma interpretação ilusória dos fatos será capaz de gerar um crescimento sustentável. As vendas começarão a cair e também os lucros.**

Portanto, para evitar a redução da margem final de lucros, as verbas do orçamento de marketing são cortadas. O raciocínio é mais ou menos o seguinte: nossa marca é tão sólida no mercado que a redução de um quarto das verbas de marketing, e consequente impacto na margem final, não será nem notada. Temos grande lealdade por parte do consumidor e contamos com ela para nos ajudar a atravessar essa fase difícil. É muito melhor sustentar e fortalecer a margem de lucros da empresa do que fazer algumas propagandas extras.

E quando isso não é suficiente, as empresas começam a chamada "sobrecarga de produtos no comércio". Elas entopem os armazéns e depósitos dos clientes com produtos vendidos a preço reduzido e com condições e prazos especiais de pagamento, o que contribui para retardar o confronto com a realidade. E os resultados nunca são agradáveis.

Metas não-atingidas; produtos empilhados nas prateleiras. As metas não são atingidas porque o negócio não tem suporte adequado. Os produtos que os consumidores não querem vão se empilhando nas prateleiras dos clientes. Além disso, aqueles clientes que sabem que a empresa está em apuros, aguardam para conseguir descontos ainda maiores e melhores condições de pagamento que certamente serão oferecidos no futuro.

Uma situação que já era ruim fica ainda pior, trimestre após trimestre, à medida que a empresa continua em sua busca por promessas irreais. No final do ano, a mensagem dos acionistas integrante do relatório anual inclui comentários do tipo: "A Empresa foi fortemente prejudicada pela deterioração nas condições de mercado e por pressões imprevisíveis impostas pela concorrência." Apesar de tudo, as novas metas para o ano seguinte foram estabelecidas com base nas mesmas premissas irrealistas de crescimento e, consequentemente, o ciclo continua.

Esse era exatamente o cenário existente antes da minha chegada na Gillette. Também era impressionante a *semelhança* da situação da Gillette com a da Nabisco. Como pude observar, a Gillette era um ícone das empresas e estava perdendo vendas e mercado para concorrentes mais fracos do que ela. Seus gastos de capital estavam fora de controle e as despesas operacionais eram substancialmente superiores às médias registradas no setor. A situação da empresa era a seguinte: violentos cortes de investimentos em marketing, vendas líquidas decrescentes e contínua trajetória de fracassos com relação ao cumprimento das metas previstas de lucros.

Além disso, a sobrecarga de mercadorias nas prateleiras tinha se transformado num enorme problema. Evidências claras da magnitude do problema relativo à sobrecarga no abastecimento de mercadorias e das fortes reações contra essa atitude da Gillette tinham chegado ao meu conhecimento antes mesmo do meu primeiro dia de trabalho na empresa. Como parte da minha pesquisa prévia, passei vários dias em campo com os representantes de vendas da Gillette. Visitamos estabelecimentos comerciais de diferentes canais de distribuição, tais como: supermercados, lojas de conveniência, lojas de departamentos, clubes de vendas e atacadistas. Observamos a disposição dos produtos da Gillette nas lojas, sua localização privilegiada nos corredores das lojas, sua distribuição e posicionamento nas prateleiras, seus displays promocionais, e muito mais.

"SÃO VOCÊS, LÁ DE BOSTON, QUE NOS FORÇAM A AGIR ASSIM"

Apesar de os produtos de cuidados pessoais apresentarem muitas características em comum com os produtos alimentícios, sobre os quais passei grande parte da minha carreira aprendendo, eu sabia que havia também muitas diferenças. Várias dessas diferenças eram pequenas, mas com relação aos produtos voltados para o consumo a diferença entre ganhar e perder sempre apresentava uma margem reduzida. A atenção aos detalhes realmente importa.

Além de obter uma visão geral sobre a presença da Gillette dentro das lojas, eu queria entender como as pessoas da linha de frente percebiam a empresa. Sempre é possível obter excelentes *insights* conversando com as pessoas que sabem em primeira mão se as estratégias corporativas estão funcionando ou não no mercado. É fácil ludibriar-se com seus próprios esforços. É fácil assumir que todo o trabalho árduo e intenso planejamento dedicado a um novo produto ou ação de marketing tenham sido recompensados por um enorme sucesso. Infelizmente, os produtos voltados para o consumidor não funcionam dessa maneira e os representantes da linha de frente podem atuar como uma excelente fonte de informações reais.

Em uma de nossas visitas de campo, conversei com um jovem representante de vendas sobre a sobrecarga no abastecimento de produtos nos clientes. Ele me disse que isso acontecia religiosamente no fim de cada trimestre.

Perguntei-lhe por que ele fazia isso. Por que vendia produtos em quantidades que os consumidores não compravam e nossos clientes comerciais só aceitariam comprar se houvesse um grande desconto nos preços? Nunca vou me esquecer da resposta dele. Ele me apontou o dedo e falou bastante nervoso: "São vocês, lá de Boston, que nos forçam a agir assim. Vocês são os responsáveis." Naquele momento, percebi que a Gillette tinha pessoas em campo que sabiam que estavam agindo de maneira errada, porém tinham recebido ordens para agir assim.

De fato, quando a professora Rosabeth Moss Kanter e seus colegas da escola de administração de Harvard estudaram o caso da virada e recuperação financeira da Gillette, eles descobriram gerentes da empresa, de todas as partes do mundo, que condenavam essa prática. "Estou absolutamente convencido de que não há uma pessoa em toda a empresa que por um único momento tenha pensado que deveríamos continuar com essa prática de sobrecarregar o comércio com nossos produtos", afirmou Chris Adcock, que ocupava na ocasião o cargo de diretor do grupo responsável pelo desenvolvimento de clientes na Europa.

A Gillette havia sobrecarregado no abastecimento de produtos nos últimos seis anos. David Bashaw, que na ocasião era um dos diretores de nossa unidade de operações comerciais na Europa, foi ainda mais enfático: "Detestamos essa prática de sobrecarga no abastecimento de produtos no mercado. Como você pode conversar sobre o gerenciamento da distribuição das categorias de produtos com um cliente e, três semanas depois, pedir a ele de joelhos que compre mais produtos com um desconto de 15%? E não se trata de um fenômeno recente, que ocorreu no curto prazo. David acrescentou: "Estamos sobrecarregando os lojistas nos últimos seis anos..."

A Gillette estava profundamente mergulhada no Círculo do Fracasso; e a sobrecarga no abastecimento de produtos era somente uma das manifestações dessa situação. Foi necessário muito estudo, análise e discussão por parte de várias pessoas dentro e fora da empresa. Mas, num período de cem dias, minha equipe e eu delineamos planos de ação específicos para escaparmos desse círculo vicioso. Em seguida, fiz uma reunião em junho de 2001 com mais de duzentos investidores, analistas de mercado e a imprensa especializada em assuntos financeiros e corporativos para expor esses planos de ação.

Em vez de ter expectativas irrealistas, expliquei que íamos definir metas realistas e colocar em prática planos detalhados e específicos, os quais seriam seguidos de modo consistente. Em vez de aumentar despesas operacionais e de capital, iríamos reduzir os custos com agressividade e controlar rigorosamente os gastos futuros. Nosso foco estava centrado na manutenção e crescimento da participação de mercado em todos os nossos segmentos mais importantes, e não mais nas quedas de vendas. Em vez de praticar elevações constantes de preços, iríamos analisar rigorosamente as propostas de valor de nossos clientes e buscar gerenciar com disciplina as diferenças de preços em relação à concorrência. No lugar de cortes nas verbas orçamentárias de marketing, iríamos reinvestir uma parte de nossas economias geradas pela produtividade em propaganda e publicidade, bem como incrementar os parâmetros de análise para gastar com mais eficiência.

> "Promessas feitas; promessas quebradas" não é a melhor fórmula para se construir uma relação de confiança e credibilidade.

No futuro, simplesmente diremos *não*. Com relação à sobrecarga no abastecimento de produtos, simplesmente diremos não. Vamos eliminar os estoques excedentes de uma vez por todas, e entregar apenas a quantidade necessária para reposição dos produtos que os consumidores compraram.

A fim de promover o entendimento do pessoal de Wall Street e da imprensa sobre a dimensão real das dificuldades da Gillette, fiz uma apresentação nua e crua do desempenho registrado pela empresa nos últimos anos, que poderia ser caracterizado pela expressão "promessas feitas; promessas quebradas". Evidentemente, não é a melhor fórmula para se construir uma relação de confiança e credibilidade.

As vendas e os lucros da Gillette estavam efetivamente estagnados desde 1997. Sua participação de mercado em termos mundiais era desapontadora, com as maiores fatias representando apenas 36% do total de vendas nos exercícios de 2000 a 2001. As quedas na participação dos produtos em seus segmentos representavam 64% do total de vendas, inclusive nas categorias mais importantes como as de aparelhos descartáveis, produtos pré-barba e baterias.

Essa participação decrescente de mercado impactou significativamente os resultados financeiros da Gillette. Segundo meus cálculos, o índice de lucro por ação teria sido 12% mais alto se a empresa tivesse mantido o mesmo percentual de participação de mercado registrado no ano anterior.

Fórmula para o fracasso — Reduzir propaganda; aumentar vendas promocionais. O patamar de gastos com publicidade era baixo se comparado com a média do setor e visivelmente baixo se comparado com os números registrados no início da década de 1990 – 5,8% do total de vendas em 2000 versus 6 a 8% do total de vendas na década de 1990. Uma preocupação maior residia no fato de as vendas promocionais terem aumentado drasticamente, como percentual das vendas, do patamar de 8 a 10% na década de 1990 para 13% em 2000.

Para se ter uma real dimensão da redução dos gastos com propaganda, apesar do lançamento de importantes produtos novos como o sistema Mach3, as pilhas Duracell Ultra e a escova dental Oral-B CrossAction, as despesas mundiais com propaganda da Gillette foram reduzidas de US$ 600 milhões para US$ 100 milhões em comparação ao volume efetivamente gasto em 1995. E tudo isso num ambiente em que a inflação publicada era de quase 5% ao ano.

De 1998 a 2000, os custos gerais e administrativos subiram 15% em um patamar de vendas estagnadas. Esse percentual correspondia a US$ 200 milhões de aumento de despesas em relação a um crescimento zero de vendas, ou impacto de US$ 0,12 no lucro por ações em relação a um padrão de crescimento zero de despesas operacionais. Como resultado, as margens de lucros declinaram de 24,3% para 22,6%.

Além disso, as despesas de capital estavam num patamar bem acima da média setorial composta pelas empresas líderes do setor de consumo. Sua média registrada era de 5 a 6% sobre o total de vendas no início da década de 1990, caindo em seguida para 10% no final dos anos 90, contra uma média setorial de 6%. Desde 1995, o montante acumulado totalizava aproximadamente US$ 1,4 bilhão em excesso de despesas de capital.

Minha expectativa era gerar um retorno adicional sobre o incremento do capital investido. Evidentemente, a Gillette não obteve nenhum retorno. Uma taxa de retorno pré-fixada de 30% sobre o capital de US$ 1,4 bilhão corresponderia a um retorno anual em termos de resultado operacional de US$ 420 milhões, o que representaria um lucro adicional por ação de US$ 0,25.

A mais lenta na cobrança de dívidas; a mais rápida no pagamento das contas. O Prazo de Recebimento de Vendas — PRV (Days Sales Outstanding — DSO) da Gillette estava entre os mais altos entre os saldos registrados por seus concorrentes do setor. Apesar do fato de que nosso negócio de pilhas e baterias da Braun oferecia os mais longos prazos de pagamento praticados pelo setor, ainda havia muito espaço para melhorias em nosso DSO.

O Prazo de Produtos Disponíveis em Estoque — PPE (Days Inventory on Hand – DIOH) da Gillette também era o mais elevado em relação ao dos concorrentes. A combinação desses fatores resultava num índice insatisfatório de retorno sobre o capital investido. De 1997 a 2000, esse índice caiu 2,2 pontos percentuais, enquanto nossos concorrentes registraram progressos nesse sentido.

PONTOS FORTES PARA O PROCESSO DE RECUPERAÇÃO

Como mencionado anteriormente, esses problemas relativos ao desempenho persistiram por quinze trimestres consecutivos de contínuas revisões negativas de lucros. Não era um cenário nada bonito. Contudo, percebi que a Gillette apresentava pontos fortes formidáveis sobre os quais construiríamos o processo de recuperação financeira da empresa.

- Categoria de produtos definidas como ícones no mercado
- Liderança na participação nos mercados das principais categorias de produtos
- Historicamente, alto crescimento das categorias com vantagens competitivas
- Forte presença mundial
- Histórico de produtos com alta qualidade e inovação

- Altas margens em comparação à média do setor
- Sólidas demonstrações financeiras

A Gillette fabricava algumas das melhores marcas de produtos do mundo, a exemplo do Mach3, Duracell, Venus e Oral-B. Era líder absoluta em participação no mercado das categorias mais importantes, quase 70% no segmento de aparelhos de barbear e lâminas, mais de 40% nas pilhas alcalinas, 23% nos produtos manuais de cuidados bucais e 50% nos produtos elétricos de cuidados bucais. E o mais importante, seu posicionamento no mercado, em termos relativos, mostrava uma grande distância dos seus concorrentes mais próximos: sua participação relativa era 4,7 vezes superior ao concorrente mais próximo no segmento de aparelhos de barbear e lâminas; 1,6 vez superior na categoria de pilhas e baterias alcalinas; 1,2 vez na categoria manual de cuidados bucais e 3,2 vezes na categoria elétrica de cuidados bucais.

Estar nos lugares certos. Igualmente importante era o fato de a Gillette competir em categorias com alta perspectiva de crescimento, que era a base fundamental dos nossos projetos de crescimento para o longo prazo. Estávamos presentes nos lugares certos. Nos últimos três anos, o negócio de aparelhos de barbear e lâminas havia crescido a uma taxa de capitalização composta de aproximadamente 4% ao ano. Se incluirmos os negócios de baterias e de cuidados bucais, a taxa composta ponderada seria de 3,3% ao ano, e em termos de moeda constante, a taxa de crescimento subiria para 8,7% ao ano.

De fato, nossas categorias estavam entre as de maior crescimento no setor de produtos voltados para o consumidor. Comparado com o crescimento de uma série de outras categorias de produtos importantes no setor de consumo, as nossas categorias principais apresentavam claras e fortes vantagens competitivas.

Além disso, a empresa mantinha uma forte presença mundial, outro pilar importante do nosso processo de recuperação. Seus produtos eram vendidos em duzentos países do mundo, sendo que 57% das vendas eram realizadas fora dos mercados norte-americanos. A presença da Gillette era muito forte nos mercados de países em desenvolvimento, como os da América Latina e da Ásia-Pacífico.

Contávamos também com um histórico de produtos com alta qualidade e inovação: em aparelhos de barbear e lâminas, evoluímos do Trac II para o sistema Mach3 e ao Venus; em baterias e pilhas, da Duracell Copper & Black para a Duracell Ultra; e em cuidados bucais, da escova Oral-B Indicator para a CrossAction e uma linha completa de escovas dentais elétricas sofisticadas.

Nossas margens eram altas em relação às registradas no setor. No patamar de 23%, nos posicionamos bem acima de todas as empresas de produtos voltados para o consumo. Contávamos com sólidas demonstrações financeiras: alto fluxo de caixa, classificação de crédito AA-, e a maior margem em termos de recursos livres de fluxo de caixa entre todos os nossos concorrentes — acima de 18%.

Esses eram nossos pontos fortes. E ao explorar esses pontos fortes, daríamos início à nossa jornada para escapar do Círculo do Fracasso e, ao longo do tempo, transformar a Gillette na melhor empresa de produtos de consumo do mundo. Havia muito trabalho a fazer. Mesmo assim, oito meses depois, durante a realização da importante conferência com investidores e analistas de mercado de consumo — a Conferência do Grupo de Analistas do Setor de Consumo de Nova York (CAGNY) em fevereiro de 2002 — nossa escapada do Círculo do Fracasso já estava ganhando força. Durante o evento, pude noticiar um vasto progresso em diversas frentes de ação.

Em junho de 2001, afirmei que deixaríamos de fazer promessas que não pudéssemos manter, daríamos o salto inicial em direção ao crescimento e reverteríamos as perdas de participação de mercado por meio de investimentos em nossas marcas.

Reversão nas quedas de participação de mercado. No início de 2002, nossas promessas estavam sendo mantidas. Por exemplo, executamos a total reversão da trajetória de perdas de participação de mercado — de perda de 65% de nosso portfólio de produtos em 2000 para um ganho de 64% de participação de mercado em 2001. Dentro do importante e crucial mercado norte-americano, o qual era responsável pela geração de 45% do nosso total de receitas, fizemos excelentes progressos. Em 1998, nossa participação cresceu em apenas 23% de nossas linhas de negócios. Em 1999, esse número era de 34%; e em 2000, aumentamos a participação em apenas 24%. É impossível gerar um maior retorno para os acionistas quando há uma perda desse tamanho na participação de mercado. No final de 2001, demos uma virada na situação.

Aumentamos a participação de mercado dos negócios em 51% em um ano, o que representava 75% de nossas vendas norte-americanas!

Incrementar o índice de gastos com propaganda versus vendas. Em 2000, nosso índice de gastos com propaganda versus vendas totais era um dos mais baixos registrados no setor — apenas 5,8%. Em 2001, nossos gastos com propaganda cresceram significativamente e o índice subiu para 7,1%. Ainda é um patamar bastante baixo, mas muito melhor do que havia sido no passado.

Chega de sobrecarga no abastecimento. Eu havia dito que resolveríamos nossos problemas de estoques, particularmente da unidade de aparelhos de barbear e lâminas e da unidade de pilhas e baterias. Fizemos exatamente o que dissemos que faríamos na América do Norte, na Europa e na América do Sul. Embarcamos mercadorias à medida que exigia a demanda de consumo, como prometido.

Aumentando a geração de caixa. Quando dissemos que aumentaríamos nossa geração de caixa e melhoraríamos o gerenciamento de ativos, vários investidores, e até mesmo alguns diretores da Gillette, não acreditaram em nossa capacidade de reduzir os saldos de contas a receber e de estoques. Não era essa a maneira de administrar da Gillette nos últimos vinte anos; portanto, a reestruturação, ou renovação, dos procedimentos operacionais seria impossível. Bem, restaram poucos céticos. Reduzimos o saldo de contas a receber em 31% e baixamos o Prazo de Recebimento de Vendas (PRV ou DSO — Days Sales Outstanding) de 68 dias no final do exercício de 2000 para 49 dias em 2001, o que representou uma redução de mais de US$ 600 milhões! Reduzimos o saldo final de estoque total em 13%, diminuindo em quinze dias o índice relativo ao Prazo de Produtos Disponíveis em Estoque, que passou de 123 para 108 dias. Tanto o Prazo de Recebimento de Vendas como o Prazo de Produtos Disponíveis em Estoque registraram seus menores níveis nos últimos vintes anos.

Essa significativa melhora no capital de giro, aliada a menores despesas de capital, gerou mais de US$ 1,5 bilhão de recursos livres relativos ao fluxo de caixa. Essa geração correspondia a praticamente duas vezes o valor registrado no ano anterior e quase quatro vezes a média anual de recursos liberados do fluxo de caixa registrada pela Gillette de 1996 até 2000. Como resultado desse desempenho, conseguimos reduzir nosso endividamento em mais de US$ 1 bilhão durante o exercício de 2001.

Também havia dito que a Gillette cortaria as Unidades Mantidas em Estoques (SKU) não produtivas e invendáveis. Conseguimos eliminar quatorze mil unidades, ou 80% da meta prevista para redução. Dissemos também que os custos seriam cortados drasticamente; avançamos bastante em diversas frentes. Por exemplo, fizemos progressos em nossa Iniciativa de Fornecimento (ou SSI), responsável pela centralização de todo nosso poder de compra mundial de modo a melhorar a eficiência das negociações para suprimento de materiais nos mercados. Veremos mais detalhes sobre o SSI no próximo capítulo.

ESCAPANDO DO CÍRCULO DO FRACASSO

Portanto, essa era a situação da Gillette oito meses depois da execução do nosso plano de fuga do Círculo. A empresa operava com metas realistas, participações de mercado crescentes, melhor disciplina organizacional e administração financeira mais eficiente, além de estar comprometida com a realização de significativas economias de custo.

Porém, a Gillette ainda não era a melhor empresa de produtos voltados para o consumo do mundo e esse era o nosso objetivo. Para resumir nossa situação, no início de 2002 peguei emprestadas as palavras que Winston Churchill usou para relatar o progresso da Inglaterra na Segunda Guerra Mundial. Ele disse: "Ainda não é o fim. Ainda não é nem mesmo o início do fim. Mas, talvez seja o fim do começo." Logo, a Gillette se encontrava no "fim do começo" para se transformar na melhor empresa do setor.

Demorou três anos de adesão consistente às nossas estratégias e missão, mas fomos bem-sucedidos. Vamos avançar cinco anos na linha do tempo até o momento da recuperação e virada da empresa.

- Conseguimos atingir o crescimento por treze trimestres consecutivos e ininterruptos.
- A sobrecarga no abastecimento é coisa do passado.

- Nossos resultados operacionais atingiram níveis recordes. A taxa capitalizada de crescimento anual no período de 2002 a 2006 foi de 9% em termos de vendas e de 20% em termos de lucro por ação.
- Fortalecemos a participação no mercado de cada uma de nossas categorias principais.
- A participação global de mercado do negócio de aparelhos de barbear e lâminas atingiu crescimento recorde.
- O negócio de baterias e pilhas manteve a liderança da categoria em termos de participação de mercado e registrou aumento recorde de lucratividade.
- O negócio de cuidados bucais continua sua trajetória para alcançar a primeira posição da categoria em termos mundiais.

NÃO É REAL SE NÃO PUDER SER MENSURADO

Para mim, se algo não pode ser mensurado, então não é real. Portanto, a seguir estão listados os indicadores utilizados para medir o desempenho do período da recuperação financeira. (Ver apêndice, p. 309, Indicadores Financeiros da Gillette, 2001-2005, para informações detalhadas sobre o desempenho.)

- A margem bruta aumentou de 55,8% em 2001 para 59,1% em 2005.
- As despesas com propaganda em relação ao total de vendas aumentaram de 7,1% em 2001 para 10,5% em 2005.
- Os custos operacionais controláveis caíram 8 pontos percentuais, passando de 31,3% em 2001 para 23,3% em 2005.
- A Iniciativa de Fornecimento Estratégico gerou uma economia de aproximadamente US$ 500 milhões.
- A margem operacional aumentou mais de 5 pontos percentuais, passando de 20,7% em 2001 para 25,9% em 2005.
- O capital de giro foi drasticamente reduzido de 22% das vendas em 2000 para zero em 2004 e 2005.
- O ciclo de conversão de recursos em caixa melhorou 44%, passando de 150 dias em 2001 para 84 dias em 2004.
- As despesas de capital foram reduzidas de 10 para 11% no final da década de 1990 para 6% em 2005.

- Os recursos livres no fluxo de caixa mais do que quadruplicaram, passando de US$ 2,1 bilhões no período de 1996 a 2000 para US$ 9 bilhões no período de 2001 a 2005.
- O retorno sobre o capital investido mais do que duplicou, passando de 16,8% em 2001 para 34,3% em 2004.
- Em termos gerais, a Gillette saiu da última posição do grupo composto pelas empresas do setor conforme a classificação do desempenho medida pelo índice lucro por ação (LPA) durante o período de 1997 a 2001 para o primeiro lugar no ranking no período de 2001 a 2005.
- O preço da ação da Gillette, que era de US$ 27,90 logo depois de minha conferência inicial com os investidores realizada em junho de 2001, praticamente dobrou e gerou valor para os acionistas da ordem de US$ 26 bilhões, excedendo o desempenho do índice S&P 500 em mais de 90% a partir de junho de 2001.

Essa foi a trajetória da Gillette para fugir do Círculo do Fracasso. Seja qual for o indicador escolhido, foi uma trajetória incrível.

EVITANDO ENTRAR NO CÍRCULO DO FRACASSO

Entrar no Círculo do Fracasso acontece com todos os setores e com todos os tipos de negócios, desde empresas experientes e sólidas até iniciantes. Tive essa experiência em primeira mão em algumas das melhores empresas mundiais de bens de consumo. Apesar da fuga do Círculo do Fracasso ser uma trajetória longa e difícil, há uma série de elementos que o ajudam a se manter fora dele.

- Nunca persiga metas de crescimento insustentáveis e irrealistas. Você deve gastar seu tempo na identificação de uma taxa de crescimento que seja realista para seu setor e negócio, não somente para ser aplicada por um ou dois anos, mas por um longo prazo. Estabelecer uma meta de crescimento sustentável é uma das coisas mais importantes que você fará. Assumir um número exagerado é o caminho certo para a extinção.

- Independentemente do tipo de negócio, você deve controlar os custos e procurar mantê-los num nível que lhe forneça uma vantagem competitiva. Portanto, faça uma análise comparativa do mercado, use o recurso do *benchmarking*; descubra o que as outras empresas, suas concorrentes, estão fazendo para depois fazer melhor que elas.
- ZOG (Crescimento Zero de Custos Operacionais) deve ser seu mantra, não por apenas um ano ou nos tempos difíceis, mas para sempre. Faça com que sua organização saiba que o ZOG não é um evento único ou ocasional, mas uma atividade tática. É uma estratégia fundamental.
- Cada segmento do mercado tem alguns indicadores-chave que mostram o desempenho de uma empresa. Descubra quais são esses indicadores e concentre sua atenção neles de modo incessante.
- Nos produtos voltados para o consumidor, um aumento na participação de mercado é uma medida crucial da saúde de uma marca. Apesar das atividades da concorrência causarem desvios e distrações, os percentuais de participação devem ser mantidos em níveis elevados o tempo todo, para evitar que problemas surjam mais adiante.
- Metade de todos os gastos com propaganda provavelmente não é aproveitada. Mesmo assim, você deve investir pesadamente no marketing de suas marcas. Determine com precisão o índice de despesas com propaganda em relação à categoria específica do seu produto e, em seguida, certifique-se de manter esse nível ao longo do tempo.
- Evitar a sobrecarga no abastecimento de produtos no mercado e outras práticas de mercado equivocadas que resultem em vendas maiores de produtos do que o mercado deseja ou que os consumidores queiram comprar. Venda de produtos em excesso com a finalidade de cumprir com as expectativas trimestrais de geração de receita é um sinal claro de que você já está com um pé dentro do Círculo do Fracasso. Lembre-se: nunca persiga metas irrealistas. Enfrentar a desaprovação e reprimendas do pessoal de Wall Street no curto prazo é muito melhor do que arriscar um mergulho agonizante para dentro do Círculo do Fracasso.

SEÇÃO III

O FUTURO IMPORTA

CAPÍTULO 11

O PLANO DE ROTA (*ROAD MAP*) CERTO IMPORTA

Uma das coisas mais difíceis nos negócios é juntar tudo. A implementação do processo de liderança certo possui elementos distintos. A compilação de um plano estratégico envolve uma série de dados, análises e avaliações, porém existem bons modelos sobre como elaborar planos estratégicos. Reunir a equipe certa leva tempo. É preciso identificar as pessoas certas e colocá-las nas funções certas, mas o processo de recrutamento é bastante direto.

Muitos administradores fracassam porque possuem uma lista pronta logo no primeiro dia de trabalho com todos os elementos individuais e quando veem que esses nomes já foram checados e aprovados acham que o trabalho pesado está terminado. Mas é exatamente o contrário. O trabalho pesado realmente começa quando todos os elementos individuais estão em suas posições e você tem de fazê-los

> O plano de rota é útil, tanto em termos de estratégia como de técnica, e funciona para supervisores da linha de frente, bem como para diretores-executivos.

trabalhar juntos no sentido de levar a empresa em direção à conquista dos seus objetivos. Nesse ponto, você vai precisar do plano de rota certo.

COMO OBTER O PLANO DE ROTA CERTO

O plano de rota serve a múltiplos propósitos. Serve como um guia que permite a você enxergar o país de cima e a longa distância. Também serve como um mapa detalhado da cidade que mostra as ruas vicinais, bem como as grandes avenidas e alamedas. Em outras palavras, o plano de rota é útil, tanto em termos estratégicos como táticos, e funciona para os supervisores da linha de frente, bem como para os diretores-executivos.

Fornecer o plano de rota é uma tarefa muito difícil. E é especialmente difícil quando você está operando um processo de recuperação, no qual o ritmo frenético, combinado à enorme apreensão organizacional, complica a situação normal de atividade corporativa.

No caso da Gillette, eu sabia que o plano de rota seria importante e, ao mesmo tempo, representaria um desafio desenvolvê-lo. Eu tinha consciência, por exemplo, de que a empresa estava profundamente mergulhada no Círculo do Fracasso e que a péssima prática de sobrecarregar o abastecimento tinha de ser eliminada. Entretanto, também percebi o profundo grau de envolvimento da área de vendas com essa prática, tanto interna como externamente e com vários de nossos clientes. Nosso pessoal de vendas dependia dessa sobrecarga no abastecimento para conseguir bater suas metas e ganhar seus bônus, enquanto muitos dos nossos clientes também contavam com os descontos extras obtidos por causa dessa sobrecarga para cumprir seus próprios orçamentos. Por mais que eu desejasse expurgar essa prática imediatamente, percebia os outros aspectos que estavam diretamente ligados a ela, desde os programas de avaliação e de recompensas até os sistemas de relatórios baseados nos dados de consumo no varejo precisavam de tempo para ser modificados e implementados.

Outro aspecto do Círculo — a necessidade de aumentar o suporte financeiro da área de marketing — era também fácil de identificar, mas difícil de implementar. Os custos precisavam ser cortados e o desempenho dos ativos melhorado a fim de promover a liberação de recursos para o aumento de gastos com propaganda. Além disso, prover simplesmente os recursos não era suficiente. A organização precisava adquirir competência para gastar os recursos com eficiência — como conseguir o máximo retorno a cada dólar gasto — e talento para supervisionar a criação de uma campanha publicitária de alto nível que produzisse grandes efeitos no mercado.

Tendo em vista que as despesas de capital da Gillette estavam dezenas de milhões de dólares acima da média setorial, em termos anuais, era óbvia sua necessidade premente de reduzir os gastos. Mas como conseguir a aceitação do conceito de que a mais alta qualidade e o mais baixo custo podem ser compatíveis, quando os departamentos de engenharia e de produção estão fabricando os produtos mais inovadores e de maior qualidade do universo de bens consumo?

Ou ainda, como mudar uma empresa que carrega uma tradição de mais de vinte anos como sendo a mais rápida pagadora e a mais lenta cobradora de suas contas? Especialmente quando sua área de finanças está convencida de que essa mudança é impossível de ser realizada.

Faz-se necessário um esforço multidimensional. A cultura da empresa deve mudar. Diversos comportamentos devem ser desaprendidos. Os sistemas de recompensas devem ser modificados. Um novo controle, um novo processo de auditoria e novos sistemas de relatórios devem ser instalados. As capacidades devem ser incrementadas e atingir um nível mais elevado. As plataformas estratégicas devem ser traduzidas em planos de ação específicos. E tudo isso deve ser realizado num tempo reduzido segundo as exigências do processo de recuperação financeira.

A credibilidade com os investidores deve ser rapidamente estabelecida; as novas práticas devem ser aceitas pelos clientes; os funcionários devem sentir que a mudança é possível e os planos são reais. E assim por diante.

Os três elementos. Na falta de uma varinha mágica que junte todas as coisas, você vai precisar de um plano de rota. Nosso mapa na Gillette era composto por três elementos. Mas eles não eram sequenciais; os três agiam ao mesmo tempo.

- **Recuperação financeira.** Nosso foco era incrementar o desempenho financeiro de curto prazo. A menos que a hemorragia financeira seja estancada e um passo adiante seja dado, você nunca terá a chance de fazer qualquer coisa mais.

- **Recuperação estratégica.** Nossos esforços concentravam-se em colocar o negócio nos trilhos certos — de modo a garantir que cada uma de nossas unidades operacionais tivesse em mãos uma estratégia simples e bem definida, e não um discurso amorfo e sem significado para as pessoas cuja tarefa era produzir resultados diários. Uma importante parte dos nossos esforços se resumia a uma sentença simples, um comando estratégico direto para cada uma das principais unidades de negócios.
- **Excelência funcional.** Era o processo responsável pela criação de uma empresa de categoria internacional sólida com uma estrutura de custos vantajosa e com grande capacidade operacional. Se seus custos forem altos demais, se você não conta com a capacidade adequada para fazer com que as atividades sejam executadas com excelência, e se seu pessoal não for o melhor em termos de criação e inovação, então nada mais importa. O jogo está perdido.

Nosso processo de recuperação financeira começou pelo movimento efetivo de ataque abrangente para eliminar custos e incrementar o gerenciamento de ativos e a produtividade. Durante os primeiros dias, eu me sentia como o próprio CFO em ação. Todas as semanas eu perguntava sobre: Prazo de Recebimento de Vendas, estoques de produtos acabados, contas a pagar e ciclos de conversão de ativos em caixa. Quais deveriam ser nossas metas? Por que não podiam ser melhores? Qual era o *benchmark* do setor? Por que estávamos tão distantes do padrão setorial? Nossas metas foram convertidas em prioridades trimestrais? Quais programas estavam sendo desenvolvidos para facilitar as mudanças? Por que os números da Itália são tão altos e os da Espanha tão baixos? Precisamos de uma nova equipe financeira na América Latina? E assim por diante.

E algumas vezes, fazer essas perguntas uma vez por semana não é suficiente. É preciso exercer uma pressão diária. A organização tem de perceber que você falou sério e que será persistente. Seu foco na mudança não está esmorecendo. Seus funcionários têm de conseguir resultados ou então devem procurar outro emprego. Não existe meio-termo.

Algumas anedotas me ajudaram a iluminar um pouco os dias mais cinzentos. Ouvi uma piada de um de nossos gerentes de serviços financeiros mais antigos na empresa, que estava convencido de que seu cliente se sentiria insultado ao ser pressionado a fazer seus pagamentos em dia. O gerente ficou chocado quando o cliente respondeu: "Por que a Gillette demorou tanto tempo para perguntar?"

Quanto de computadores pessoais? Para dar assistência à organização e acelerar a curva de aprendizagem, busquei um grupo de consultores da A.T. Kearney, cujos serviços usei muitas vezes durante anos. Eles sabiam tudo sobre como identificar e implementar as melhores práticas de produção para organizar uma estratégia efetiva de como conseguir que os pagamentos sejam realizados em dia.

Uma das especialidades da Kearney é orquestrar o processo de pregão eletrônico usado para compra de materiais. Na Nabisco e também na Gillette, perguntei ao pessoal do departamento de compras: *"Conseguiríamos bons preços para os computadores pessoais da organização?"* Em ambas as empresas a resposta foi a mesma: "Podemos conseguir melhores preços. Não há dúvida sobre isso."

Poucas semanas depois, o pessoal da A.T. Kearney realizou uma sessão de compra de material com meia dúzia de fornecedores competindo entre si online, fazendo lances em tempo real. Tanto na Nabisco como na Gillette, os resultados foram os mesmos. Os preços foram 30% inferiores ao "melhor preço" anteriormente obtido. As notícias sobre um acontecimento como esse se espalham rapidamente.

Na Gillette, a resistência à mudança era muito forte em determinadas áreas. Havia uma constante resistência de alguns funcionários da área financeira que diziam que nossos prazos e condições de pagamento estavam fora de sintonia com os praticados pela concorrência *somente* por causa das peculiaridades de nossas categorias de produtos. A prática no setor exigia prazos mais extensos para produtos como pilhas e baterias e produtos elétricos. Como o passar do tempo, no entanto, eles tiveram de reconhecer que as diferenças das categorias representavam apenas uma pequena parte do problema. O resto poderia ser resolvido. E a cada ano, pelos próximos quatro anos restantes, nossos números relativos ao capital de giro melhoraram significativamente. Ao todo, conseguimos reduzir o capital de giro que correspondia a 22% das vendas totais em 2000 para 16% em 2001, 8% em 2002, 2% em 2003 e zero em 2004 e 2005.

COLAPSO DOS FEUDOS

A peculiaridade existente num processo estratégico de recuperação financeira se desdobra em dois elementos: o plano estratégico executado de modo qualitativo e, em seguida, fazer com que seja usado continuamente. Com grande frequência, os planos estratégicos são usados mais como um livro de consulta do que como um guia para dirigir os negócios.

> Com grande frequência, os planos estratégicos são usados mais como um livro de consulta do que como um guia para dirigir os negócios.

O modo qualitativo para colocar o plano em prática refere-se tanto ao processo como ao conteúdo. Na Gillette, o processo de planejamento estratégico nos ajudou a atacar um de nossos maiores problemas culturais e organizacionais — a ausência de cooperação e interação entre as unidades operacionais do negócio e as funções administrativas de pessoal.

A Gillette operava como uma organização matricial desde a metade dos anos 1990. Sua estrutura estava dividida em quatro unidades de negócios, uma para cada uma das principais categorias de produtos: Aparelhos de Barbear & Lâminas, baterias e pilhas da marca Duracell, escovas dentais da marca Oral-B, e barbeadores elétricos e outros produtos elétricos da marca Braun. Pouco depois de minha chegada à empresa, criei outra categoria — a unidade de negócios de Cuidados Pessoais, separando as preparações pré-barba (produtos com as marcas Gillette Foamy e Gillette Series), antitranspirantes e desodorantes da unidade de negócios de Aparelhos de Barbear & Lâminas. As unidades de negócios eram responsáveis pelo desenvolvimento de produtos, pelo marketing estratégico, pela pesquisa de mercado e pela propaganda.

As unidades separadas de Operações Comerciais eram responsáveis pela venda dos produtos para clientes, pela prestação de serviços e atendimento aos clientes e pelo marketing tático. Ao todo, existiam cinco regiões de atuação dentro da área de Operações Comerciais: América do Norte, Europa, América do Sul, Ásia-Pacífico e o grupo AOMEO (África, Oriente Médio e

Europa Oriental). Todas as regiões não compreendidas pela região da América do Norte se reportavam ao diretor responsável pela área Internacional.

O restante da organização consistia de unidades administrativas, como: finanças, recursos humanos, negócios corporativos, jurídico e tecnologia da informação, além de uma nova unidade de Produção, Tecnologia e Operações (PTO). Quando criei a PTO na Gillette, sabia de antemão que causaria um grande impacto. Ao longo do processo de recuperação financeira da Gillette, os ganhos de produtividade gerados pela nova área de PTO contribuíram para o levantamento de boa parte dos recursos usados em marketing para energizar nosso crescimento.

O conceito por trás da criação dessa área era muito simples.

- Centralizar todas as atividades de produção, engenharia, pesquisa e operações sob o comando de um único diretor para facilitar a multiplicação do conhecimento e assegurar a melhor utilização da larga escala da Gillette.
- Colocar o grupo sob a liderança de um especialista — no nosso caso, tratava-se do veterano Ed DeGraan que contava com uma experiência de trinta anos de carreira, além de vasto conhecimento sobre PTO, muito superior ao conhecimento dos outros cinco diretores das unidades de negócios. Na estrutura anterior da empresa, a área de produção se reportava aos diretores das unidades de negócios. Essa relação de subordinação não apenas criava feudos separados de PTO em cada unidade de negócios, como também colocava gerentes com experiência de negociação e comercialização como encarregados por áreas especializadas e técnicas. Não era a combinação adequada de talento com necessidade.

Larga escala para diminuir os custos. Os resultados da nova estrutura organizacional foram extraordinários, e alguns deles ocorreram rapidamente. Por exemplo, tanto na Nabisco como na Gillette, havia múltiplos departamentos de compras (na Gillette, havia mais de uma dúzia). Normalmente, os departamentos compravam os mesmos produtos de diferentes fornecedores a preços distintos. Com a centralização do PTO, um único departamento de compras seria capaz de alavancar a escala total e garantir a obtenção de preços mais baixos. Experiências profissionais que se restringiam a um pequeno número de especialistas foram ampliadas pela reunião de todos os especialistas.

Quando as unidades de produção se reportavam às diferentes unidades de negócios, o compartilhamento de informações e atividades entre as áreas não era uma prioridade. Na realidade, geralmente era considerado desnecessário: *O que a fabricação de lâminas tem a ver com a fabricação de baterias?* Um departamento de PTO centralizado marcou pontos em relação às melhores práticas de atuação, que foram multiplicadas por diferentes categorias de produtos.

Os benefícios continuaram surgindo como resultado da maior concentração, interação e cooperação dentro do novo grupo. E mais interação e cooperação eram exatamente os objetivos que eu esperava alcançar com a implementação do processo de planejamento estratégico. No passado, até mesmo as unidades de negócios e os grupos de operações comerciais atuavam de modo muito independente, raramente trocando informações durante o processo de planejamento. O resultado dessa independência era o fraco alinhamento de objetivos e metas.

Indicadores simples facilitam o foco. O novo processo de planejamento não apenas exigiu análises mais detalhadas das tendências de mercado e da atuação da concorrência, como obrigou a uma coordenação mais próxima de cada unidade de negócios com os grupos regionais de operações comerciais. Nenhum planejamento seria aprovado a menos que as unidades de negócios e os grupos de operações comerciais concordassem juntamente com as metas definidas.

Conversando com um pesquisador da Harvard Business School (HBS), dei um exemplo de um executivo encarregado do grupo de operações comerciais da América do Norte. Antes, ele tinha de cumprir uma determinada meta para as operações norte-americanas. Vamos supor que ele devesse passar de US$ 3 bilhões para US$ 3,2 bilhões em vendas. Se o número de vendas atingisse os US$ 3,2 bilhões, ele teria cumprido sua meta.

Mas se você analisasse mais profundamente, perceberia que talvez ele tivesse vendido aparelhos de barbear em quantidades muito superiores à meta e outros produtos em quantidades muito abaixo. De acordo com a nova estrutura, ele deveria bater cinco números. Tinha de elevar as vendas de aparelhos de barbear e também as vendas de produtos de cuidados pessoais, de cuidados bucais, da Braun e da Duracell. Ele seria medido em relação à qualidade da distribuição proporcional de suas vendas. E isso valia para todos os produtos e todas as regiões geográficas. Não bastava mais buscar a glória das vendas em uma única linha de produto, ou numa única região geográfica.

Essa mensagem foi passada adiante. Como o próprio Dave Bashaw explicou ao pessoal da HBS: "Setenta por cento da minha nota de avaliação e do meu bônus está amarrado ao demonstrativo de lucros e perdas e à participação de mercado. Não há como se esquivar... Aqui estão suas metas orçamentárias e de participação de mercado; são indicadores que podemos usar; portanto, se você crescer acima de dois terços de suas metas relativas à participação de mercado e, ao mesmo tempo, atingir suas metas quantitativas, você ganha. E se você ganhar, vamos lhe pagar um bônus superior ao que você recebia no passado. Por outro lado, se você não ganhar, vai receber um valor consideravelmente inferior."

Mudando de "de vez em quando" para "todos os dias". As metas acordadas em conjunto fazem parte dos parâmetros utilizados para calcular os bônus das unidades de negócios e de operações comerciais, além de incentivar o trabalho em equipe. O segundo elemento importante do planejamento estratégico é o seguinte: *Como transformar o pensamento estratégico, mudando sua ocorrência de "de vez em quando" para "todos os dias"? Como imprimir a essência da direção estratégica na mente dos principais participantes?* É nesse ponto que os comunicados sobre governança estratégica assumem um importante papel.

Os comunicados sobre governança estratégica fermentam a ideia de direção estratégica dentro de cada unidade de negócio. Fornecem a base para iniciativas mais amplas e abrangentes, bem como para as decisões diárias. Seu formato simples, contendo apenas uma frase, facilita a compreensão e a memorização.

> **Como imprimir a essência da direção estratégica na mente dos principais participantes? É nesse ponto que os comunicados sobre governança estratégica assumem um importante papel.**

Por exemplo, no passado, a unidade de negócios de Aparelhos de Barbear & Lâminas se concentrava quase que exclusivamente na categoria mais alta de produtos, tendo introduzido no mercado os bem-sucedidos sistemas de barbear Mach3 para homens e Venus para mulheres. Entretanto, durante o processo, a unidade de negócios deu pouca atenção aos sistemas de barbear da categoria intermediária de mercado e tratou os aparelhos descartáveis com negligência, ainda que benigna. Consequentemente, a Gillette registrou crescimento limitado no segmento de produtos com preços intermediários e perdeu uma considerável fatia de mercado no segmento de aparelhos descartáveis.

A nova mensagem de governança comunica que a unidade de Aparelhos de Barbear & Lâminas deverá direcionar o crescimento de mercado e aumentar nossa participação nos lucros econômicos da categoria, expandindo seu foco de atuação — desde sistemas de barbear mais sofisticados até uma abordagem mais abrangente que inclua os sistemas mais simples e os intermediários, bem como os aparelhos descartáveis. Os comunicados sobre governança estratégica têm por objetivo incrementar o retorno financeiro da unidade de Aparelhos de Barbear & Lâminas, de modo a suprir as necessidades do mercado com sucesso.

A Gillette é o líder absoluto de mercado em uma categoria com vantagens competitivas. O valor de suas ações no mercado americano de aparelhos de barbear e de lâminas atingiu em 2001 os maiores níveis dos últimos quarenta anos. Além disso, era a empresa número um em termos de participação de mercado, com 70,9% em 2001, 1,3 ponto percentual acima do número registrado em 2000, com os consumidores atingindo cinco pontos. Esse crescimento foi resultado do desempenho excepcional de nossos sistemas de barbear no mercado — o Mach3 para homens e o Venus para mulheres.

Desde seu lançamento em 1998, as vendas mundiais do Mach3 atingiram US$ 3 bilhões. Em 2001, a participação global de mercado registrada pelo produto foi de 22%, sendo maior nos Estados Unidos com 25% e, maior ainda, na Europa com 27%. Uma versão incrementada, o Mach3 Turbo, foi planejada para 2002. Tratava-se de um produto novo excepcional, com 35 patentes protegendo suas características e tecnologias incorporadas, e tínhamos confiança de que registraria um crescimento na categoria, bem como aumentaria ainda mais nossa participação no segmento de aparelhos de barbear sofisticados, da linha Premium.

Nosso sistema top de linha Venus era o mais bem-sucedido produto na história da depilação feminina. Nos dez meses seguintes ao seu lançamento em 2001, as vendas do Venus chegaram a US$ 300 milhões. Nos Estados Unidos, capturou incríveis 10% de todos os dólares gastos no mercado de aparelhos que usam água e 71% do mercado feminino de giletes. Para 2002, planejava-se o lançamento do Venus Crystal Clear, que proporcionaria às mulheres uma alternativa bastante atraente.

AMPLIANDO A FÓRMULA DO SUCESSO

Apesar desse forte desempenho no mercado, a empresa ainda não havia atingido retorno financeiro igualmente expressivo. Parte do problema estava relacionada ao sincronismo das decisões sobre novos produtos e investimentos.

A Gillette acabara de completar a expansão de sua capacidade produtiva referente ao sistema top de linha de barbear Sensor Excell quando começamos a alocar recursos da ordem de US$ 100 milhões para a construção de novas instalações produtivas destinadas ao lançamento do Mach3. A razão para esse investimento era aumentar a capacidade de uma marca que estava para se tornar obsoleta com a introdução do Mach3 no mercado; no entanto, era difícil de ser compreendida. Para o futuro, estávamos empenhados na obtenção de altos retornos financeiros para cada linha de produtos, bem como em garantir que as despesas de capital fossem realizadas de modo disciplinado que contribuísse positivamente com a rentabilidade total da empresa. Se o ciclo de crescimento da linha Sensor fosse ampliado, então nova capacidade produtiva deveria ser acrescentada, mas resultaria no atraso do lançamento planejado para o Mach3. Se o Sensor atingisse o pico de produção, novos investimentos nessa linha seriam evitados e, em seu lugar, o foco e os gastos de capital seriam redirecionados para o Mach3.

Ao mesmo tempo, expandiríamos nosso foco para além dos sistemas sofisticados de barbear a fim de incrementar o desempenho da categoria e atingir um patamar mais alto. Concentraríamos nosso foco em duas grandes áreas: estabilizar e, em seguida, recuperar nossa fatia no segmento de descartáveis, onde usaríamos nossa alta tecnologia para melhorar os produtos e renovar investimentos de marketing para dar o suporte necessário, e incentivar mais agressivamente a troca de produtos consumidos pelos clientes dos países em desenvolvimento por produtos de maior valor agregado e com maiores margens de lucros. Expandiríamos as vendas de nosso sistema de barbear Vector, posicionado na categoria inicial de preços, cujo segmento mais do que dobrou de tamanho na China. Em 2002, o sistema Vector seria comercializado também em outros importantes mercados em desenvolvimento do mundo.

Nossa unidade de negócios de Cuidados Bucais também concentraria seu foco no crescimento da categoria top de linha, principalmente nos mercados desenvolvidos. Como resultado, os produtos intermediários não integravam o cronograma de desenvolvimento e os mercados emergentes tinham baixa prioridade. E todo o segmento de escovas dentais a baterias foi completamente ignorado. O comunicado sobre governança estratégica da linha Oral Care deixava claro que o foco para a unidade era aumentar a participação no lucro total da empresa por intermédio do crescimento de vendas em escovas dentais manuais e elétricas.

O negócio de Cuidados Bucais foi construído usando uma clara fórmula de sucesso baseada em: desempenho superior clinicamente comprovado, forte equiparação dos consumidores com dentistas e uma completa linha de produtos que permitisse a substituição de produtos dentro da mesma marca por parte dos consumidores.

Um dos objetivos principais para 2002 era aumentar a participação da empresa no segmento de escovas dentais a bateria, em cujo mercado entramos muito tarde, e aproveitar as grandes oportunidades do segmento infantil, oferecendo uma nova linha de produtos. Também promoveríamos a substituição das cerdas de escovas elétricas em intervalos regulares porque, à semelhança dos cartuchos de lâminas, representava um negócio altamente lucrativo.

Menos produtos, mais lucros. A unidade de negócios da Braun sofria de um problema oposto. Em vez de ter foco limitado, a unidade operava de modo expansivo demais. No passado, a Braun era dirigida como uma pequena empresa de eletrodomésticos que buscava expandir sua linha de produtos e ampliar seu alcance geográfico. A nova diretriz estratégica para a Braun tinha uma missão mais específica. Deveria concentrar-se na fabricação de aparelhos de barbear a seco, assegurar que cada linha de produto gerasse um retorno no mínimo superior ao seu custo de capital, e restringir a distribuição a regiões geográficas lucrativas. Essa mudança estratégica fez toda a diferença. Em apenas um ano, os lucros com operações passaram de US$ 94 milhões em 2000 para US$ 120 milhões em 2001; a margem operacional cresceu três pontos percentuais e chegou a 11,6%; e o índice de retorno sobre o ativo aumentou quatro pontos percentuais, chegando a 14,8%.

A unidade de negócios de Cuidados Pessoais havia recentemente decolado, depois de enfrentar anos de negligência e falta de atenção. Seus custos eram elevados. Sua margem de lucro era consideravelmente mais baixa do que as da concorrência. Suas marcas sólidas de antitranspirantes e de desodorantes (AT/DES) e de produtos pré-barba precisavam ser renovadas e relançadas a fim de estancar a erosão de suas participações no mercado.

A categoria de AT/DES era uma das mais desafiadoras do setor de bens de consumo. Empresas pesos-pesados mundiais, tais como a Unilever e a Procter & Gamble, estavam empenhadas em uma luta fortemente armada que deixava pouca margem para crescimento nesse mercado. Portanto, nossa orientação para a unidade de Cuidados Pessoais reconhecia a dura realidade do setor: o pessoal de Cuidados Pessoais deveria atingir um modesto patamar de crescimento em termos de participação no mercado e aumentar sua margem de lucro ao nível do *benchmark* da indústria.

Duracell — Galgando a montanha mais íngreme. A categoria de pilhas e baterias era maior e mais importante para a Gillette do que a de Cuidados Pessoais. Mas sofria de alguns problemas parecidos — a concorrência dos maiores fabricantes de pilhas alcalinas era intensa e os custos da Duracell estavam altos e fora de controle, o que pressionava negativamente suas margens operacionais.

> **As diretrizes operacionais eram ajustadas de acordo com a necessidade, porém as diretrizes globais essenciais permaneciam constantes.**

Como mencionado, a Duracell enfrentava a concorrência com a abordagem de segmentação errada, o que resultou em sérias perdas de participação de mercado. Portanto, a Duracell deveria aumentar sua fatia de mercado e incrementar significativamente as margens. Sua diretriz operacional estratégica dizia que a Duracell deveria aumentar o volume de vendas a um patamar pouco acima da categoria, gerando ao mesmo tempo margens de lucro compatíveis com as da empresa líder de mercado.

Essas diretrizes operacionais eram ajustadas de acordo com a necessidade, porém as diretrizes globais essenciais permaneciam constantes ao longo de todo o processo de recuperação corporativa.

Enquanto cada uma das unidades de negócios registrava sucessos notáveis, a Duracell tinha pela frente a montanha mais íngreme para escalar e sua recuperação estratégica era especificamente orientada. Guiados pela diretriz operacional da Duracell, seus diretores reduziram custos e aumentaram o índice de produtividade, obtendo margens de lucros excelentes, que antes eram inaceitáveis. Usaram todo o conhecimento de marketing para desenvolver uma campanha publicitária das baterias Duracell que repercutisse bem nos consumidores e a diferenciasse de todos os demais concorrentes. Além desses esforços, os diretores eliminaram as despesas com promoções ineficientes e investiram pesadamente na elaboração de propagandas sobre o valor da marca que resultaram em aumentos recordes em termos de participação de mercado. O ponto central do sucesso da Duracell foi sua disciplina.

Historicamente, a Duracell havia sido um grande negócio em uma categoria com vantagens competitivas. Porém, sua trajetória de sucesso foi interrompida em 1998. Depois da compra da Duracell, a Gillette buscou uma estratégia equivocada de substituição de produtos dentro da mesma linha que resultou em perdas de participação de mercado por 21 meses consecutivos.

Retornando aos Conceitos Básicos. Tendo em vista essa situação, trabalhei com Mark Leckie e a nova equipe de diretores no sentido de uma revisão completa do negócio. Em 2001, decidimos que a Duracell precisava retornar aos conceitos básicos a fim de reverter a erosão de participação de mercado. Relançamos nossa campeã de vendas, a bateria intermediária da categoria — a Copper & Black, que rebatizamos de CopperTop nos Estados Unidos, melhoramos sua tecnologia e desempenho, demos a ela uma nova embalagem e veiculamos uma nova campanha publicitária.

O impacto foi imediato. Conseguimos reverter as quedas de participação de mercado e registrar oito exercícios consecutivos de aumentos de participação. No entanto, o ambiente geral da categoria era muito instável devido à prática intensa de hiperpromoções, descontos e negociações de custo elevado. Em 2002, mais de 50% do volume de baterias alcalinas era vendido em promoções; o desconto médio oferecido era superior a 35% do preço de tabela; mais de US$ 80 milhões em vendas foram perdidos em promoções com brindes gratuitos; e a deflação de preços acelerou-se para quase 7%.

Portanto, seguimos para a próxima fase do nosso plano de recuperação: a Duracell implementou um realinhamento do binômio preço-transação com o firme propósito de introduzir alguma sanidade a uma categoria que estava viciada em gastos promocionais. Queríamos eliminar completamente a distribuição gratuita de pilhas, reduzir o volume vendido com descontos promocionais e estabilizar a política de preços.

Fomos bem-sucedidos nos três aspectos. A Duracell liderou a indústria ao eliminar a distribuição gratuita. Outras empresas do setor a seguiram, de modo que a distribuição de pilhas gratuitas foi cortada em 60%. O volume vendido com descontos promocionais caiu para 44% em 2003, em comparação a 49% em 2002.

Estabilizamos os preços líquidos: o preço médio praticado pela Duracell por pilha AA permaneceu inalterado em 2003, sendo a primeira vez nos últimos quatro anos que nossos preços não sofreram redução. Embora essas iniciativas tenham resultado em alguma perda unitária, a participação em termos de vendas em dólar da Duracell permaneceu estável e os lucros registraram um aumento considerável de 49%.

Nova "Confiança" e economia de US$ 200 milhões. A propaganda era o principal diferencial de nossa marca. Nossa campanha "Confiável em Todos os Lugares do Mundo" era a principal razão para o aumento de 30% nas verbas de publicidade em mídia em termos mundiais. Os anúncios veiculados retratavam o sentimento de confiança que nossos consumidores nutriam pela marca Duracell. A campanha mostrou-se altamente eficaz. Nossa pesquisa demonstrou que essa campanha, que foi veiculada por muitos anos, era 30% mais eficaz do que qualquer outra realizada anteriormente.

Em se tratando de uma categoria de produtos que sofria constantes pressões da concorrência, reduções de custos eram críticas. Mas, a equipe da Duracell era muito agressiva. Duas unidades internacionais, que utilizavam substâncias químicas antigas e não mais recomendáveis à base de zinco e carbono, foram desativadas. Fechamos uma fábrica de baterias alcalinas na

Índia, onde o mercado não tinha capacidade para suportar os altos preços de nossas baterias e pilhas alcalinas. Fizemos uma economia de quase US$ 100 milhões em função da implementação da Iniciativa Estratégica de Fornecimento. Os custos de fabricação foram cortados em 36% e as despesas administrativas e de pessoal em mais de 25%. Ao todo, os ganhos de economia somaram mais de US$ 200 milhões.

Além disso, geramos receitas a partir de novas fontes. Por exemplo, em 2003, a Duracell comprou a Nanfu, maior fabricante de baterias e pilhas alcalinas da China.

Desde seu ponto mais baixo em 2000 até seu ponto mais alto em 2005, a Duracell triplicou seus lucros com operações, bem como aumentou em 2 pontos percentuais sua participação global de mercado.

EXCELÊNCIA FUNCIONAL = COMPETITIVIDADE SUSTENTADA

Os primeiros dois elementos do plano de rota — Recuperação Financeira e Recuperação Estratégica — destinam-se a suprir necessidades imediatas. O terceiro elemento — Excelência Funcional — serve de ponte sobre a distância que separa as necessidades no curto prazo do desempenho no longo prazo. E entendo a Excelência Funcional como um processo em andamento que proporciona diferenciação duradoura para uma empresa. Trata-se de uma iniciativa abrangente para alcançar a melhor posição da classe e atingir o melhor desempenho ao menor custo possível.

Na Gillette, nosso *benchmarking* demonstrou que nossos custos operacionais foram muito mais altos do que os dos nossos concorrentes. Portanto, tínhamos grandes chances de melhorar nosso desempenho se reduzíssemos os custos.

Algumas melhorias, as mais básicas, foram rapidamente resolvidas. Em seis meses, tornamos nossa rede de abastecimento e distribuição mundial mais eficiente, fechando treze centros de distribuição desnecessários, e a tornamos mais eficaz ao focar a atenção no serviço de atendimento ao cliente que melhorou nossa entrega de pedidos passando de 70 a 80% para o patamar de 84 a 93% de eficiência. Nossa nova meta mundial era chegar aos 95%.

Em algumas funções, visualizamos uma oportunidade de efetuar economias de custo significativas ao introduzirmos novas formas de fazer os negócios. Novos sistemas, processos e estruturas serão incrementados e atualizados a fim de ampliar nossa eficiência e aumentar nossa eficácia por toda a cadeia de valor. Essas economias servirão para financiar outras atividades voltadas à redução de custos, proporcionar investimentos na construção e fortalecimento das marcas e, ao longo do tempo, ajudar no crescimento dos lucros.

Vamos recapitular. O mapa da estrada serve a vários propósitos. O elemento financeiro ajuda a estabilizar o negócio da empresa. A parte estratégica é responsável pela maioria dos esforços, atinge problemas cruciais e fornece uma orientação clara no sentido de gerar crescimento de lucros. A Excelência Funcional, por sua vez, fornece as fundações sobre as quais as mudanças irão criar uma cultura de desenvolvimento continuado com capacidades produtivas elevadas e com melhores níveis de custos. No próximo capítulo, analisaremos com mais detalhe o papel da Excelência Funcional na preparação do futuro a longo prazo de sua empresa.

PLANO DE ROTA PARA CHEGAR À EXCELÊNCIA

Se você ocupa um alto cargo dentro de sua empresa, ou está em trajetória ascendente na carreira, vai precisar de um plano de rota que o guie no curto prazo, bem como determine a direção a ser tomada no futuro.

- O desempenho financeiro inicial fornece a base de que você precisa para todas as suas ações futuras. Se não conseguir realizar os números em um curto espaço de tempo, não terá chance de fazê-lo depois.
- Busque oportunidades de "pequenas e rápidas conquistas" que possam gerar *frisson* em seu pessoal. O pregão eletrônico online para a compra dos computadores da empresa não apenas cortou custos, como foi alvo de comentários por toda a empresa. Instruir as pessoas sobre como cobrar dívidas rapidamente e conseguir que os pagamentos por parte dos clientes fossem efetuados em dia representa outro exercício, cuja prática chama a atenção da organização, bem como gera resultados financeiros.
- Alavancar a escala para proporcionar a redução de custos tem um efeito positivo multiplicador. Por exemplo, quando uma unidade de negócios

efetua uma compra simples, como de embalagens de papelão, há uma pressão para harmonizar e reduzir as diferenças nas especificações. Uma eficiência operacional inesperada geralmente é acompanhada de ganhos por economia de escala.
- Articular sua estratégia de maneira clara e precisa. Não há necessidade de discursos longos, permeados de termos financeiros pretensiosos ou pomposos. Faça com que as diretrizes estratégicas operacionais sejam simples, de preferência compreendendo uma frase ou duas, de modo que todos possam entendê-las e segui-las.
- Faça com que as pessoas saibam o que *não devem* fazer. Apesar da exigência de fornecer uma direção clara sobre qual é o objetivo que o negócio deve alcançar, uma diretriz estratégica deve também identificar em seu conteúdo o que as pessoas não devem fazer como, por exemplo, *"Focar em rentabilidade e produtos inovadores; não buscar expansão geográfica e distribuição mundial".*
- Todos os esforços devem estar direcionados a assegurar vantagens competitivas de longo prazo. Seu plano de rota necessita de iniciativas no sentido de adquirir simultaneamente as maiores capacidades e os menores custos. Conseguir um, sem o outro, não é suficiente. Custos baixos + altas capacidades são os verdadeiros diferenciais.
- Vantagens competitivas de longo prazo requerem programas de execução continuada que definam e modelem a cultura organizacional. Iniciativas eventuais ou de curto prazo não são suficientes. Descubra programas que possam ser tão duradouros quanto as vantagens competitivas que você procura adquirir. Por exemplo, só o foco em inovação de produtos não é suficiente. Você precisa de projetos mais amplos e abrangentes que fortaleçam a atuação das pessoas e que lhes forneçam a oportunidade de reconhecer que a inovação pode significar mudanças revolucionárias "explosivas", mas também pode significar pequenas ações, diárias e contínuas, de melhoria.
- Evitar abordagens do tipo "um tamanho único serve para todos" para estabelecer as diretrizes operacionais estratégicas. Alguns produtos e grupos precisam ser mais expansivos e abertos em suas ações; outros precisam ser canalizados e ter seu foco direcionado. Ou seja, estratégias corporativas generalistas podem causar problemas imprevisíveis.

CAPÍTULO 12

PENSAR A LONGO PRAZO IMPORTA

As pessoas preferem acreditar que estão comprometidas com o planejamento de longo prazo. Mas, na hora H, poucas realmente estão. Os CEOs das grandes empresas discutem a importância do pensamento planejado e da ação para o futuro, ainda que muitos deles sejam praticantes da orientação estratégica voltada para os resultados trimestrais cujo foco principal é Wall Street, bem como as forças internas de suas empresas direcionadas para os objetivos de curto prazo.

Os jovens gerentes de produtos recém-graduados estão convencidos de que sua intenção é cuidar com atenção da saúde de suas marcas no longo prazo. Mas, se tiverem de escolher entre um crescimento abrupto e expressivo nos resultados de curto prazo, seguido de uma queda acentuada em anos futuros, versus um crescimento moderado, porém sustentável, a longo prazo, a maioria desses jovens gerentes opta por um aumento acentuado que servirá como propulsor de seu bônus, bem como de sua carreira.

Desse modo, a reflexão e o planejamento realmente importam? Certamente que sim. É por essa razão que ambos fazem parte do meu plano de rota para o sucesso e por que as conquistas de curto prazo de uma empresa não configuram o principal fator para atingir seus objetivos de longo prazo.

Em termos de plano de rota, longo prazo significa construir a Excelência Funcional (EF), porque ela vai separar sua empresa ou unidade de todas as demais. A excelência funcional lhe fornece grandes capacidades ao mais baixo custo. E também fornece a vantagem adicional da Inovação Total (IT) que é o combustível necessário para manter sua empresa em crescimento contínuo.

Longo prazo também significa planejamento e reflexão adequada sobre sua empresa ou unidade para que você tome conhecimento do que deve ser feito para alcançar os objetivos futuros, segundo seu próprio *modus operandi*. Nosso plano estratégico nos indica as mudanças que precisamos realizar na Gillette e como executá-las. Porém, não nos mostra quais serão as mudanças no resto do mundo. Especificamente, o que vai acontecer com nossos concorrentes e clientes da rede varejista? Como será seu processo de mudança, enquanto a Gillette está realizando as suas mudanças? E podemos visualizar a Gillette prosperando nesse cenário futuro?

EXCELÊNCIA FUNCIONAL — DEFININDO E MUDANDO A CULTURA

No capítulo anterior, comecei a falar sobre o papel da Excelência Funcional. A melhor maneira de enquadrar essa discussão nesse momento é dizer que a Excelência Funcional se inicia com uma série de projetos e atividades que possuem propósitos específicos e termina em mudança e definição de toda a cultura da empresa. Não acontece da noite para o dia. Ao longo dos anos, quanto mais o conceito de EF se consolida, mais ele molda o pensamento voltado para o futuro.

Quando dei início ao processo de Eficiência Funcional na Gillette, o foco primário da organização refletia apenas uma parte da proposta geral da EF: atingir o menor nível possível de custos. Se fosse realizada uma pesquisa na empresa durante o primeiro ano de implementação da EF, tenho certeza de que a imensa maioria — incluindo um número significativo de diretores-executivos — teria afirmado que EF era um eufemismo usado para descrever demissões e reduções de custos.

O pessoal da Gillette investigou meu histórico profissional o bastante para saber que tanto na Kraft como na Nabisco, eu insisti na estratégia do ZOG (Crescimento Zero dos Custos Operacionais), ou seja, esforços para aumentar a produtividade e eliminar todos os custos desnecessários em todas as unidades da empresa. E, acima de tudo, meu foco sobre a eliminação de custos não consistia num evento ocasional ou pontual.

Ano após ano na Kraft, me diziam que o ZOG havia atingido seu objetivo. O ZOG havia eliminado todos os excessos do sistema; não havia mais nada a ser feito; era hora de suspendê-lo. Quando deixei a empresa depois de dez anos, recebi as mesmas informações e conselhos, e custos continuavam a ser revelados.

Portanto, os diretores e executivos da Gillette sabiam que os custos sempre seriam o meu foco principal. E estavam certos. Mencionei qual seria minha atitude com relação aos custos na carta destinada

> **EF (Excelência Funcional) se inicia com uma série de projetos e atividades que possuem propósitos específicos e termina em mudança e definição de toda a cultura da empresa.**

à empresa no dia da minha chegada. Duas semanas depois, encaminhei um comunicado sobre o ZOG. Essa mensagem chegou aos quatro cantos da organização em consequência das reuniões com meus subordinados diretos.

Meus cálculos aproximados me diziam que os custos estavam altos demais em todas as esferas da empresa. Os custos gerais e administrativos haviam crescido 15% em comparação com os últimos três anos, embora as vendas tivessem permanecido constantes. Percebi, entretanto, que afirmações generalizadas sobre "custos altos demais" não convenceriam ninguém em particular; cada um dos funcionários olharia para a esquerda ou para a direita e diria: "O problema não é comigo; é com eles."

Portanto, para evitar os dedos apontando em todas as direções e obter responsabilidades individuais e aceitação da necessidade de ação, cada um dos meus subordinados diretos em suas respectivas áreas de atuação foi obrigado a realizar o exercício descrito no Capítulo 4.

Em primeiro lugar, cada unidade de negócios e função deveria realizar um estudo de *benchmark* para identificar os melhores custos, as melhores práticas e capacidades das operações de mesma natureza existentes no mercado.

Em seguida, deveria ser feita uma comparação de seus custos com o resultado do *benchmark*. E, em relação às melhores práticas e capacidades, cada unidade deveria promover três recortes para determinar sua classificação relativa em comparação com o *benchmark*. O primeiro recorte dizia respeito à autoavaliação de como sua própria área e pessoal se sentia ao ser comparado. O segundo era uma pesquisa interna sobre como sua unidade era percebida por outras áreas da empresa. E o terceiro era uma visão externa de como um consultor ou especialista do segmento de consumo percebia as capacidades da Gillette em comparação ao *benchmark*.

> Afirmações generalizadas sobre "custos altos demais" não convenceriam ninguém em particular; cada um dos funcionários diria: "O problema não é comigo; é com eles."

A parte final do exercício consistia em determinar onde a Gillette deveria chegar. Quais deveriam ser nossas metas em relação aos custos? Em relação às capacidades? Em termos de custos, nossa intenção é conseguir sempre o menor custo para o valor entregue. Geralmente, isso significaria registrar custos relativos que fossem os mais baixos do setor. Mas nem sempre.

Apesar de nossos custos *não serem* os mais baixos do setor, eram custos altamente eficazes e eficientes, e promoviam grandes benefícios como, por exemplo, produtos diferenciados e de enorme aceitação do público que colocavam a Gillette em posição de destaque e a distanciava dos seus concorrentes. Além disso, apesar de nossa meta para gastos com propaganda ser alta, em termos percentuais, com relação às vendas, o impacto posterior diferenciava a Gillette no setor e contribuía para a construção do valor de nossas marcas-ícones.

Em termos de capacidades, sempre pretendemos ser a melhor empresa, mas, de novo, nem sempre conseguimos. Por exemplo, gostaríamos de contar com a melhor capacidade em termos de pesquisa e especialização técnica de modo a utilizar de modo mais eficiente os recursos necessários para conquistar a superioridade no mercado de bens de consumo. Entretanto, em termos de administração de folha de pagamento, conseguir ser a melhor empresa seria ótimo, mas se posicionar na média setorial talvez seja a posição mais acertada, tendo em vista a possibilidade de reduzir custos como resultado.

Instilando o senso de objetivo e urgência. Esse processo levou mais de seis meses para produzir efeitos, mas o tempo gasto foi de grande valia. Trouxe para dentro da empresa a necessidade para reduzir custos de modo dramático e real. Uma coisa era dizer para o grupo de recursos humanos que seus custos eram elevados demais; outra era fazer com que Ned Guillet e sua equipe fossem a campo e descobrissem por si mesmos que seus custos estavam 30% acima do satisfatório e suas capacidades correspondiam a uma situação aceitável há vinte anos. Ned, como líder da equipe, e todo o grupo terminaram o exercício com uma grande percepção do senso de urgência e preparados para efetuar os esforços necessários para a mudança. Eles absorveram os propósitos e o comprometimento de estabelecer um novo padrão para a área de RH em toda a indústria. Além disso, a área como um todo decidiu se transformar num agente catalisador das mudanças por toda a empresa.

De modo semelhante, quando Chuck Cramb e seu grupo de finanças descobriram que seus custos estavam 40% acima do limite, a necessidade peremptória de mudança tornou-se real e imediata.

Na área de tecnologia da informação, os resultados foram parecidos. A diretora-executiva de informação, Kathy Lane, trabalhou incansavelmente com sua equipe sobre importantes questões que causavam impactos enormes sobre os custos. Kathy era recém-contratada e foi recrutada por minha equipe de executivos que a tirou da General Electric. Lembro-me claramente de Kathy entrando no meu escritório em seu primeiro dia de trabalho e de sua surpresa ao descobrir o quanto a Gillette havia gasto, ano após ano, com consultores que executavam atividades rotineiras de manutenção a uma remuneração exorbitante paga por hora. Quando Kathy questionou o processo de concorrência para aquisição desse tipo de serviço prestado pelos consultores, descobriu que não fora realizado nenhum tipo de licitação para esse contrato de longo prazo. E essa era uma das questões mais fáceis de todas as que ela tinha pela frente para resolver.

Já discutimos minha iniciativa para eliminar as SKUs (Unidades Mantidas em Estoques). Quando os gerentes começaram a trabalhar na redução do número de SKUs, descobriram que os sistemas de TI ainda não estavam preparados para lhes dar suporte. Ao preparar seus estudos de caso sobre a Gillette, os professores da Harvard Business School foram informados por nosso pessoal que cada unidade de negócios trabalhava com um sistema e um conjunto de códigos diferentes. "Em alguns casos, era difícil gerar informação relacionadas aos lucros que pudessem ser usadas como base para a tomada de decisões. Em certa região geográfica, a mesma SKU foi vendida em quatro mercados distintos que compartilhavam a mesma linguagem, mas não o mesmo banco de dados; portanto, para o responsável pela tomada de decisão conseguir determinar a margem de lucro dessa SKU ele precisava ligar para quatro pessoas diferentes, cada um dos representantes de cada mercado, para identificar o resultado de Lucros & Perdas que seria, em seguida, adicionado ao cálculo de valor da SKU. Ou seja, era um processo tedioso em se tratando de uma base composta por vários milhares de SKUs. Além disso, não havia nenhum sistema disponível para cruzar os dados de referência de uma SKU, o que demandava outro processo tedioso para traduzir os números de código." Um catálogo global online de produtos para rastrear as SKUs e respectivo desempenho financeiro não seria implementado e colocado em funcionamento senão muitos anos depois.

Não vou examinar cada uma das funções e unidades de negócios. Vou analisar alguns projetos a fim de ilustrar qual era o grau de mudança em questão e proporcionar um entendimento sobre o tipo de mudança que afeta a cultura de uma empresa.

A estrutura do nosso departamento de recursos humanos praticamente redefiniu uma organização centralizada cuja pirâmide era formada por uma larga base em uma empresa global descentralizada. Cada unidade operacional ou função administrativa contava com especialistas de RH específicos e separados para as atividades de recrutamento, pessoal, remuneração e benefícios. Cada um desses especialistas funcionava de modo independente dentro de uma unidade operacional e separado de todas as demais unidades operacionais. Não havia praticamente qualquer identificação ou compartilhamento de melhores práticas administrativas. Esses especialistas estavam trabalhando dentro da mesma empresa, mas uma pequena parte do seu trabalho poderia servir para identificá-los como sendo parte integrante da mesma empresa. Dentro do mesmo grupo composto por diversos especialistas, as diferenças na execução de uma mesma tarefa eram extremas e sem nenhuma razão em particular para isso.

Chega de ficar em cima do muro. Muito embora o conceito de centros de compartilhamento de especialistas, que prestavam serviços para a empresa como um todo ou para uma extensa região geográfica da empresa — tais como: América do Norte, União Europeia, América do Sul ou Ásia — fosse amplamente utilizado no mercado, nunca havia conseguido invadir os muros da Gillette. No entanto, depois de tê-lo estudado, nosso pessoal rapidamente enxergou os benefícios pessoais que seriam gerados para os especialistas que poderiam crescer na carreira em meio a um grupo maior de funcionários com experiências semelhantes, e os benefícios gerados para a empresa via redução de custos, maior universalização das práticas corporativas e uma maior capacidade para realização de programas.

Sua implementação demorou dois anos, mas os centros de serviços e centros de especialistas de RH, distribuídos ao redor do mundo, economizaram dezenas de milhões de dólares resultantes da redução de dois dígitos no quadro funcional e uma evolução na qualidade dos serviços, sistemas e programas do departamento de recursos humanos. Ao longo do processo, o RH deixou de ser um grupo de profissionais relativamente passivos e descompromissados e se tornou um verdadeiro sócio e colaborador nos negócios capaz de agregar valor a toda a organização.

O departamento de finanças trilhava um caminho semelhante. Nossos estudos demonstraram que algumas coisas que o grupo de finanças deveria ter, não tinha. Apesar de ser difícil de imaginar, descobrimos que a Gillette operava sem um auditor interno fazia dois anos. Além disso, a área de finanças tinha muitas coisas das quais não precisava. À semelhança do RH, a área de finanças contava com vários especialistas em sua base vinculados às unidades operacionais e aos cargos administrativos. Não havia centros de especialistas, não havia centros de serviços e havia ocorrências em diferentes sistemas, mas pouca compatibilidade entre elas.

As mudanças demoraram mais para ocorrer na área de finanças do que na de RH por duas razões principais. Muitas mudanças estavam amarradas às mudanças do sistema de TI que estavam sendo gerenciadas separadamente; as mudanças principais dentro do grupo de finanças foram realizadas de modo mais extenso na camada mais alta da organização e também na camada imediatamente inferior. Porém, dentro de um período de quatro anos, Chuck Cramb e, em seguida, Joe Schena conseguiram transformar completamente o grupo de finanças da empresa. Joe eliminou camadas hierárquicas e posições desnecessárias e reuniu o grupo mais talentoso de gerentes de finanças com quem já trabalhei. Toda vez que discutia sobre planejamento sucessório com o conselho de administração, eu dizia que contávamos com muitas pessoas com potencial para se tornarem CFO e que seria uma tarefa muito difícil escolher somente uma delas.

A função administrativa antes informada e solicitada para "manter-se longe das unidades operacionais" se transformou em um grupo comprometido e vigoroso que passou a se empenhar integralmente nos negócios e a contribuir para o processo de tomada de decisões corporativas táticas e estratégicas de toda a empresa.

PARTINDO DO ÚLTIMO LUGAR NO *RANKING* PARA GANHAR O PRÊMIO FINAL

A Excelência Funcional (EF) modificou os processos de toda a Gillette. Por exemplo, o programa orientou a reorganização total da área de compras que resultou em economias da ordem de US$ 500 milhões. Também nos ajudou a visualizar uma nova escala geral de fornecedores, nos ajudou a alavancar essa escala, a compartilhar melhores práticas e reduzir custos e despesas operacionais.

> **Excelência Funcional nos ajuda a alavancar o ganho em escala, compartilhar de melhores práticas corporativas e reduzir os custos e as despesas operacionais.**

A EF também nos auxiliou a retrabalhar completamente nossa cadeia de valores, a criar uma linha global para facilitar o campo de visão dos compradores com relação aos produtos dispostos nas prateleiras das lojas do varejo. E isso, em contrapartida, resultou em melhorias excepcionais nos serviços prestados aos clientes, no gerenciamento de estoques e de custos de serviços. Efetivamente, a Gillette saiu da última colocação para o primeiro lugar em todas essas áreas. Deixamos de ser a empresa que a Wal-Mart considerava como sendo um fornecedor problemático para ser a empresa que recebeu seu prêmio de melhor fornecedor do ano.

A EF chegou à raiz dos problemas de sobrecarga no abastecimento de produtos, liderada por Joe Dooley, nosso vice-presidente sênior de Operações Comerciais Norte-Americanas, por Ernst Haberli e, posteriormente, Ed Shirley, nossos vice-presidentes seniores de Operações Comerciais Internacionais. Seus esforços se concentraram na reorganização e retreinamento para eliminar permanentemente a sobrecarga no abastecimento de produtos da Gillette, bem como introduziram novos recursos analíticos que reduziram as despesas comerciais ano após ano. É seguro afirmar que durante os cinco anos do processo de recuperação financeira, a Gillette era a única empresa do setor de bens de consumo do mundo que registrava redução contínua de despesas comerciais, simultaneamente ao aumento dos gastos em propaganda. Todas as tendências do setor indicavam a direção exatamente oposta.

Os gastos com comercialização, que em algumas vezes superavam um pouco os descontos de preços, estavam crescendo significativamente à medida que o poder das redes varejistas aumentava e a concorrência se tornava mais acirrada. Joe, Ernst, Ed e suas equipes usavam recursos em promoções comerciais com comprovada capacidade de resultar em aumentos de vendas e em crescimento de lucros. Portanto, os gastos da Gillette diminuíam, mas não à custa de nossos clientes; pelo contrário, os benefícios para nossos clientes eram enormes.

Esses recursos de comercialização faziam parte da nossa Inteligência de Marketing Integrado (IMI) que é outro exemplo de Excelência Funcional. Os esforços da IMI identificaram as melhores práticas de marketing e os melhores recursos existentes ao redor do mundo, os quais foram usados na ocasião para aprofundar o entendimento sobre nossos consumidores, clientes varejistas e concorrentes. Colocamos os recursos analíticos em prática para tomar decisões baseadas em fatos. Por meio de nosso banco de dados da IMI, os profissionais de marketing do mundo puderam ter acesso a informações vitais, tais como: estrutura de mercado e pesquisa de segmentação de mercado, análise da elasticidade dos preços, modelos de *marketing-mix* e dados relativos à preferência dos consumidores.

Realizando um sonho — Inteligência de marketing integrado online. A alta qualidade das informações e análises derivadas da IMI nos permitiu agir com confiança. Com a IMI, ao veicularmos um anúncio comercial ou realizarmos uma promoção de vendas, não estávamos fazendo apostas. Na ocasião em que

John Darman ativou a fase inicial de operacionalização online do banco de dados da IMI, eu disse que esse acontecimento marcava a realização de um sonho meu de mais de 25 anos. Quando eu era um jovem gerente de produtos da General Foods, gostaria de poder acessar informações que me ajudassem a transmitir e guiar minhas decisões de marketing. Infelizmente, naquela época, os dados eram registrados em papel e armazenados em locais espalhados e, na melhor das hipóteses, era difícil conseguir até mesmo pequenas frações desses dados em tempo hábil para sua utilização. Por meio da Internet, a IMI fornecia acesso instantâneo a um tesouro de valor incalculável para todos os funcionários da Gillette — a qualquer hora, em qualquer lugar do mundo.

> Com a IMI, ao veicularmos um anúncio comercial ou realizarmos uma promoção de vendas, não estávamos fazendo apostas.

A IMI representou um importante papel no desenvolvimento da propaganda da Duracell. A política de marketing no setor de pilhas e baterias havia se transformado em um exercício verbal, um duelo de expressões. Uma empresa dizia: "Minha bateria dura mais do que a sua", e a outra empresa dizia "Não, não dura". A IMI nos mostrou que, enquanto isso, os consumidores estavam dizendo: "Nós não ligamos para isso." A razão: é praticamente impossível para os consumidores falarem sobre a longa duração de uma bateria e de compará-las no uso diário.

Logo, orientados pela IMI, repensamos a estratégia de propaganda e publicidade das baterias Duracell e decidimos elaborá-la com base na confiança que as pessoas nutriam pela marca. Nesse momento, nasceu a campanha publicitária "Confiável em Todos os Lugares". Essa campanha maravilhosa foi responsável por apenas uma parte da bem-sucedida recuperação financeira da Duracell, porém uma parte bastante importante. Como mencionado no Capítulo 11, apesar das promoções desenfreadas com distribuição de pilhas grátis promovidas pela concorrência, excessivos descontos promocionais e uma diferença de preços muito grande entre os produtos Duracell e as outras marcas de categoria inferior existentes no mercado, conseguimos aumentar as vendas, recuperar significativas fatias de mercado e elevar nossos lucros e margens a ponto de atingirmos a categoria de melhor empresa do segmento.

A IMI também nos auxiliou a remodelar a estratégia de marketing da unidade de Cuidados Bucais. Por exemplo, o presidente da unidade de negócios de Cuidados Bucais, Bruce Cleverly, e seu pessoal de marketing obtiveram um melhor entendimento a respeito da força da marca Oral-B, o que os levou a colocar o nome da marca em toda nossa linha de produtos de cuidados bucais, inclusive as escovas elétricas que antes carregavam a marca Braun. Com a reunião de todos os produtos sob um único nome de marca, as peças publicitárias idealizadas para a Oral-B iriam beneficiar tanto as escovas dentais manuais como as elétricas.

Além disso, também adquirimos um melhor entendimento do poder das recomendações feitas por dentistas sobre a tomada de decisão dos consumidores na compra de uma escova de dentes. A combinação desse entendimento com o forte apoio recebido dos dentistas resultou na criação do poderoso *slogan* "Escovar os Dentes como os Dentistas", que virou uma importante peça publicitária dentro da campanha dos produtos Oral-B. Mais uma vez, o marketing não foi o único elemento condutor para o sucesso, mas foi bastante importante. E mais, a Oral-B foi a única marca global que conseguiu aumentar sua participação no mercado total de escovas dentais por vários anos consecutivos.

INOVAÇÃO TOTAL — MAIS DO QUE PHDs DE AVENTAL BRANCO

Há centenas de outros exemplos de mudança guiados pela Excelência Funcional. No entanto, o ponto mais importante é o fato de se tratar de algo que vai além da solução de problemas. A Excelência Funcional se transformou no *modus operandi* da Gillette. Ela promoveu uma insatisfação contínua com a situação em que estávamos e proporcionou um senso de direção e posicionamento que nos conduziu a mudanças significativas e mensuráveis.

Cerca de dois anos depois do início desse projeto, achei que deveria introduzir o terceiro e último elemento da EF, que batizei de Inovação Total (IT).

A IT serviu para aumentar a relação entre os conceitos da EF e do Valor Total da Marca, nossa visão abrangente que indicava que a Gillette deveria inovar continuamente a fim de entregar ao consumidor uma mercadoria mais rapidamente, melhor e mais completa do que a dos concorrentes. Também promove uma confiança organizacional ampla que ajuda a direcionar nosso crescimento.

Seria quase um clichê dizer que a inovação é o sangue que corre nas veias dos bens de consumo. Mas é verdade. Se o crescimento da maioria das categorias de produtos voltados para o consumo dificilmente consegue acompanhar o crescimento populacional de 2% ao ano, é fácil de entender por que, sem inovação, o setor perderia vitalidade. Se você combinar a inovação com alta capacitação e melhores custos, tem diante de si a fórmula perfeita para o sucesso.

A questão era convencer a organização de que a inovação era responsabilidade de todos. A empresa registrou um histórico de sucessos resultante de mega-lançamentos de novos produtos, a exemplo do Mach3, Venus, Oral-B CrossAction, Duracell CopperTop, Braun Activator, e muitos outros — o que faz com que a habilidade excepcional de inovação seja motivo de grande orgulho na Gillette. Ao mesmo tempo, o pessoal da empresa acha que essa inovação é um domínio exclusivo dos engenheiros, pesquisadores e químicos. Afinal de contas, a Gillette conta com mais de 160 pessoas com títulos de PhD e centenas mais com diplomas de mestrado que habitam nossos laboratórios nos Estados Unidos, Europa e Ásia. Essas pessoas passam o tempo todo estudando e desenvolvendo os grandes novos produtos do futuro. A tarefa do resto da organização não era inovar, mas implementar; fazer com que os novos produtos cheguem às mãos dos clientes sem qualquer defeito ou problema.

> **Convencer a organização de que a inovação é responsabilidade de todos.**

Os funcionários tinham que refletir sobre a inovação, e seus papéis como inovadores, de uma maneira diferente. Essa foi a razão pela qual apresentei a terceira parte do conceito de Inovação Total.

Nova sigla na boca de todos. Demorou mais de um ano de trabalho na área de comunicação e no programa de implementação para que fosse possível lançar o projeto de Inovação Total. Mas valeu a pena. O conceito de IT ficou tão conhecido entre os funcionários da empresa como o do ZOG. Dentro de um período relativamente curto de tempo, havia centenas de equipes trabalhando com projetos e programas de inovação por toda a empresa.

Nossa intenção era lançar a Inovação Total exibindo uma retrospectiva, chamada Desafio da Inovação, das conquistas realizadas pela empresa no ano anterior, sem a existência de qualquer foco ou ação baseada no conceito de IT. Eu faria um discurso aos executivos seniores para definir e descrever o projeto de Inovação Total e respectivos benefícios e, em seguida, abriríamos a apresentação do Desafio da Inovação na qual poderiam ser vistos exemplos de IT, inicialmente pelos líderes seniores e posteriormente e durante um período de três dias, pela grande maioria dos funcionários da Gillette com base em Massachusetts. As pessoas assistiriam a IT em ação, o que significa e como funciona. Ao final, mais de cinco mil funcionários da Gillette aplaudiram o filme, tamanho o impacto que causou de imediato. Como eu disse, IT virou o assunto mais comentado na empresa.

Acelerando o crescimento para "gerar lucro". Deixe-me descrever como conversei sobre IT com os funcionários da organização e, em seguida, fiz uma breve descrição de algumas ações vistas no Desafio da Inovação.

Tendo em vista que eu sempre gosto de demonstrar a necessidade de algo antes de discorrer sobre o assunto, discuti o comentário feito por Wall Street sobre a Gillette que incluía críticas positivas e entusiasmadas sobre nossos esforços de recuperação financeira em 2004. Um analista bastante influente, que elogiava consistentemente nosso desempenho, escreveu o seguinte: "Acreditamos que uma expansão múltipla no futuro [*o índice preço das ações/lucros é um dos fatores usados para avaliação de uma ação*] é bastante improvável, e [*nós*] achamos que a Gillette precisa crescer hoje de maneira múltipla; em outras palavras, trazer resultado operacional e lucro líquido para dentro de casa em primeiro lugar, para só depois então celebrarmos o preço corrente de suas ações."

Foi uma crítica muito severa, mas ninguém poderia discordar dele.

Nós tínhamos de "fazer lucros" e para conseguir isso era preciso encontrar um modo de ampliar ainda mais nosso potencial. Era preciso encontrar um meio de acelerar nosso crescimento no futuro.

E o melhor jeito de fazê-lo era criar uma capacidade de Inovação Total extensiva a toda a Gillette. A iniciativa de IT seria uma nova maneira de abordarmos as nossas funções e tarefas. Em resumo, significava fazer com que todos os funcionários da organização assumissem a responsabilidade de gerar novas ideias que, em seguida, seriam traduzidas em ações para melhorar o modo como conduzíamos nossas atividades.

Um bom modo de refletir sobre Inovação Total é visualizar uma pirâmide. Na base da pirâmide encontra-se o desenvolvimento contínuo. O desenvolvimento contínuo é importante porque permite à empresa melhorar um pouco todos os dias. Envolve ações como uma mudança nos gráficos de empacotamento ou uma melhoria na formulação de um produto. Porém, o desenvolvimento contínuo sozinho garante apenas a manutenção de nossa

> **IT significava fazer com que todos na organização assumissem a responsabilidade de gerar ideias que podem ser traduzidas em ações para melhorar o modo como conduzíamos nossas atividades.**

posição na média do setor, porque, assim como nós, nossos concorrentes estão introduzindo as mesmas pequenas melhorias diariamente.

Inovação bombástica continua essencial. No topo da pirâmide encontra-se a inovação bombástica. Esse tipo de inovação concentra-se em novos produtos de enorme sucesso no mercado, como é o caso do Sensor e do Mach3 ou, então, em mudanças significativas nos processos, como é o caso da Iniciativa de Fornecimento Estratégico da Gillette, que gerou uma economia na área de compras de centenas de milhões de dólares.

Precisávamos redirecionar e ampliar nosso foco na parte intermediária da pirâmide — chamada de *inovação incremental*, que significa a implementação de várias pequenas inovações, que combinadas e ao longo do tempo nos ajudaria a dar um salto maior no sentido de acelerar a taxa de crescimento futuro da empresa.

Um bom exemplo desse tipo de inovação foi o aparelho de barbear Mach3 Turbo Champion, cujo processo desde sua concepção até a comercialização demorou apenas sete meses. Como descrito no Capítulo 1, conseguimos aplicar a cor vermelha e reinventar o aparelho de barbear Mach3 Turbo. Munido de nova e divertida embalagem, propaganda efetiva e um programa de alto impacto no setor varejista, o produto Turbo Champion tornou-se uma arma importante no arsenal da Gillette contra o produto Quattro lançado pela concorrente Schick.

A inovação incremental é capaz de gerar o sucesso necessário para superar a atuação da concorrência de modo consistente.

Esse era o conceito da Inovação Total: uma combinação de desenvolvimento continuado, inovação incremental e inovação bombástica. Conquistar a Inovação Total significaria fazer a diferença entre a Gillette ser uma empresa muito boa e ser a melhor empresa de todas. Outro modo de visualizar a IT é fazer uma analogia com o lançamento de um míssil. O movimento inicial de lançar voo faz com que você deixe o chão e parta em direção ao seu destino. Esse impulso lhe permite romper a força gravitacional do Círculo do Fracasso. No entanto, você precisa lançar os foguetes propulsores para aumentar sua força e conseguir entrar em órbita e continuar a resistir à força contrária da gravidade. Havia chegado o momento de a Gillette lançar esses foguetes propulsores e a IT seria responsável por fazer isso por nós.

Inovação melhor, mais rápida e mais completa. Como uma forma de apresentar o Desafio de Inovação, fiz um resumo dos 25 *slides* e descrevi as categorias em que eles estavam divididos. Essas categorias acompanhavam os capítulos que formavam o conceito de Valor Total da Marca em relação ao modo de realização do desempenho: *mais rápido, melhor* e *mais completo*. Expliquei que havia escolhido um vencedor dentro de cada categoria e um vencedor geral do grande prêmio.

Dentro da categoria de *mais rápido desempenho*, a inovação era um exemplo clássico de resolução de problemas. Significativos aumentos da demanda do modelo de antitranspirante PowerStripe da Gillette, encontrado na linha Gillette Series e Right Guard, exigiam uma resposta rápida da área de produção para assegurar que a quantidade suficiente de produto estivesse disponível para atender à demanda. Mike Cowhig, responsável pela equipe de produção, lançou mão de uma abordagem inovadora no sentido de gerar melhorias e alterações nos estágios da linha de produção para conseguir fabricar os produtos de modo mais rápido e com maior eficiência. Para tanto, sua equipe alavancou a tecnologia de simulação por computador a fim de reduzir o tempo necessário, incentivou a participação do pessoal de chão de fábrica ao longo de todo o processo e realizou suas tarefas com excelência. Conseguiu grandes melhorias em termos de capacidade produtiva, velocidade, produto final e custos. Desse modo, a equipe de produção conseguiu evitar gastos de capital de US$ 18 milhões que seriam despendidos se fosse instalada uma nova linha de produção para atender àquela demanda. Tudo isso foi executado de modo rápido e por conta própria.

Campeão da inovação incremental. Na categoria de *melhor* foi escolhido o trabalho realizado para o lançamento do Mach3 Turbo Champion. O Mach3 Turbo Champion resume o conceito de inovação incremental. A equipe responsável pelo Mach3 era formada por executivos oriundos de diferentes unidades — Peter Hoffman da Unidade de Negócios de Aparelhos de Barbear & Lâminas; Joe Dooley do grupo de Operações Comerciais; Ed DeGraan do grupo de Desenvolvimento e Engenharia; e John Manfredi da unidade de Negócios Corporativos. Seu foco não se concentrou apenas em uma tecnologia de última geração, mas também numa gilete vermelha. Além disso, o grupo desafiou procedimentos existentes e criou um modo inovador de fazer as coisas. Seu planejamento incluiu cada elemento integrante do pacote de *marketing mix*, desde embalagens temáticas até *displays* e programas de Relações Públicas voltados para o consumidor. Os resultados foram surpreendentes. O Mach3 Turbo Champion foi o elemento catalisador do aumento trimestral de 40% nas vendas ao consumidor das lâminas para o sistema de barbear Mach3. Igualmente importante foi a curta duração do projeto do Turbo Champion, que desde a elaboração do conceito até sua comercialização se passaram apenas sete meses, batendo o produto concorrente no mercado — o Quattro — da fabricante Schick.

Na categoria de *mais completo*, uma iniciativa de treinamento promovida pelo pessoal de Ned Guillet do departamento de recursos humanos junto à unidade produtiva de Aparelhos de Barbear & Lâminas, chamada de Alto Desempenho, foi o maior exemplo de inovação incremental, que ajudou os funcionários da área de produção a se tornarem significativamente melhores em suas atribuições. Seu problema básico era o treinamento fragmentado. Havia diferentes critérios para as atividades de uma fábrica para outra dentro da unidade de Aparelhos de Barbear & Lâminas. Além disso, fato típico da Gillette naqueles tempos, não existia uma base para comparação em termos de escolha do melhor da classe. O processo de treinamento era totalmente realizado em papel, ineficiente e desnecessariamente complexo. A equipe formada por profissionais de áreas distintas, trabalhando em conjunto, atacou o problema por meio da construção de um modelo de treinamento via rede que centralizava todas as informações coletadas e mapeadas, documentos e avaliações inseridas na rede, procedimentos para atualização constante de dados e certificação simplificada e organizada. Os resultados foram surpreendentes. Por exemplo: o conhecimento técnico aumentou na proporção de dez vezes e os relatórios com dados de treinamentos melhoraram, bem como a comunicação entre os departamentos e entre os funcionários de todas as áreas. O processo de recursos humanos virou o padrão de referência global do setor na área de treinamento de pessoal.

Surge uma nova cultura. Eu selecionei também um exemplo de inovação que se destacasse dos demais — uma inovação que captasse o pensamento criativo, as abordagens colaborativas e o comprometimento para encontrar a melhor maneira de agir. O melhor exemplo foi a iniciativa de desenvolvimento de produto que resultou na lâmina M Power.

A M Power demonstrava a capacitação técnica, o conhecimento de engenharia e a capacidade de organização do processo de manufatura de DeGraan ao utilizar recursos existentes fora de sua unidade e de diversas unidades operacionais — inclusive as divisões de Aparelhos de Barbear & Lâminas, da Braun e da Duracell, e mais de uma dezena de instalações espalhadas pelo mundo — nos Estados Unidos, na Alemanha e na China. Sua equipe implementou novos processos de significativa complexidade e entregou um produto inovador — o melhor da categoria — em velocidade recorde de produção. A excepcional colaboração foi responsável pela colocação do M3 Power no mercado em apenas treze meses. E o fato mais importante: as lições aprendidas com os esforços empenhados na produção do M3 Power continuarão a ser alavancados e otimizados para dar suporte a programas de criação de novos produtos.

Com o evento da Inovação Total, a inovação deixa de ser exceção para configurar como regra. Deixa de ser uma atuação fora das normas e passa a definir uma nova cultura organizacional para a Gillette. Com o passar do tempo, a IT fez exatamente isso. A Gillette transformou-se em uma cultura de inovação total e cada camada da pirâmide — desenvolvimento contínuo, inovação incremental e inovação bombástica — foi fortalecida.

Uma ilustração que causou bastante impacto foi a do desenvolvimento do sistema Fusion da Gillette — um sistema de barbear único e diferenciado que define o conceito de inovação bombástica e transfere a Gillette para um domínio totalmente diferente daquele onde estão posicionados os concorrentes dessa categoria. O sistema Fusion combina a tecnologia mais avançada em termos de engenharia e conhecimento de processos produtivos com o objetivo de fabricar um sistema de barbear com altíssimo desempenho, o melhor do mundo. E não se trata aqui de conversa de um CEO orgulhoso do seu produto, mas de fatos comprovados.

Sob o risco de parecer uma propaganda comercial óbvia do Fusion, vou listar alguns desses fatos.

- O nome da marca utiliza o termo para a reação física na qual os núcleos se combinam e libertam uma enorme quantidade de energia; essa é a imagem que descreve a combinação existente no Fusion entre tecnologia de última geração na frente e o cartucho de barbear por trás.

- As cinco lâminas paralelas na frente do cartucho estão configuradas a uma distância melhor (30% mais próximas do que as lâminas do Mach3) para criar uma "superfície de barbear" que raspe mais rente ao juntar mais pelos a cada movimento sucessivo.
- Por outro lado, o sistema de barbear Fusion vem com o pioneiro Cortador de Pelos Precision, um patenteado cortador de pelos com uma lâmina que permite aos homens facilmente aparar os pelos do nariz, as costeletas e também produzir barbeados especiais no rosto (barbas, cavanhaques e similares).
- O sistema de barbear Fusion é oferecido em duas versões: manual e a pilha, protegidas por setenta patentes.
- Os resultados de testes realizados em consumidores por firmas independentes são impressionantes, para dizer o mínimo: o Fusion é o sistema de barbear preferido dos homens, na proporção de dois para um em relação aos melhores produtos disponíveis no mercado — nosso Mach3 Turbo e M3 Power.
- O Fusion foi o preferido em todos os 37 atributos de desempenho, inclusive de "acabamento", "conforto durante e após o barbear" e "menos irritação".
- Outra observação digna de nota, e extremamente importante, foi a grande vitória do "vale a pena pagar mais pelo produto". A surpreendente receptividade do consumidor em pagar um preço especial — maior — pelo desempenho extra e benefícios trazidos pelo Fusion demonstra uma característica crucial e diferenciada que permeia a história única e incomparável dos sucessos da Gillette na substituição de produtos dentro da mesma categoria, desde o lançamento das Lâminas Azuis Gillette e ao longo de toda sua trajetória de produtos como: Trac II, Atra, Sensor, Mach3, Venus e, recentemente, o Fusion.

As equipes que trabalharam no projeto do Fusion — encabeçado por Ed DeGraan e Mike Cowhig do grupo de Tecnologia Global & Produção e Peter Hoffman e Sandy Posa da Unidade de Negócios de Aparelhos de Barbear & Lâminas — dedicaram anos a essa empreitada. Ao todo, centenas de pessoas se envolveram nessa iniciativa matricial de grande porte, inclusive funcionários das divisões da Duracell e da Braun que trabalharam sobre vários elementos constituintes do modelo do Fusion movido a bateria.

O Fusion vai se transformar num produto de enorme sucesso de vendas de longo prazo da Gillette? Enquanto escrevia este livro, o Fusion estava no mercado há menos de um ano, portanto, não vou violar meu mantra profissional fazendo previsões. Ao contrário, farei somente algumas observações sugestivas. Em sua grande maioria, os produtos voltados para o consumidor são considerados campeões de vendas se forem capazes de gerar receitas anuais equivalentes a US$ 100 milhões. O Fusion alcançou esse patamar nos primeiros três meses de vendas!

Portanto, a Excelência Funcional, aliada ao inigualável conceito de Inovação Total, configura a iniciativa de longo prazo que proporciona à sua empresa a habilidade duradoura para vencer. Sua implementação leva tempo, mas fornece uma vantagem competitiva imbatível.

AGIR HOJE PARA GARANTIR A FORÇA DE AMANHÃ

O outro aspecto relativo ao planejamento de longo prazo é saber se você será capaz de ser um jogador ativo mesmo depois de ter alcançado seus objetivos estratégicos e aproveitado todos os benefícios propostos pelo programa de Excelência Funcional. Qual é sua melhor estimativa com relação às mudanças que vão ocorrer no ambiente externo? O que você fará além do crescimento orgânico para colocar sua organização na melhor posição possível para que ela consiga prosperar?

Talvez a melhor maneira de abordar as opções e a questão do planejamento de longo prazo seja falar sobre o processo de fusão da Gillette com a Procter & Gamble. Segundo nosso conhecimento e reportagens realizadas pela imprensa, a Procter & Gamble não bateu à nossa porta pedindo para comprar a Gillette. Fomos nós que iniciamos as conversas sobre aquisição com a P&G. Na ocasião, sentimos que a junção das duas empresas fazia sentido.

Mesmo assim, as pessoas ainda perguntavam: "Por que vocês fizeram a fusão *nesse momento*? Vocês estavam se saindo tão bem. O processo de recuperação financeira da empresa estava em plena atividade e vocês estavam passando por um momento incrível."

Para responder a essa pergunta, cito as palavras do presidente Dwight Eisenhower, que disse: "Nosso verdadeiro problema não é a força que temos hoje, mas sim a necessidade fundamental de agir hoje para garantir nossa força de amanhã."

Concentração excessiva em somente uma categoria. As perguntas que o conselho de administração da Gillette e eu tivemos de responder foram as seguintes: Há espaço potencial e oportunidades de crescimento para a Gillette, uma empresa de US$ 11 bilhões de faturamento, altamente dependente de uma única categoria de produtos — aparelhos de barbear e lâminas — que responde por dois terços dos seus lucros, num mundo cada vez mais caracterizado por clientes globais que são consideravelmente maiores em tamanho e mais poderosos e por concorrentes que estão se fundindo e consolidando rapidamente?

Ou seria mais interessante para a Gillette unir-se a uma empresa com visão corporativa, valores e culturas semelhantes e com capacidade de escala e recursos capazes de permitir o crescimento das marcas de ambas as empresas e enfrentar de igual para igual os mais poderosos concorrentes e clientes?

Era sobre isso que se tratava — e se trata — a fusão das duas empresas. Sozinha, a Gillette era uma empresa de US$ 11 bilhões em faturamento — na época, altamente dependente de uma única categoria de produtos. Com a P&G, a Gillette faria parte de uma empresa de US$ 70 bilhões em faturamento que contava com uma ampla e bem-balanceada carteira de produtos. Com a Gillette, cerca da metade dos negócios da P&G's era originada por produtos dos segmentos de saúde, beleza e cuidados pessoais, enquanto a outra metade era resultado da comercialização de produtos dos segmentos para bebês, família e eletrodomésticos. Essa combinação balanceada de produtos resultava em uma grande combinação da categoria de eletrodomésticos e seu respectivo crescimento elevado e sólido e da categoria de produtos de cuidados pessoais, saúde e beleza e suas respectivas margens elevadas e perfil de rápido crescimento. E essa combinação se transformou num portfólio de marcas incrivelmente poderoso — definitivamente o melhor de todo o setor de bens de consumo e possivelmente de todas as empresas do mundo. Mais de vinte marcas com faturamento igual ou superior a um bilhão de dólares por ano. E não se tratava apenas de simples marcas, mas verdadeiros ícones do mercado: os produtos para lavagem de roupas Tide e Ariel; a pasta dental, as tiras para branqueamento dos dentes e os líquidos para enxágue bucal da linha Crest; as fraldas descartáveis Pampers; os produtos de beleza e para cabelos da Pantene, Head & Shoulders e Wella; os produtos para animais de estimação Iams; os aparelhos e lâminas de barbear Mach3, Sensor e Gillette; as pilhas e baterias Duracell; as escovas dentais Oral-B; e os barbeadores e outros produtos elétricos da Braun.

Direcionando o crescimento internacional. Ao olharmos para o futuro, percebemos que a P&G tinha a força necessária para direcionar o crescimento em áreas que seriam difíceis para a Gillette. A P&G contava com a capacidade de distribuição ociosa, particularmente nos mercados internacionais. A China era um bom exemplo. Percebemos que daqui a uma década haverá mais pessoas se barbeando na China do que em todo o resto do mundo junto. O desafio era agarrar essa oportunidade. A Gillette estava distribuindo produtos de barbear em cerca de sessenta cidades chinesas, sendo que a maioria das vendas estava concentrada nas quatro maiores cidades.

A P&G, por outro lado, contava com uma rede de distribuição que abrangia duas mil cidades e mais de onze mil distritos ao redor da China. Como resultado da fusão, o imenso mercado de consumo chinês se tornaria imediatamente acessível para a Gillette.

Outro ponto forte fundamental era o excepcional relacionamento da P&G com os clientes.

Segundo pesquisas realizadas com os clientes, a P&G era consistentemente classificada como uma das primeiras fabricantes na categoria de bens de consumo. A P&G oferecia o que todos os clientes varejistas querem, especialmente as maiores redes de varejo. Por exemplo: aproximadamente 17% do faturamento da Wal-Mart foi originado pela venda dos produtos da P&G em 2005, 12% acima do montante registrado cinco anos atrás. Por melhor que fosse o relacionamento da Gillette com a Wal-Mart, a fusão com a P&G só fortaleceria ainda mais os laços entre as duas empresas. A presença consolidada dos produtos da Gillette e da P&G no varejo talvez seja a maior e mais importante vantagem dessa fusão. Mesmo considerando as maiores redes de varejo do mundo, a P&G e a Gillette agora eram importantes atores que faziam parte de um grupo de elite de colaboradores comerciais. E, em terra de gigantes, esse é o caminho para alcançar um crescimento consistente.

Selecionando o sócio — Opção por escolha, não por necessidade. Para a Gillette, a questão não era executar ou não seu plano estratégico ou programas de Excelência Funcional. Já tínhamos provado nossa excelência executiva. A questão era: havia sido suficiente? Se as tendências de consolidação de empresas dentro do setor de consumo se confirmassem, qualquer empresa de US$ 11 bilhões de faturamento seria viável? Ou, colocando de outra maneira, não seria melhor iniciar um processo de fusão com uma parceira de sua escolha no momento em que sua empresa estava trabalhando com plena força, em vez de esperar ser escolhida por outra que não lhe agradasse num momento em que as coisas não funcionavam tão bem e sua empresa estivesse em uma posição mais enfraquecida?

Sob todos os ângulos, a transação ideal. Do ponto de vista de garantir retorno ao investimento dos acionistas, não há dúvidas de que operar com força total e escolher sua sócia é a opção desejável. Por exemplo, nós conseguimos alcançar o maior resultado do índice preço da ação/lucro das empresas do setor de consumo desde 1977. O preço foi 5,5 vezes superior às vendas. Apresentamos o mais alto resultado de EBITDA (lucro antes de despesas financeiras, imposto de renda, depreciação e amortização), 18,8 vezes, e o melhor fluxo de caixa. Na verdade, foi o maior nível de vendas e resultado de EBITDA registrado por uma empresa de capital aberto, com vendas acima de US$ 2 bilhões, dos últimos oito anos. O preço das ações da Gillette quase dobrou em relação aos dias sombrios vividos em 2001. E o valor de dividendos distribuídos aos acionistas também foi às alturas.

Esses dados são importantes, porque se tratava de uma operação de fusão de ações que permitia aos acionistas da Gillette converter seus investimentos em ações da P&G livres de impostos. Finalmente, tendo em vista que a Gillette representava apenas 16% das vendas consolidadas das duas empresas, os acionistas da Gillette iriam receber o equivalente a 29% do patrimônio fundido da empresa. Sob qualquer ângulo, era um preço excelente.

Entretanto, muito tempo antes de considerar a possibilidade de uma fusão, nós demos uma olhada em todas as outras opções. No início de 2002, fiz uma revisão detalhada junto ao conselho de administração sobre todas as opções estratégicas, incluindo fusões, aquisições e associações do tipo *joint ventures*.

Buscando crescimento em cuidados bucais. Essas discussões com o conselho e revisões subsequentes levaram a duas aquisições no segmento de cuidados bucais, por ser um mercado que demonstrava potencial de crescimento. Uma das aquisições foi a da empresa Rembrandt, líder no segmento mais sofisticado de branqueadores e pastas dentais. A outra foi a Zooth, uma empresa que usava licenças de personagens de quadrinhos em escovas de dentes destinadas ao público infantil.

Nosso grupo de desenvolvimento corporativo mantinha uma lista completa de potenciais candidatos para aquisição. Durante o ano, esse grupo avaliava em média mais de 25 empresas usando critérios e parâmetros eliminatórios; o conselho recebia atualizações periódicas dessas avaliações.

Em duas ocasiões distintas, conversamos com a Colgate Palmolive. Estávamos interessados em ampliar a capacidade de escala e, nesse sentido, a consolidação das operações da Gillette com a Colgate, que já havia sido anteriormente considerada, mas abandonada pela Colgate e pelos ex-CEOs da Gillette, representava uma boa opção. As empresas combinadas teriam seus lucros aumentados, sua presença global ampliada e uma maior quantidade de recursos para promover o crescimento futuro. Durante nossa primeira reunião, exploramos a possibilidade de fazer uma fusão em proporções iguais, mas a Colgate não se interessou pela ideia. Em nosso segundo contato, discutimos uma aquisição tendo em vista que o preço de nossa ação havia subido enquanto o preço da ação da Colgate havia caído.

Essas conversas não surtiram nenhum efeito, logo; pedi autorização ao conselho para estudar a Procter & Gamble. O conselho esteve envolvido em cada um dos estágios da negociação. Eu sabia que o conselho não estava interessado em uma fusão somente para a empresa aumentar de tamanho; muito menos eu. Porém, ao analisar a P&G, percebi que havia muito poucas oportunidades nas quais tudo parecia se encaixar — as finanças, a filosofia da empresa, a carteira de produtos e a cultura organizacional. Nosso objetivo era sermos a melhor empresa de bens de consumo do mundo; essa fusão seria capaz de criar essa empresa. Nosso desejo era realizar algo que fizesse uma diferença fundamental. Essa fusão faria isso.

Acordo unânime — Transação, hora e empresa certas. Todos os diretores-executivos e todos os membros do conselho de administração concordavam que a empresa P&G era a sócia certa. No entanto, era preciso definir o preço certo. Além disso, o longo processo permeado de tentativas iniciais frustradas que nos levou ao acordo final me ofereceu, e também aos diretores-executivos e aos diretores do conselho, a oportunidade de reavaliar a certeza de nossa decisão. Durante o período em que as conversações foram interrompidas, travei um longo debate com os executivos da Gillette envolvidos nas negociações — Ed DeGraan, Chuck Cramb, John Manfredi, Peter Klein e o conselheiro-geral Richard Willard. Perguntei a cada um deles: "Se a P&G quiser retomar a discussão, devemos seguir em frente e realizar uma nova rodada de negociações? Estamos totalmente convencidos de que uma associação com a P&G é a coisa certa a fazer?" Disse a cada um deles: "Se algum de vocês for contrário a essa decisão, encerraremos as conversações permanentemente."

Esses diretores, cuja maioria passou praticamente toda sua carreira na Gillette, achavam que se tratava da fusão ideal. Quando me dirigi ao conselho de administração em janeiro de 2005, os diretores sabiam que qualquer um deles tinha o poder de interromper a transação. Eu disse ao conselho a mesma coisa: "Se algum de vocês não quiser essa transação, não a faremos." O conselho decidiu por unanimidade em favor da fusão. Votaram a favor porque todos sabiam que era a transação certa, a empresa certa, a hora certa e, o mais importante de tudo, era a decisão certa em termos de longo prazo.

* * *

Vamos recapitular. Há dois elementos importantes em todo processo de planejamento para o longo prazo: um projeto de Excelência Funcional que diferenciará sua empresa ao promover a aquisição dos mais baixos custos e das melhores capacidades de inovação; e uma perspectiva de longo prazo que lhe permita enxergar as reais potencialidades de sua empresa no futuro. Nenhum deles é eficaz sozinho, mas juntos fazem toda a diferença.

SUSTENTANDO SUA VANTAGEM COMPETITIVA — EXCELÊNCIA FUNCIONAL IMPORTA

Como evitar que seu sucesso seja apenas um evento momentâneo, uma manifestação ocasional e única de excelência que se transforma em uma situação não diferenciada e medíocre? Essa questão preocupa a todos os executivos e todos os negócios... por isso acredito que a Excelência Funcional faz toda a diferença.

- Excelência Funcional (EF) contém três elementos igualmente importantes: baixos custos, elevadas capacidades produtivas e inovação generalizada.
- A eliminação de todos os custos desnecessários lhe permite usar os recursos necessários em investimentos relativos ao crescimento do seu negócio por meio de aumentos nas verbas de marketing, incremento nas atividades de pesquisa ou aceleração no desenvolvimento de produtos. Reduções de custo devem fazer parte do seu modo de atuação ao longo de toda a sua carreira.
- Incentive funcionários de sua organização a se envolverem na determinação das metas, fazendo com que realizem estudos de *benchmark* para identificar os melhores custos, as melhores práticas e melhores capacidades produtivas em operações comparáveis do setor. Em seguida, peça que façam comparações com os resultados do *benchmark*.
- Solicite a execução de três recortes ao determinar a classificação relativa de sua unidade ou negócio para comparar com os resultados do estudo de *benchmark*. O primeiro recorte se constitui de uma autoavaliação de como sua unidade se percebe mediante a comparação — geralmente é uma percepção *exacerbada* em relação à realidade. Para o segundo recorte, faça uma pesquisa para saber como a unidade é percebida pelos outros funcionários — geralmente o resultado é *bem* inferior em relação à realidade. E, no terceiro recorte, uma visão externa de como um consultor ou especialista do setor percebe a unidade — espera-se que a avaliação quantitativa e factual *seja a correta*.
- Múltiplas perspectivas vão confirmar a necessidade de ação e também enfatizar a importância de agir com urgência.
- Reduções de custos e incrementos na capacidade produtiva colocam sua empresa em posição para entregar o terceiro elemento necessário para obter sucesso no longo prazo — a inovação que diferencia seus produtos ou serviços dos demais concorrentes.
- Para promover o total envolvimento de todas as unidades ou negócios, você precisa utilizar a Inovação Total. Lembre-se, a Inovação Total também é composta por três partes: *melhoria contínua* (ganhos diários de produtividade que mantém você atualizado com a concorrência), *inovação explosiva* (um grande sucesso de vendas periódico que possibilite sua ultrapassagem à frente dos concorrentes) e, talvez

a mais importante de todas, *inovação incremental* que lhe garante mais do que ganhos diários de produtividade, porém menos do que uma tacada inovadora sensacional (algo parecido com o conceito usado no Mach3 Turbo Champion, nossa "pequena gilete vermelha").
- Considere usar uma *inovação justa* ou de um *desafio de inovação* para focar a atenção na importância do envolvimento integral da unidade. Recompense os inovadores com prêmios e reconhecimento público. Comemore o sucesso.

SEÇÃO IV

**FAZER
AS COISAS
CERTAS
IMPORTA**

CAPÍTULO 13

POLÍTICOS E MÍDIA IMPORTAM

GALVIN: EXCITAÇÃO E NERVOSISMO GERADOS PELA TRANSAÇÃO

Dúvidas a esclarecer: O CEO vendeu a Gillette?

A maior dúvida de todas: [James Kilts], CEO e *chairman* do conselho de administração da Gillette, e outros membros do conselho receberam pagamentos impróprios em troca da aprovação da operação de venda do controle acionário da empresa para a maior gigante do setor, a Procter & Gamble, fabricante de produtos desde pastas dentais Crest até fraldas descartáveis Pampers? "Nós estamos muito interessados nessa transação", afirmou [William F. Galvin, Secretário de Estado de Massachusetts], ao mencionar que os membros do conselho e outros executivos da Gillette "têm responsabilidade solidária para com... os acionistas".

— Brett Arends, *Boston Herald*, 2 de fevereiro de 2005

Entre os principais e maiores vilões do mundo dos negócios em 2005 encontra-se James Kilts, CEO da Gillette, que comandou um verdadeiro trem de excessos e de dinheiro fácil, ganhando mais de US$ 185 milhões pelo curto período de quatro anos de serviços prestados à Gillette.

— Gretchen Morgenson, *New York Times*

Contando com esse valor, a remuneração estimada de Kilts foi de US$ 153 milhões... sugerindo uma distorção do capitalismo, e você é rotulado de socialista — um pecado pior do que o da ganância inconsequente e sem limites, a qual presidentes como Kilts gostam de definir como "sucesso".

— Joan Vennochi, *Boston Globe*, 1º de fevereiro de 2005

Há uma lição para [James Kilts]. Seu iminente pagamento de US$ 162 milhões por parte da Procter & Gamble é novo, porém sujo. Em duas gerações, a fortuna de Kilts terá sido adequadamente lavada e seu neto poderá afogar uma jovem garota dentro de um carro e, em seguida, concorrer para presidente. Ou sua neta poderá se casar com um gigolô, e esse gigolô concorrer para presidente, à sua custa.

— Howie Carr, *Boston Herald*, 13 de julho de 2005

E ssas citações são só algumas das dezenas de histórias que se seguiram na manhã em que anunciamos que ocorreria a fusão da Gillette com a Procter & Gamble. Elas foram previstas? Nós sabíamos que o anúncio da fusão causaria um grande furor em Boston porque a cidade perderia o quartel-general das operações mundiais da última corporação-ícone restante? Nós sabíamos que diversos políticos de Boston, conhecidos por estarem entre os menos amigáveis do país quando se trata do mundo dos negócios, iriam atacar a mim, minha equipe de diretores e os membros do conselho de administração da Gillette a fim de promover seus programas políticos pessoais? Nós sabíamos que eu seria exposto ao escárnio público pela imprensa local, dia após dia, como sendo um capitalista ganancioso e vil, de categoria internacional? É claro que sabíamos.

Por causa disso, tivemos de enfrentar questões como as seguintes: *Deveríamos prosseguir com a fusão? Ou deveríamos conter os ataques colocando o assunto de lado temporariamente e esperar que algum evento novo ocorresse?* Para mim, nunca houve qualquer sombra de dúvida. Mas, em virtude de consequências tão desagradáveis como as suscitadas, nem todos seriam capazes de tomar a mesma decisão. Sabendo que a existência de cenários e contextos semelhantes é algo comum, você realmente tem de entender o comportamento da mídia e dos políticos e saber como agir quando seu caminho cruza o deles.

Ao longo de minha carreira, mantive boas relações com a mídia e com os políticos. Boas, mas limitadas. Com a mídia, nunca busquei publicidade. Para ser sincero, eu cheguei a recusar alguns convites para participar de reportagens e programas especiais. Até um determinado momento, John Manfredi e seu pessoal de Negócios Corporativos da Gillette conseguiram dar conta das solicitações feitas pela mídia. Durante o primeiro ano após minha eleição como CEO, mais de cem grupos da área de comunicações — jornais, revistas de negócios e estações de rádio e televisão — pediram entrevistas. Nós recusamos todos os pedidos.

OLHAR PARA TRÁS COM ORGULHO, NÃO PARA A FRENTE COM EXPECTATIVA

A razão para recusar os pedidos da mídia não estava relacionada a qualquer tipo de aversão ou descontentamento. Apenas refletia minha convicção de que histórias sobre CEOs tendem a dar a impressão de que uma única pessoa é responsável por todas as conquistas realizadas por uma empresa ou por seus fracassos e falhas. O CEO representa um papel importante. Mas as realizações de uma empresa refletem os esforços de centenas de diretores e gerentes e, no caso de uma empresa mundial como a nossa, dezenas de milhares de pessoas por toda a organização. Esse reconhecimento de um extenso trabalho em grupo não é considerado um bom assunto para essas histórias.

Outra convicção para me manter afastado da mídia resume-se em meu mantra de "Nunca prometer demais; sempre entregar mais do que o prometido". Dizendo de outra maneira, não quero falar sobre algo que está para acontecer. Quero que tudo seja planejado, orquestrado e implementado com sucesso antes de discutir o assunto. É muito melhor olhar *para trás*

> **Não quero falar sobre algo que está para acontecer... Essa abordagem é a antítese do modo como a mídia opera.**

com orgulho pelas conquistas realizadas, do que olhar para a *frente* com expectativas sobre o que poderá acontecer. Essa abordagem é a antítese do modo como a mídia opera. Eles querem um furo de reportagem, pegar a história antes de outros, fornecer ao leitor, ouvinte ou expectador uma rápida ideia do que poderá vir a acontecer.

Então por que eu digo que basicamente sempre tive boas experiências com a mídia? Porque com poucas e marcantes exceções, a maioria dos meus contatos tem sido positiva. Eu faço minha lição de casa antes de me reunir com os repórteres. Eu sei o que a mídia deseja; eu sei até onde posso ir ao dar o que eles querem; e tenho a tendência de ser muito direto com eles.

Vários CEOs e outros executivos do mercado dizem que não suportam lidar com a mídia. Dizem que os repórteres são arrogantes, dissimulados, mal-informados, pouco preparados e tendenciosos com relação aos negócios, riqueza e pessoas influentes e poderosas. Mencione algum deles e a mídia vai acusá-lo de ser um deles. Eles são criticados severamente e de maneira devastadora.

Eu não sou uma pessoa ingênua. Existem maças podres e repórteres tendenciosos e preconceituosos. Mas aqueles realmente ruins são poucos e acabam sendo expulsos por seus próprios colegas e empresas. O preconceito geralmente é um modo diferente de afirmar que os repórteres são, em sua maioria, democratas e liberais, do ponto de vista político; e que, por outro lado, os empresários e executivos de empresas são republicanos e conservadores. Mas a esmagadora maioria dos repórteres é composta por profissionais que tentam manter suas convicções políticas fora das matérias de suas reportagens sobre negócios. Eles lutam pela objetividade, pelo menos no que diz respeito à imprensa séria e não aos tablóides. (Considero os tablóides como sendo uma versão impressa dos programas de entretenimento da TV, e não reportagens feitas por jornalistas.)

É claro que jornalistas de verdade também citam você de modo equivocado de tempos em tempos, ou usam uma citação sua fora de contexto. Além disso, as limitações de espaço e tempo dificultam o trabalho da mídia ao relatarem histórias com muita textura e nuanças. Mas, de modo geral, as vezes que trabalhei com a mídia as experiências foram positivas.

Por exemplo, ao me juntar à equipe da Gillette, falei com repórteres do *Wall Street Journal*, da *Dow Jones*, das centrais eletrônicas de notícias da Reuters e Bloomberg, e do *New York Times*, bem como de jornais diários de Boston — a cidade onde se localizava a matriz da Gillette. As matérias elaboradas pelos jornalistas foram justas e equilibradas.

Uma vez por ano, depois das principais apresentações para os investidores e analistas durante a conferência de CAGNY, eu era sempre a exceção entre os CEOs do evento por passar um bom tempo com cada um dos repórteres e jornalistas que faziam a cobertura. A maioria dos CEOs mantinha os repórteres o mais longe possível. Diversas vezes durante o ano, eu conversava com membros da imprensa comercial sobre assuntos específicos ou sobre as tendências do setor.

Aproximadamente três anos depois do início de nossos esforços de recuperação da Gillette, concordei em cooperar com a revista *Fortune* que estava elaborando uma matéria mais aprofundada sobre a Gillette. Não poderia ter sido uma experiência melhor e não creio que tenha sido um fato atípico. A repórter era Katrina Brooker, uma escritora sênior que trabalhava há vários anos para a *Fortune*. Logo de início disse a ela que a Gillette ainda tinha problemas a resolver, mas que eu acreditava que dava uma boa matéria contar a história do progresso que atingimos. Ela, por sua vez, disse que ouvira que coisas boas estavam acontecendo, mas que levaria várias semanas pesquisando e investigando para descobrir se as pessoas que têm conhecimento sobre a empresa confirmam esses rumores ou se têm uma perspectiva diferente.

Fui o mais franco possível com Katrina. Depois da entrevista, algumas pessoas disseram que fui franco até demais. Convidei-a para me acompanhar no voo de NetJet de Nova York a Boston. Como morro de medo de viajar de avião, ela percebeu e relatou meu pânico em sua reportagem. Convidei-a para assistir a uma sessão prática de ensaios que precedia a reunião do dia seguinte com os diretores-executivos da Gillette. Meu dia havia sigo longo e cansativo, e enfrentar uma sessão de ensaios à noite era extenuante. Como mencionei em capítulos anteriores, eu gastava muito tempo e esforço me preparando para reuniões — independentemente de o público ser interno ou externo. Se os principais executivos da empresa estavam ocupando diversas horas do meu dia, então era melhor que tivessem algo importante para me dizer e que transmitissem essa informação de modo claro e com convicção, força e sentimento que causasse impacto em mim.

"**Tratados como crianças travessas.**" Como resultado, com uma apresentação totalmente estruturada e com um roteiro a seguir, eu geralmente fazia trinta, quarenta ou até mesmo cinquenta versões e rascunhos diferentes antes de chegar à versão final. Cada uma das versões não era simplesmente uma cópia reescrita. Mas continha alterações de ordem de apresentação até cortes ou acréscimos importantes.

Com a versão final em mãos, eu começava a sessão de leitura e releitura do texto. Às vezes um texto parece bom no papel, mas até ouvir as palavras saindo de sua boca você não é capaz de afirmar que soa como suas próprias ou as palavras da pessoa que elaborou o rascunho com você. Por isso, as releituras e ensaios são importantes para refinar tanto a linguagem quanto seu significado. Você está dando muita ênfase a uma iniciativa fracassada? Você está dando crédito suficiente para uma empreitada coletiva envolvendo unidades de negócios? Suas expectativas específicas para as próximas seis semanas estão claras? E aquelas para as próximas três semanas? Para o próximo semestre? Suas colocações estão longas demais? Breves demais?

Parte da história escrita por Katrina versava sobre minha sessão noturna de ensaios, com comentários sobre minha necessidade obsessiva de estar preparado e a dificuldade que meus colegas e colaboradores têm para me treinar e ajudar nesses ensaios. Eu abri demais a janela, segundo meus amigos. Para mim, o voo, o ensaio e o tempo que passei com Katrina em vários locais da empresa eram exatamente a coisa certa a fazer quando você concorda em colaborar com uma publicação importante na produção de um artigo — segundo eles mesmo afirmam ser — sério.

Da sua parte, Katrina fez um extenso levantamento usando uma vasta rede de contatos. Ela conversou com mais de uma dezena de antigos colegas meus — pessoas que trabalharam para mim ou para as quais eu trabalhei; conversou com clientes e concorrentes; conversou com analistas financeiros e investidores; conversou com ex-funcionários e funcionários atuais da Gillette. Ela realmente fez seu dever de casa. E o artigo final refletia esses esforços. Apesar de eu não ter gostado de tudo o que foi escrito, o artigo fornecia um excelente panorama sobre o que fizemos na Gillette e apontava nosso posicionamento para o futuro.

"... a empresa enfrentou muitos problemas por tentar manter e atingir metas crescentes e irrealistas de vendas. De várias maneiras, a Gillette foi vítima do seu próprio sucesso conquistado na década de 1990. Sua campeã de vendas — a categoria de aparelhos de barbear e lâminas — sem dúvida é a mais rentável de todo o setor de bens de consumo do mundo. E ninguém fabrica giletes melhor... Suas vendas são cinco vezes maiores do que qualquer outra gilete... A margem de lucro dessa categoria gira em torno de 40%. É mais surpreendente quando você compara com outros produtos como desodorantes, por exemplo, cuja margem varia de 7 a 9%...

"Naturalmente, a nova disciplina imposta por Kilts tem sido dura de engolir por alguns colaboradores mais antigos da Gillette. A cultura da empresa era gentil e paternalista e, até Kilts chegar, seus altos executivos estavam na empresa havia décadas. O sistema de avaliação de desempenho de Kilts — implementado por toda a extensão da empresa — fez com que alguns deles se sentissem tratados como crianças travessas na época de escola.

"Não que a empresa já esteja fora da zona de risco. De acordo com Keith Patriquin, analista da área de compras da Loomis Sayles, a questão é: 'Até onde essa virada da empresa vai nos levar? Essa é a dúvida de muitas pessoas.' Segundo suas próprias estimativas, Kilts está somente na metade do caminho do seu processo de recuperação. Ele acredita que a empresa precisa reduzir mais os custos... Porém, Kilts não demonstra qualquer intenção de mudar os planos. Ele diz, com certo brilho nos olhos: 'Trata-se basicamente de treinar um exército. Estávamos no estágio básico do treinamento. Agora, estamos saindo desse estágio básico. O próximo estágio consiste em levar esse exército para a guerra.'"

DEIXAR DE SER UM CAVALEIRO DO BEM PARA VIRAR O PRÍNCIPE DAS TREVAS

Porém, se a mídia é justa, faz seu dever de casa e tenta ser profissional, o que explica as manchetes negativas e histórias publicadas sobre mim durante semanas depois do anúncio sobre a fusão da Gillette com a Procter & Gamble?

Da noite para o dia, deixei de ser alguém que estava fazendo tudo certo para restaurar as finanças da Gillette e passei a ser alguém que tinha a intenção de destruir a empresa. Deixei de ser alguém que pretendia acrescentar valor e se recusava a fazer as coisas do jeito mais fácil ou se envolver em negócios escusos ou em práticas não adequadas de mercado e passei a ser alguém que estava indiferente às dificuldades enfrentadas pelos funcionários e aposentados da Gillette e que se guiava estritamente por interesses próprios e pela ganância. Se as manchetes e histórias publicadas pelos jornais de Boston fossem críveis ou verdadeiras, eu deixei de ser um Cavaleiro do Bem para virar o Príncipe das Trevas, sem nenhum intervalo no caminho.

Havia diversas forças em jogo. Apesar de não gostar dos rótulos ofensivos e invenções que foram criados sobre mim durante aquele período, eu conseguia entender por que aconteciam e como funcionavam. Vamos analisar três fatores.

Em primeiro lugar, o que antecedeu ao anúncio da fusão?

Em segundo lugar, o que os outros comentavam na época do anúncio?

Em terceiro lugar, o que mantinha a história viva?

O primeiro elemento é simples e direto. Voltando um pouco na história, a cidade de Boston era rival da cidade de Nova York na briga para ser *o* centro comercial e de negócios dos Estados Unidos. Ao longo do século XIX e metade do século XX, a cidade de Boston abrigava mais escritórios centrais de grandes corporações, instituições financeiras e empresas de serviços do que qualquer outra cidade do país, com exceção das cidades de Nova York e Chicago.

Gillette + P&G — Não era a "transação ideal" para Boston. Contudo, com o passar do tempo, as empresas se consolidavam, encerravam suas atividades e se mudavam. No final da década de 1990, Boston tinha um punhado de empresas financeiras de serviços e uma única grande indústria, a Gillette, com sua matriz mundial sediada na cidade. Em uma década, a cidade perdeu nomes de prestígio como o Banco de Boston, John Hancock, Polaroid, Digital e Wang.

A Gillette tinha uma história centenária em Boston, e tanto nossa matriz mundial como a maior fábrica do conglomerado estavam localizadas na cidade, nossas raízes eram profundas. A Gillette fazia parte das histórias de vida e das famílias de dezenas de milhares de pessoas que trabalhavam no centro de produção, ou na matriz como parte do quadro gerencial ou administrativo do grupo, ou em uma das centenas de empresas fornecedoras de bens e serviços para a Gillette.

Portanto, o anúncio de uma transação que alteraria o relacionamento entre a Gillette e a cidade certamente causaria uma apreensão considerável.

Eu sabia disso e avisei ao conselho da Gillette que, independentemente do que fosse dito por nós, a primeira reação da comunidade seria negativa.

É importante mencionar nesse momento que se você não vivesse em Boston e não lesse os jornais diários locais, nunca teria se envolvido ou estaria exposto às notícias negativas sobre a fusão publicadas pela imprensa. Dentro da comunidade financeira, entre analistas e investidores e, consequentemente, nas notícias veiculadas na mídia sobre negócios — centrais eletrônicas de notícias, jornais e revistas — a fusão foi recebida com satisfação e aprovação mundial. A caracterização do acordo feita por Warren Buffett como uma "transação ideal" foi amplamente compartilhada no mundo dos negócios.

E por uma boa razão. O preço pago estava entre os mais altos já praticados na história do setor de bens de consumo. Portanto, os acionistas da Gillette foram muito bem recompensados.

A compatibilidade da Gillette com a P&G era excepcional. As filosofias e os valores corporativos eram muito semelhantes. As linhas de produtos não eram coincidentes e não se sobrepunham umas às outras. Mesmo as regiões geográficas de atuação estavam bem alinhadas. Mercados onde a Gillette operava com força, a exemplo da Europa, eram áreas onde a Procter & Gamble operava menos. Mercados onde a Gillette estava presente, mas poderia se beneficiar de uma infraestrutura de distribuição mais bem desenvolvida, a exemplo da China, coincidiam exatamente com a estrutura existente montada pela P&G.

Os funcionários provavelmente foram os mais beneficiados pela fusão. A P&G era uma empresa sólida como uma rocha e reconhecida mundialmente como uma das melhores e mais éticas empregadoras do mundo. Recebeu vários prêmios da revista *Fortune* e figurava na lista das "empresas mais admiradas" há mais de uma década, além de ter sido escolhida como uma das "melhores empresas para se trabalhar". Os funcionários da Gillette fariam parte de uma organização que valorizava as pessoas, as tratava muito bem e colocava o desenvolvimento e o crescimento dos seus funcionários entre as mais altas prioridades da empresa.

O tratamento dispensado pela P&G ao seu quadro funcional também abrangia uma vasta população de aposentados. Portanto, os aposentados da Gillette poderiam ficar sossegados e confortáveis. Os termos e condições da fusão garantiam a continuidade de suas aposentadorias e benefícios. Além disso, seria impensável para a cultura organizacional da P&G qualquer coisa diferente de uma conduta altamente ética.

Não menos importante é o fato de que a cidade de Boston também seria beneficiária da fusão. É evidente que haveria perda de empregos na consolidação das duas empresas devido à existência de cargos e funções redundantes e à rescisão de contratos de trabalho de executivos de alto nível, porém o centro produtivo localizado ao sul da cidade seria expandido e não eliminado. Ademais, a contribuição e suporte oferecidos à comunidade seriam incrementados.

Considerando o cargo político como uma ocupação para a vida toda. Esses eram os fatos. E foram esses os fatos noticiados por todo o país e para o mundo todo. No entanto, as manchetes que apareciam nos jornais de Boston no primeiro dia subsequente ao anúncio da fusão e nos demais dias eram mais ou menos assim: *Gillette é vendida para a P&G, uma fabricante de sabão de Ohio; a cidade perde a sede da empresa; empregos serão extintos.*

A segunda parte das notícias veiculadas na mídia envolvia a opinião de outras pessoas sobre a fusão. Nesse ponto, as coisas começam a ficar interessantes por conta dos políticos da situação e complicadas por conta dos advogados e restrições regulatórias que cercam uma transação desse porte e com essa abrangência global.

Apesar da minha grande consideração por muitos jornalistas e repórteres da mídia, é difícil ter o mesmo tipo de consideração pelos políticos. Há milhares de políticos honestos, pessoas de princípios que trabalham como agentes políticos eleitos em várias esferas do governo. Infelizmente, há um número bem maior que enxerga a política como uma ocupação para a vida toda e, muito embora talvez não sejam corruptos ou desonestos, não hesitarão em fazer ou dizer coisas ultrajantes a fim de proteger seus cargos e prolongar o tempo de permanência dentro de seu mundinho público.

É muito triste reconhecer que temos tantos deles no meio de nossa liderança política prestando serviços precários à população. Estão presentes em todos os lugares. Eu pude percebê-los em Boston. Mas, felizmente, não atingem as esferas mais altas do governo — nem o prefeito da cidade nem o governador do estado se encaixam nesse perfil. O prefeito Tom Menino, em seu quarto mandato como prefeito em Boston, é alguém que conheço desde meus primeiros dias na cidade. É um político trabalhador e totalmente dedicado que não tem a pretensão, tampouco o desejo, de fazer algo diferente do que servir à cidade de Boston. Não quer ser governador ou senador dos Estados Unidos. Não quer ser diretor de uma empresa ou se aposentar e viver na Riviera. Se todos os políticos de Boston seguissem o exemplo de Tom Menino, a cidade atrairia uma multidão de novas empresas.

O ex-governador Mitt Romney é outro exemplo de líder dedicado e comprometido no sentido de trabalhar pelo bem da população do estado. Ele vem de uma família de políticos com tradição no serviço público, a exemplo do seu pai, George, que foi governador do estado de Michigan e também candidato presidencial.

Entretanto, outros políticos, especialmente o Secretário de Estado, William F. Galvin, que usou nosso anúncio com segundas intenções totalmente políticas. E pior, ele agiu assim com total indiferença pela angústia, pelas preocupações e pela ansiedade que ele mesmo causou a milhares de aposentados da Gillette.

Em questão de dias, o secretário Galvin encontrou um jeito de explorar nosso anúncio, manipular as notícias da mídia e desviar a opinião pública em favor dos seus próprios interesses e benefícios políticos. Candidatos do partido Democrático às próximas eleições para o governo do estado estavam tentando forçar suas candidaturas e Galvin desejava desesperadamente participar da corrida.

Tendo em vista que seu cargo como Secretário de Estado lhe confere poucas responsabilidades de fato, Galvin tinha a tendência de ir muito além das suas competências para agarrar uma oportunidade de figurar nas manchetes dos jornais. E foi exatamente isso que ele fez no caso da Gillette. Sua artilharia inicial foi: Os aposentados da Gillette correm o risco de perder suas aposentadorias e benefícios após a fusão com a P&G. E no dia seguinte, as manchetes dos jornais e as chamadas das transmissões de rádio e televisão reportaram com subserviência essa ridícula e absurda alegação. Como eu havia dito, a P&G não é uma aventureira financeira; jamais renegaria as obrigações relativas a pensões e aposentadorias. Além disso, havia proteções específicas e por escrito no contrato de fusão firmado. Portanto, as acusações do secretário eram totalmente infundadas e irresponsáveis.

Distorcendo fatos em favor de interesses pessoais. Mas imagine incontáveis aposentados sendo confrontados por uma manchete dizendo que a Gillette estava sendo vendida para uma empresa irresponsável que iria suspender todas as pensões, aposentadorias e benefícios de saúde. A central telefônica da Gillette enlouqueceu com tantas luzes acendendo com as ligações de pessoas em pânico. Nosso pessoal forneceu as informações corretas, mas os aposentados achavam difícil acreditar que um agente público havia deliberadamente distorcido os fatos em favor de seus interesses e ganhos pessoais.

Galvin não parou com as acusações sobre uma potencial interrupção no pagamento das pensões e aposentadorias. E isso nos leva ao terceiro fator que colabora para manter viva uma história. É necessário que haja alguém nutrindo a história. O ataque seguinte de Galvin foi feito diretamente contra mim, clamando que a fusão como um todo havia sido conduzida única e exclusivamente por mim, sem qualquer envolvimento do conselho de administração da Gillette, e segundo meus próprios interesses e ganhos pessoais. Minha intenção era ganhar milhões de dólares. Portanto, usei alguma artimanha ou estratagema para iludir e enganar Warren Buffett e todo o conselho e consegui fechar o negócio com a Procter & Gamble.

Outra cortina de artilharia pesada foi lançada nas manchetes e novas histórias foram publicadas nos jornais. Kilts é um capitalista ganancioso que está prejudicando deliberadamente os pensionistas e aposentados!! Avançamos alguns dias, e Galvin estava de volta. Dessa vez, ele acusava os banqueiros de investimento de estarem de conluio comigo para subavaliar as estimativas do valor das ações da Gillette, a um preço abaixo do valor atual de mercado, para que a Procter & Gamble pudesse comprar a Gillette por uma pechincha e assim os acionistas da Gillette seriam traídos, pois não receberiam o valor integral por suas ações.

Essa é uma acusação feita por um funcionário do estado, apesar do fato de Wall Street ter aplaudido o negócio e o preço a ser pago figurar entre os mais elevados da história do setor, com base em indicadores relevantes.

Eu mencionei que a intromissão dos políticos nessa situação a tornava "interessante". A inserção dos advogados — os advogados externos que nos aconselharam e orientaram sobre os extensivos procedimentos regulatórios mundiais —, por sua vez, complicava a situação.

Sofrendo em silêncio em meio ao fogo cruzado de acusações. Parecia evidente que uma vez que a imprensa estava sendo abastecida diariamente com falsas denúncias e acusações que serviam para envenenar as atitudes e os sentimentos dos funcionários, aposentados e a opinião pública em geral, a empresa deveria contar publicamente a sua versão da história. A Gillette deveria fazer um comunicado e dizer que os fatos eram estes: *As aposentadorias estão resguardadas e seguras; o preço combinado está entre os mais elevados jamais pagos; a P&G é uma das melhores empresas do mundo e trará grandes vantagens aos nossos funcionários e à cidade de Boston.*

Pode parecer algo simples e óbvio. Mas não para os advogados, cuja responsabilidade era obter a aprovação da Comissão de Valores Mobiliários dos Estados Unidos (conhecida como SEC — Securities and Exchange Commission) e garantir que tudo estava em perfeita ordem para dar prosseguimento à votação dos acionistas sobre a transação, além da aprovação do Departamento de Justiça dos Estados Unidos, da Agência de Comércio Justo do Reino Unido, da Comissão de Monopólios da União Europeia, sediada em Bruxelas, e de mais cinquenta outras entidades reguladoras espalhadas pelo mundo, a fim de garantir que não houvesse nenhuma restrição comercial ou outras complicações.

Para os advogados, estávamos proibidos de fazer qualquer comunicado público. Até mesmo repetir informações publicadas anteriormente, veicular documentos de domínio público ou informações superficiais sobre qualquer fato estavam terminantemente proibidas.

A lógica deles era indiscutível, tendo em vista que as regulamentações americanas foram escritas na era pré-Internet. As regulamentações preveem que nenhuma informação sobre uma transação pode ser distribuída uma vez protocolado um prospecto, ou a SEC poderá requisitar a emissão de um novo prospecto, o que poderá postergar a transação por semanas ou até por meses. A preocupação refletida na regulamentação, na ocasião de sua promulgação, era de que as empresas poderiam emitir novas informações materiais alterando as condições de uma transação e que tal fato nunca chegaria ao conhecimento dos acionistas. Notícias veiculadas pela televisão 24 horas por dia eram um conceito desconhecido naquela época, e as normas da SEC ainda não foram atualizadas em vista da nova realidade. Portanto, uma empresa como a Gillette, que se encontrava sob o ataque de falsas e manipuladas denúncias e acusações, era obrigada a sofrer em silêncio ou se arriscaria a provocar atrasos que poderiam comprometer a transação e até mesmo provocar seu cancelamento.

O capítulo final dessa saga foi contado em diversos episódios. No primeiro episódio, os acionistas, mesmo aqueles sediados em Boston, onde o secretário Galvin obteve considerável visibilidade com suas denúncias espúrias, votaram convictos a favor da transação. A votação total dos acionistas a favor da transação foi superior a 96%.

No segundo, os aposentados da Gillette não foram prejudicados. Não houve qualquer mudança em seu regime de aposentadoria ou de benefícios.

No terceiro, o centro de produção da Gillette localizado em Boston continua a receber dinheiro novo a título de investimento em suas instalações. Na verdade, finalizamos um investimento total de aproximadamente US$ 1 bilhão em dez anos, atualizando equipamentos e adicionando nova capacidade produtiva. A instalação localizada ao sul de Boston é a maior fábrica de aparelhos de barbear do mundo e a origem de todas as nossas lâminas e giletes do modelo Fusion na América do Norte.

No quarto episódio, o secretário Galvin foi advertido pelo tribunal estadual que havia ultrapassado sua jurisdição ao reclamar pelo direito de fazer alterações sobre compensações excessivas e assuntos relacionados aos aposentados. Sua autoridade restringia-se a uma única área que era determinar se a Gillette havia fornecido alguma informação errada durante os estágios preliminares do processo de fusão, e não se a Gillette havia feito algo errado internamente.

Criticando as grandes empresas. No quinto episódio, Galvin desistiu da corrida pelo governo do estado ao perceber que, apesar de todas as suas denúncias públicas, audiências e manchetes, o suporte à sua candidatura era fraco, para dizer o mínimo. Até o momento em que escrevia este livro, Galvin ainda não havia publicado nenhuma descoberta em resultado de sua investigação.

Deixe-me retroceder um pouco para responder com mais profundidade uma das questões que levantei no início dessa discussão: O que dava vida a essa história, cuja duração ia além do ciclo normal das notícias?

O papel dos políticos — e especialmente do secretário Galvin, nesse exemplo — não pode ser superestimado. As denúncias de Galvin, suas audiências públicas, seu constante vazamento de informações para a mídia, tudo isso levantou grande interesse e deu vida a essa história. Infelizmente, ele contou com a ajuda de uma imprensa muito maleável que estava interessada em colaborar com o jogo dele. Eu sei que é difícil para um repórter perguntar abertamente quais eram os motivos de um agente político eleito para um alto cargo público, mas a mídia de Boston foi, de longe, totalmente submissa.

Os repórteres sobre assuntos de negócios mantinham um relacionamento antigo e simbiótico com Galvin. Ele estava em posição de prover uma linha de comunicação sobre negócios e histórias relativas à área de finanças que seriam capazes de encher páginas e páginas das seções de empresas e, em algumas ocasiões, uma matéria de primeira página. Logo, era muito difícil fazer perguntas provocadoras para uma fonte tão boa e estável, mesmo que suas acusações pareçam inverossímeis.

O segundo fator que propicia longevidade a uma história é representado pelo papel dos colunistas, escritores de editoriais e aqueles escritores que se consideram verdadeiros repórteres e imprimem suas opiniões e cores fortes em todos os seus artigos. Para esse grupo da mídia, a história continha todos os elementos necessários para gerar infindáveis peças escritas sem risco de cansar o leitor. As denúncias versavam sobre ganância, corrupção e atos ilegais que resultariam em perda do emprego, perda de pensão e aposentadoria, perda de prestígio por parte da cidade de Boston, e muito mais. Tendo em vista todas as péssimas notícias corporativas que precederam nosso anúncio, esse era o momento ideal para fazer pesadas críticas às grandes empresas e seus líderes. E a maioria dos editoriais dos jornais fez exatamente isso, não apenas uma, mas diversas vezes.

Por exemplo, pouco tempo depois de ter sido anunciada a proposta de fusão em janeiro, o jornal *Boston Globe* publicou um texto de mil palavras na seção de artigos de opinião, assinado por um homem chamado Jack Falvey, que o *Globe* identificou como sendo "ex-executivo da Gillette". O sr. Falvey pegou uma série de dados sobre executivos antigos e atuais da Gillette e deu sua opinião sobre os planos da P&G para a Gillette, que incluíam o fechamento de nosso centro de produção localizado no sul de Boston, segundo ele.

O *Globe* não checou as credenciais do sr. Falvey. Porque se tivesse feito corretamente, teria descoberto que ele foi gerente *trainee* de vendas e não um executivo da empresa. Ele trabalhou seis anos na fábrica localizada no sul de Boston e não na matriz da Gillette. E seu contrato de trabalho foi rescindido em 1978, mais de 25 anos antes da proposta de fusão ser anunciada. As "opiniões" de Falvey sobre o que os executivos seniores estavam pensando e suas declarações sobre o que a P&G pretendia fazer com a Gillette eram infundadas e inverídicas.

Até esse dia, eu achava inconcebível a possibilidade de o *Globe* ser capaz de conceder lugar de destaque e tamanha credibilidade para uma pessoa que trabalhou tão pouco tempo na Gillette em um cargo administrativo de nível inferior do qual havia sido afastado trinta anos atrás! E digo isso apesar de ser membro do conselho de administração da New York Times Company, empresa controladora do *Boston Globe*.

Reportando aos iconoclastas de Wall Street. Em 14 de julho, meses depois do anúncio, uma dos principais articulistas do *Globe* dedicou sua coluna à fusão e concluiu: "Os responsáveis pelos boatos que surgiram sobre essas transações são os acionistas, não os seus vizinhos. Eles se reportam aos iconoclastas de Wall Street, e não a qualquer autoridade moralmente superior e, certamente, não aos cidadãos de qualquer comunidade ou cidade." Ela estava convencida de que os funcionários da Gillette e a cidade de Boston seriam prejudicados injustamente. Mais uma vez, elaborei uma resposta para a coluna e, mais uma vez, o *Globe* editou uma matéria fora de contexto.

Servindo à comunidade. O último fator que contribuiu para o péssimo tratamento e de mau gosto dado à Gillette pela cidade de Boston foi sua longa cultura de desconfiança e, até certo ponto, aversão aos negócios e às empresas. Essa antipatia é evidenciada pelos impostos municipais que figuram entre os mais altos do país; pelas óbvias restrições e impedimentos aplicados às empresas que desejam investir e expandir seus negócios na cidade. É evidenciada e óbvia nas demais áreas, muito embora a administração do prefeito Menino esteja tentando mudar esse comportamento.

Eu considero uma aberração toda essa comoção e turbulência geradas na cidade de Boston que cercaram nosso anúncio da fusão. Em termos gerais, minhas relações com a mídia e os políticos têm sido pouco frequentes, mas positivas. Acredito que as empresas têm o dever de agir com responsabilidade dentro de suas comunidades, de observar a legislação em vigor e de dar apoio às iniciativas que prestem assistência a seus cidadãos. Pessoalmente, sou um grande defensor da United Way. Quando era criança e vivia em Illinois, alguns dos meus parentes recebiam assistência de uma instituição antecessora da United Way. O alcance de seus serviços de assistência à comunidade, além dos limites convencionais, causou um grande impacto sobre mim e tenho angariado fundos e promovido esforços nesse sentido em todas as empresas onde trabalhei.

Na verdade, quando comecei a trabalhar na Gillette, o índice de participação dos funcionários que contribuíam para a campanha da Boston United Way tinha caído para 30 a 40%. Eu acabara de sair da Nabisco, onde a participação atual dos funcionários era de 95%, por isso fiquei horrorizado e perplexo com a baixa contribuição do pessoal da Gillette. Ao investigarmos as causas dessa baixa participação, percebemos que se tratava de uma manifestação de uma mão-de-obra desmotivada — o quadro de funcionários de uma organização que havia perdido a garra e estava mergulhado em sentimentos de baixa autoestima, cheio de dúvidas e desconectado. Nos quatro anos seguintes, a participação da Gillette mais do que dobrou e recebemos o mais alto prêmio da United Way pela criatividade e energia empenhadas em nossas campanhas.

Eu também acredito que é responsabilidade dos altos executivos gerarem lideranças em seus setores, especialmente no que diz respeito a promover um diálogo sobre políticas públicas entre o governo e a empresa. Apesar de tudo o que estava acontecendo na Gillette, trabalhei como *chairman* da Grocery Manufacturers Association (GMA), principal associação comercial do nosso setor, que é reconhecida pela influência exercida em Capitol Hill. A GMA é a mais importante lobista de nossa indústria, no melhor sentido da palavra. A GMA tem competência para informar ao governo se a legislação proposta — ou regulamentação ou tratado — vai funcionar direito nos setores de bens de consumo e de produtos alimentícios, ou não, e que tipo de negociação é possível de ser feita. Ao longo dos anos, comandada por Manly Molpus, um dos principais líderes das associações comerciais do país, a GMA tem desempenhado um papel positivo tanto para seus membros como também para o país, ao se posicionar a favor da eliminação das barreiras comerciais e liberação do comércio.

Diversos outros líderes da Gillette também assumiram cargos de liderança. Meu amigo e coautor deste livro, John Manfredi, trabalhou como diretor do International Food Information Council, organização que fornece informações com base científica sobre interpretações equivocadas e amplas referentes a questões alimentícias, e como presidente da Advertising and Marketing Commission da Câmara Internacional de Comércio de Paris, líder mundial na elaboração de códigos de conduta para autorregulamentar o setor de propaganda, utilizados por centenas de milhares de empresas espalhadas pelo mundo.

A lista de executivos da empresa envolvidos na liderança de organizações com finalidades públicas era extensa e serve para enfatizar o conceito de que os líderes devem liderar dentro de suas empresas e em áreas apropriadas fora delas, mas que irão beneficiar tanto as empresas como o setor e o público de maneira geral.

DEFININDO A AGENDA PÚBLICA E OS COMPORTAMENTOS

Então, qual é a importância relativa da mídia e dos políticos? Quando eles importam? Eles não são as forças responsáveis pelo sucesso ou o fracasso ou pelas noites de insônia de CEOs e outros executivos, *na maioria das vezes*.

No entanto, sendo empresas de capital aberto, as corporações dependem da opinião pública e da aceitação pública para conseguirem sobreviver e prosperar. E os veículos de mídia não são apenas "mensageiros" que transmitem histórias, mas são também "influenciadores" que formam a opinião e agenda pública, bem como comportamentos. Penso que os líderes empresariais devem ser abertos e diretos em seu relacionamento com a mídia. Seus profissionais realizam um importante trabalho e, geralmente, o fazem direito.

Com relação aos políticos, os bons realmente precisam de nossa ajuda porque há muito mais do que baste de maus políticos causando problemas. Uma corporação tem a responsabilidade social e obrigações de liderança que devem ser cumpridas. E quanto maior a empresa e maior sua exposição no mercado, maior é a sua responsabilidade.

Logo, a mídia e os políticos definitivamente pertencem à lista das coisas que importam.

LIDANDO COM A MÍDIA E COM OS POLÍTICOS — PROTEJA-SE, MAS SEJA HONESTO

- Esteja preparado. Não existe isso de encontro casual ou reunião informal com a mídia ou com políticos. Eles terão uma agenda de assuntos que desejam discutir. Você deve ter um objetivo e um plano.
- Combine antes o assunto da reunião. Entrevistas e discussões abertas nunca são uma boa ideia. Saiba onde está pisando e canalize a discussão para os tópicos combinados. Discussões muito amplas geralmente levam a comentários não-intencionais e ao arrependimento posterior.
- Lembre-se que a pessoa da mídia é um profissional de comunicações bem-treinado; você é um amador. Por melhor que você seja em sua função, você não tem a competência necessária para responder às perguntas do mesmo modo que um apresentador ou repórter tem para perguntar e insistir nelas. Portanto, dê respostas breves e simples. Seja direto. Se tentar enrolar ou fugir do assunto, provavelmente você será mal-interpretado ou suas respostas serão manipuladas e usadas fora de contexto.
- Prepare mensagens-chave e mantenha-se fiel a elas. Quando falar com a mídia ou com políticos, tenha certeza do que deseja transmitir. Estude-as. Refine-as até chegar aos elementos essenciais. Em seguida, certifique-se de transmiti-las com precisão e clareza.
- Lembre-se de que repórteres querem notícias; estimativas e previsões geram matérias interessantes. Contentá-los pode levar a promessas que você não será capaz de cumprir. Cuidado para não mergulhar no Círculo do Fracasso.
- Ensaie bastante e por muito tempo. Até ouvir uma pergunta e experimentar a emoção de respondê-la, você não estará pronto para se aproximar da mídia. Trabalhe com alguém que tenha intimidade para criticá-lo e avaliá-lo. Melhor ainda, grave os ensaios e se force a enfrentar o penoso processo de assisti-los — de preferência algumas vezes — de modo que você possa perceber o que está funcionando e o que não está.
- Menos é mais. A menos que haja razões muito boas para concordar com uma entrevista ao vivo na mídia, é melhor recusar o convite. O risco

é muito maior do que as vantagens de ir a público sem um objetivo em vista.
- Proteja-se, mas seja honesto. Eles têm um trabalho a realizar. É um trabalho importante, especialmente em uma democracia livre. Portanto, entenda o papel deles e como eles trabalham.
- Perceba que não existem comentários informais, fora de registro, quando se trata de mídia; logo, seja cuidadoso. Mas nunca tente enganar ou agir com má-fé. Além de ser falta de ética, nunca funciona.

CAPÍTULO 14

APRENDIZADO IMPORTA — REFLEXÕES SOBRE ESTAR CONSTANTEMENTE INSATISFEITO COM SUA CARREIRA

Neste capítulo final vou retomar alguns assuntos discutidos anteriormente, porém sob uma perspectiva diferente ou num contexto que reforce determinados pontos.

Também vou relatar algumas lições aprendidas ao longo de mais de trinta anos de carreira que não se encaixam precisamente nos princípios e práticas anteriormente discutidos. Grande parte desse aprendizado contribuiu para elaborar um dos meus mantras de vida: *A insatisfação contínua em relação ao status quo é a melhor maneira de continuar crescendo como indivíduo, como organização ou como empresa.*

Parte do conhecimento tem sua origem em experiências que vivi no início de minha carreira profissional, quando estava tentando entender como o mundo dos negócios funcionava. E uma parte ainda maior veio por meio de contatos com determinadas figuras verdadeiramente notáveis da comunidade empresarial e do mercado financeiro — pessoas como Warren Buffett e Henry Kravis, para mencionar apenas duas.

As observações vão desde aforismos, tais como: "Acesso fácil ao dinheiro gera decisões indisciplinadas" e "Maus negócios vencem bons administradores o tempo todo", até anedotas que relatam a importância dos relacionamentos e como a associação com seus colaboradores nos negócios durante sua carreira podem ajudá-lo a alcançar o sucesso. Em resumo, este capítulo é um apanhado de coisas que me foram úteis no direcionamento das ações diárias.

MENTORES — RELACIONAMENTOS QUE IMPORTAM

Vou começar pelos relacionamentos. Em algum momento de sua carreira, acredito que todo líder bem-sucedido teve a ajuda de um mentor, alguém com quem tenha tido um relacionamento próximo e que tenha causado um profundo impacto sobre o futuro desse líder. Comigo, isso aconteceu relativamente cedo, no início da minha carreira na General Foods. Na ocasião, eu estava com 32 anos e me reportava a Bob Sansone, que era o presidente da Divisão de Bebidas.

> Todo líder bem-sucedido teve a ajuda de um mentor, alguém com quem tenha tido um relacionamento próximo e que tenha causado um profundo impacto sobre o futuro desse líder.

Bob era um homem brilhante, porém rude, uma pessoa criada na cidade de Nova York. Ele tinha uma esperteza adquirida no mercado, além de uma excelente instrução formal que recebeu na Columbia University, onde concluiu sua graduação e obteve o MBA.

Era a combinação entre bom senso, aprendizado acadêmico e uma dedicação séria na aplicação dos conceitos de administração, que fazia com que Bob fosse um líder excepcional. Ele vinha com o pacote completo.

Várias de minhas abordagens a respeito de planejamento estratégico, objetivos anuais, prioridades trimestrais e relatórios e reuniões semanais têm origem em Bob. Ele era a organização personificada. E também muito mais. Bob possuía uma enorme autoconfiança, que emanava dele e afetava a todos do seu grupo. Não havia nenhuma dúvida de que Bob seria bem-sucedido. Era sempre uma questão de tempo e de quanto acima e além dos objetivos ele conseguiria atingir suas metas. Essa autoconfiança levava as pessoas a imaginarem que ele era egoísta e arrogante. Talvez houvesse certa dose de arrogância e egoísmo em sua personalidade. No entanto, a atitude que dirimia essas características de sua personalidade, em minha opinião, era a absoluta crença e confiança que ele depositava em seu pessoal.

A partir do momento que Bob o conhecia e confiava em você, ele passaria a apoiá-lo incondicionalmente, em qualquer circunstância. Ele ficava perto de você quando a situação exigia, ao mesmo tempo que deixava a rédea solta para você gerenciar seu trabalho do seu jeito, porém dentro dos objetivos e prioridades pré-acordadas. Trabalhar com Bob era uma oportunidade única de crescer como indivíduo e como administrador.

Por essas razões, a rápida ascensão profissional de Bob dentro da General Foods não foi surpresa para ninguém, inclusive quando foi promovido ao cargo de presidente e diretor-geral de operações da grande subsidiária brasileira da empresa na década de 1970. Com esse cargo, Bob gozava praticamente de autonomia total. Os diretores das subsidiárias internacionais tinham carta branca para comandar os negócios como julgassem adequado. Na ocasião, governado por uma junta militar e enfrentando uma montanha-russa em termos de mudanças econômicas, o Brasil proporcionou a Bob inúmeras oportunidades de colocar em prática e afiar suas habilidades de administrador.

Bob retornou para os Estados Unidos para continuar seu trabalho na General Foods, porém foi finalmente atraído pela Mattel na Califórnia, onde fez uma brilhante trajetória como presidente. Infelizmente, Bob morreu de câncer aos quarenta e poucos anos. Entretanto, ele causou um impacto positivo tão significativo na empresa que a Mattel, ao encontrar-se em dificuldades na década de 1990, sentiu-se confortável o bastante para recrutar outro executivo do grupo General Foods/Kraft, Bob Eckert, que também contava com o talento, temperamento e experiência profissional necessários para comandar o processo de recuperação financeira da fabricante de brinquedos.

Lealdade — **Seja verdadeiro com as pessoas que você conhece.** Todo mundo deveria ter um Bob Sansone em sua carreira. Pessoas como ele fazem uma grande diferença. Por exemplo, além de sua experiência no processo da administração, a lealdade de Bob e sua confiança em seu pessoal tiveram uma grande influência sobre mim ao longo de minha carreira nos negócios. Essa é uma das razões pelas quais tantas pessoas trabalharam comigo mais de uma vez na vida.

Muitos administradores tendem a se esquecer daqueles que ficaram para trás quando são promovidos para um novo cargo. Comigo, acontece exatamente o oposto. Reconheço aqueles que contribuíram para o sucesso que tornou possível minha ascensão e quero mantê-los junto a mim na fase seguinte.

> Muitos administradores tendem a se esquecer daqueles que ficaram para trás quando são promovidos para um novo cargo.

Como já mencionei, meu coautor, John Manfredi, trabalhou comigo na General Foods na década de 1970, e novamente na Nabisco na década de 1990, na Gillette durante todo o processo de recuperação financeira e, agora, neste livro. E John não é exceção à regra.

A primeira vez que trabalhei com o meu outro coautor — Bob Lorber, foi na década de 1980 na Kraft. E, em seguida, novamente na Gillette, onde Bob prestou consultoria aos nossos grupos de finanças e recursos humanos enquanto operavam as transformações em suas áreas.

Peter Klein talvez seja meu colega mais antigo. Peter trabalhou comigo na General Foods e na Kraft como consultor de marketing. Ele abandonou sua bem-sucedida firma de consultoria para trabalhar comigo em tempo integral na Nabisco, e novamente na Gillette. Atualmente dividimos o espaço no escritório em Rye, Nova York; portanto, nosso relacionamento continua firme.

Joe Schena, atualmente sócio da Centerview Partners, empresa de fundos de investimentos privados que fundei, é um parceiro que conheci na época da General Foods e Kraft. Fui responsável pelo recrutamento de Joe para trabalhar na Nabisco, onde ele dirigia a área de planejamento e, em seguida, na Gillette, onde ele chegou ao cargo de CFO.

Mark Leckie trabalhou comigo na Kraft, de onde saiu para trabalhar na Campbell Soup and Heinz. Mas consegui trazê-lo de volta para comandar a Duracell do grupo Gillette. Posteriormente, ele foi convidado para ser diretor-executivo dos negócios da Gillette já sob o controle da P&G.

Doug Conant e Rick Lenny foram aprendizes da Kraft e voltaram a trabalhar comigo na Nabisco. Doug já estava na Nabisco. Rick Lenny, eu trouxe para dirigir nossa maior divisão de negócios — de Biscoitos Nabisco. Trabalhei com Roger Deromedi na General Foods e também na Kraft, onde ele me ajudou a chegar ao cargo de CEO. Apesar de não voltarmos a trabalhar juntos, continuamos muito próximos. Roger foi convidado pelo conselho da Gillette para fazer parte do seu colegiado.

Dave Rickard, CFO da CVS, gigante varejista do setor de produtos farmacêuticos, é outro colega de profissão de longa data. Trabalhamos juntos por duas vezes — na Kraft e na Nabisco. Continuamos a manter contato e sempre trocamos ideias sobre assuntos relativos aos negócios e ao mercado em geral.

E a lista continua. A moral da história é bastante evidente. Lealdade e bons relacionamentos duradouros e comprovados realmente importam e fazem uma grande diferença. Não consigo entender por que alguém iria preferir se arriscar com um completo estranho se um antigo colega de trabalho estiver disponível e for qualificado para o cargo ou posição.

Felizmente, houve reciprocidade das pessoas com as quais mantive bons e prósperos relacionamentos. Essas pessoas aproveitaram e se beneficiaram desses relacionamentos e, até hoje, muitas manifestam seu desejo de retomá-los um dia. Não há melhor satisfação para um líder do que ouvir de seu pessoal a seguinte frase: "Vamos fazer isso de novo."

MOMENTOS PESSOAIS IMPORTAM... PARA A VIDA TODA

Outro aspecto sobre relacionamentos me ocorreu recentemente. Ao ler as transcrições das entrevistas com meus colegas, percebi que algumas de suas lembranças mais marcantes envolviam momentos pessoais vividos comigo que influenciaram suas carreiras e também nossos relacionamentos.

Por exemplo, Doug Conant, atual CEO da Campbell Soup, se recorda da ocasião em que fomos comer um lanche no McDonald's. Conversamos sobre uma série de problemas que ele estava enfrentando no gerenciamento das divisões de salgadinhos, condimentos e outros alimentos da Nabisco — um mix de produtos. Mas também passamos um bom tempo falando sobre sentimentos, dele e meus, a respeito do que estava acontecendo no escritório e em nossas vidas.

Betsy Holden, que se tornou vice-CEO da Kraft, se lembra de um almoço que tivemos no início de sua carreira, o qual estava convencida, por causa das dificuldades que enfrentava na divisão de pizzas, seria sua última refeição — um tipo de última refeição antes da cadeira elétrica. Muito pelo contrário, na verdade, eu queria que ela soubesse nesse almoço que eu confiava nela e iria ajudá-la a ser bem-sucedida em sua empreitada.

> **Relacionamentos reais e autênticos realmente importam.**

Bob Eckert relembra o tempo que passamos juntos no porão da minha casa no subúrbio de Chicago, debatendo longamente para tentar descobrir como lidar com a crise do fornecimento crucial de queijo para a Kraft.

Essas lembranças e muitas outras mais foram geradas em situações e acontecimentos não planejados em termos dos efeitos intrínsecos que produziam, mas totalmente autênticos e reais em termos dos sentimentos que eu nutria por cada um dos meus colegas. É algo que faz com que você se sinta bem. Relacionamentos autênticos e reais realmente importam.

Tenho esse mesmo tipo de sentimento em relação ao meu relacionamento com Warren Buffett. Desde meu primeiro encontro com ele houve uma sensação de conforto, confiança e proximidade. Ao longo dos anos, esse relacionamento evoluiu à medida que passei a enxergá-lo como um membro do conselho que dava sua opinião, conselhos e orientação. Warren não falava muito, mas suas palavras eram repletas de bom senso e sabedoria.

Warren Buffett — Encerrando os ataques oportunistas. No almoço de despedida de Warren em sua saída do conselho de administração da Gillette, eu me lembrei de como ele salvou a empresa. Começou na década de 1980, uma época de grande turbulência no mercado americano. Ivan Boesky e Michael Milken estavam ficando famosos, burlando regras e gerando milhões de dólares em transações escusas. Os piratas corporativos estavam atacando a todo vapor.

A tumultuada negociação de compra da empresa era permeada por grande comoção e não demorou muito para a Gillette virar um alvo fácil dessa pirataria. De setembro de 1986 até julho de 1988, a Gillette enfrentou quatro tentativas de compra de seu controle acionário. Três ofertas foram feitas pelo presidente da Revlon, Ron Perelman. A quarta tentativa resultou numa dura disputa contra um grupo chamado Coniston Partners.

Foi uma batalha muito acirrada, mas a Gillette saiu vencedora com uma pequena margem de 52% dos votos dos acionistas. A defesa da Gillette foi liderada pelo então *chairman* e CEO, Colman Mockler.

Enquanto a Gillette se defendia dos ataques hostis pelo controle acionário, a empresa foi forçada a fazer pesados empréstimos para usar na recompra das ações. Cerca de US$ 1,5 bilhão de patrimônio foi substituído por dívidas no período compreendido entre 1986 e 1988.

Quando a poeira baixou no final de 1988, a Gillette registrava um patrimônio líquido negativo. Mas não por muito tempo.

No outono de 1989, um investidor correto me ligou perguntando se a empresa estava aberta para receber uma proposta. Alguns dias depois, Colman Mockler e Warren Buffett se encontraram em Omaha. Durante um almoço de hambúrgueres e Coca-Cola, os dois rascunharam um acordo que foi finalizado poucos meses depois.

A aquisição de US$ 600 milhões em ações representava um claro voto de confiança no futuro da Gillette e um forte sinal de que os piratas iriam procurar outro alvo para ataques.

A empresa conseguiu o caixa de que precisava para reduzir seu endividamento e um tempo para respirar e se concentrar em seu planejamento estratégico de crescimento. E o mais importante no longo prazo, ganhou a contribuição excepcional de Warren como novo membro do conselho de administração.

Durante os preparativos para o almoço de despedida, lembrei-me de alguns comentários de Warren que exemplificavam sua sabedoria e perspicácia. Os dois primeiros foram mencionados no livro anteriormente, mas merecem ser repetidos.

Sobre os perigos dos cálculos de estimativas e previsões, Warren disse em 2001: "Uma empresa de grande importância ao prever que seu índice de lucros por ação crescerá no longo prazo, digamos, 15% ao ano, está cortejando confusão... O problema com previsões elevadas é que elas acabam desgastando gradualmente o comportamento do CEO."

E sobre esse mesmo assunto, ele disse posteriormente: "Desconfie de empresas que anunciam pomposamente suas projeções de lucros e expectativas de crescimento. Administradores que sempre prometem *bater os números*, em algum momento ficam tentados a *maquiar* os números."

"**Maus negócios vencerão bons administradores todas as vezes.**" Sobre o negócio de aparelhos de barbear e lâminas da Gillette, Warren afirmou: "É uma satisfação ir para a cama todas as noites sabendo que existem dois bilhões e meio de homens no mundo que terão de fazer a barba na manhã seguinte."

Esta é uma das histórias contadas por Warren sobre o excesso de abastecimento de produtos: "Na madrugada do último dia do último mês do trimestre, o supervisor do armazém de mercadorias é questionado: 'Como está indo o trimestre?' O supervisor responde: 'O trimestre está cheio só até a metade. Me pergunte de novo às cinco horas.'"

Sobre os gastos, Warren dizia: "O acesso fácil aos recursos gera decisões indisciplinadas."

Sobre a integridade: "Demora cerca de vinte anos para construir uma reputação e apenas cinco minutos para arruiná-la. Se você pensar nisso, fará as coisas de maneira diferente."

Sobre comprar uma empresa e tentar sem sucesso recuperá-la financeiramente: "Maus negócios vencerão bons administradores todas as vezes."

E, finalmente, uma de minhas histórias favoritas. É sobre motivação, e Warren está falando sobre um de seus diretores, Jack Byrne. "Byrne é o exemplo de um granjeiro que mostra um ovo de avestruz dentro do galinheiro e diz: 'Senhoras, isso é o que a concorrência está produzindo.'"

SEGREDO PARA O SUCESSO — FAZER O QUE VOCÊ GOSTA

Voltando aos mentores. Bob Sansone foi meu mentor no início de carreira, enquanto Mike Miles desempenhou o mesmo papel na metade de minha carreira. Mike era CEO da Kraft, e eu cheguei como seu vice-presidente de assuntos estratégicos depois de ter trabalhado na General Foods, na Oscar Mayer e na Kraft International.

Mike é uma das pessoas mais brilhantes, trabalhadoras e francas que já conheci na vida. Quando lhe perguntei como ele havia conseguido ser tão bem-sucedido no mundo dos negócios — chegando ao cargo de CEO do grupo Philip Morris (atualmente, Altria) bem como da Kraft, ele respondeu: "Pensei muito sobre isso e a única resposta verdadeira é *pura sorte*. Estar no lugar certo, na hora certa."

Por que o pessoal do Mike era tão bem-sucedido? "Eles teriam se tornado os melhores executivos, administradores de primeira linha, tendo trabalhado comigo ou não. Meu estilo gerencial segue o preceito de nunca controlar demais seu pessoal. Não criticá-los ou julgá-lo depois do evento ocorrido. Deixe-os cometer erros. Exija que sejam responsáveis e prestem contas de seus resultados. E, introduza os valores certos." Mike fazia isso tudo e muito mais. Sua visão de negócios, e de vida, ajudou a construir minha carreira.

Seu ensinamento número 1 é: fazer o que gosta. Se você gosta do que faz e se entusiasma com os desafios, sua paixão será demonstrada na qualidade dos seus resultados. Para ele, um trabalho bem planejado e de qualidade prevalece sobre uma grande quantidade de trabalho sem qualquer atividade intelectual envolvida. Pessoas demais, diz ele, acreditam que são avaliadas e julgadas pela quantidade de trabalho que executam, e aprendem tarde demais que a excelência com que executam seu trabalho é que faz a diferença.

> **Se você gosta do que faz e se entusiasma com os desafios, sua paixão estará demonstrada na qualidade dos seus resultados.**

Na mesma linha de raciocínio, Mike acredita totalmente que a qualidade dos produtos importa. Em um mundo repleto de coisas que não funcionam, Mike afirma que você será reconhecido e premiado se as suas funcionarem.

E, finalmente, Mike aconselha sempre que é preciso se cercar das melhores pessoas. Justa ou injustamente, Mike diz que os chefes sempre recebem o crédito pelo sucesso de seu pessoal e são culpados pelos fracassos. Portanto, seja inteligente na contratação e promoção de pessoas que são melhores do que você e demita os folgados e provocadores de confusão imediatamente.

DEMISSÕES — CONFRONTAR A REALIDADE, EVITAR JULGAMENTOS

Tomar a difícil decisão de demitir alguém e fazê-lo imediatamente é algo que aprendi muito cedo. Demitir alguém é um processo bastante complicado, porém não fica mais fácil se for adiado. Uma vez tomada a decisão de demitir alguém, você começa a emitir sinais, conscientemente ou não, que são difíceis de ignorar. O tempo de trabalho da pessoa em questão pode ser prolongado, mas não será um tempo de boa qualidade, para dizer o mínimo. Se você for honesto com a pessoa, a demissão ou encerramento do contrato será uma ação positiva. A menos que você esteja lidando com um mau funcionário, as pessoas costumam perder seus empregos porque esses se tornaram redundantes ou desnecessários, ou porque as habilidades pessoais de um funcionário não se enquadram na descrição de suas funções ou cargos.

Demissões não devem ser injustas ou discriminatórias. Devem configurar uma tentativa de ajudar a pessoa a encontrar algo que gostem de fazer ou que sejam boas em fazer. Há muitas pessoas que aconselhei a deixar a empresa com as quais ainda mantenho contato. Quase todas elas conseguiram construir carreiras de sucesso e de grande reconhecimento. Em contrapartida, trabalhei com um CEO cuja fobia e falta de habilidade para demitir qualquer pessoa era lendária. Como resultado, as demissões eram raras e os pesos mortos iam se acumulando. Quando uma demissão era absolutamente essencial, esse CEO era capaz de agendar uma viagem de negócios — de no mínimo uma semana e sempre para fora do país — para se livrar de sua obrigação! Consequentemente, todos que sabiam disso sempre ficavam um pouco apreensivos quando ouviam que o chefe planejava fazer uma viagem longa.

Discutimos bastante sobre as reuniões fora do ambiente da empresa devido a sua grande importância no alinhamento de objetivos e fortalecimento dos laços entre os colegas de trabalho. Uma dessas reuniões ficou particularmente na minha memória, acima de todas as demais. Foi nossa primeira reunião externa e a primeira exposição ao comitê operacional sobre como a empresa atuaria no futuro: não mais feudos, muita colaboração e compartilhamento de informações entre as áreas, objetivos e prioridades individuais amarrados aos objetivos e prioridades corporativos, rigorosa responsabilização e prestação de contas, e promessas feitas que seriam mantidas e cumpridas. Era uma lista cheia de mudanças.

Como observado várias vezes anteriormente, um dos papéis mais importantes de todo líder era o de ser um ouvinte e observador atento. Esse aspecto tornou-se óbvio para mim depois de uma hora ou duas de exposição, quando um dos executivos demonstrou sua resistência às mudanças do antigo modelo para o novo modelo da Gillette. Era um executivo brilhante, cheio de energia e que conhecia detalhadamente seu negócio. Porém, não se comportava como membro de uma equipe. Não queria compartilhar nem colaborar com seus colegas; não queria que seu desempenho estivesse atrelado ao desempenho de mais ninguém. Ele queria exceder suas metas e objetivos segundo seus próprios termos e do seu jeito.

Mantive minha promessa de basear minhas decisões em resultados, portanto apurei minhas observações. No entanto, não foi nenhuma surpresa quando, pouco tempo depois dessa reunião externa, esse executivo veio ao meu escritório e pediu demissão. Ele disse que adorava a Gillette e acreditava que seríamos bem-sucedidos em sua recuperação, mas que a nova abordagem corporativa não era para ele. Tivemos uma conversa franca e extensa, em que ficou claro que ele havia tomado a decisão certa; portanto, ele foi embora. Se não tivéssemos realizado essa reunião, talvez esse executivo tivesse eventualmente chegado à mesma conclusão. Porém, a ação concentrada e o formato particularmente focado da reunião externa aceleraram o processo para ele, do mesmo modo que acelerou para outros executivos.

ORIENTAÇÃO OBJETIVA — OLHE PARA O GRUPO DE FIÉIS DE SUA IGREJA

Sempre prefiro manter as coisas simples e fornecer diretrizes claras. Você consegue muito mais das pessoas quando elas sabem o que você quer e quando têm liberdade para agir. Assim é muito melhor do que a decisão imediata de correr para agendar uma reunião com você quando enfrentarem tempos difíceis. No entanto, quando você tem de lidar com áreas distintas de julgamento, especialmente com áreas que envolvem mudanças de padrão e de preferências, não é fácil identificar como estruturar sua orientação.

Por exemplo, quando estávamos desenvolvendo nossos planos estratégicos para o TAG — desodorante corporal —, várias abordagens iniciais de marketing se concentravam na linha do bom gosto e da decência. Era o esperado, tendo em vista que estávamos tentando atingir o público-alvo composto por adolescentes e jovens adultos com um produto idealizado por eles como um modo certo de atrair as garotas.

Não há muita informação útil e disponível na grade curricular da faculdade ou em livros sobre negócios quando se trata de assuntos como mudança de costumes, preferências e o novo ambiente de mídia. Logo, decidi converter a situação numa variável que usei no passado. Minha orientação foi a seguinte: *Se sua abordagem de marketing não passar pelo crivo do grupo de fiéis de sua igreja, não será aceita por mim.*

Eu digo para o meu pessoal: Sempre faça a coisa certa. Se estiver em dúvida, lembre-se do que seus pais e orientadores espirituais — padres, ministros, rabinos e pastores — lhe ensinavam quando você era criança. Desse modo, você conseguirá ter uma boa bússola moral que lhe dirá como direcionar sua ação.

AVALIANDO A DISCIPLINA DE MODO VISCERAL

A importância da disciplina nos negócios é um aspecto difícil de enfatizar em excesso. Tendo em vista que a vitória é medida por margens estreitas, especialmente quando se trata de bens de consumo, prestar atenção aos detalhes e executar o trabalho com excelência realmente importam. Porém, não se pode esperar foco e esforço extra de uma organização que sofre de falta de disciplina.

Portanto, além de enfatizar a importância da disciplina durante minhas reuniões, apresentações, discursos, conversas particulares e fora da empresa, descobri uma estratégia secundária muito efetiva para deixar clara minha intenção, de uma maneira literalmente visceral.

> **Não se pode esperar foco e esforço extra de uma organização que sofre de falta de disciplina.**

Todos os anos, geralmente na reunião externa posterior aos feriados natalinos, eu convidava meus subordinados diretos a participarem do *Desafio de Perda de Peso de Jim Kilts*, para conseguirmos eliminar os quilos extras adquiridos durante o feriado.

Evidentemente, o Desafio trazia vantagens à saúde. Quem não se beneficiaria com a perda de uns quilinhos extras? Além disso, o desafio servia como uma experiência para fortalecer os laços dos relacionamentos, à medida que os membros das equipes comparavam a evolução dos seus esforços para a perda de peso. As regras eram simples. Aqueles que queriam participar deviam apostar US$ 100 que conseguiriam cumprir o Desafio. A participação era voluntária, mas num grupo de subordinados diretos que geralmente contava com doze a quatorze pessoas, era raro ter mais de uma ou duas pessoas que não participassem do desafio.

Estabeleceríamos como Desafio uma meta de perda de peso de, por exemplo, sete quilos para os homens e 4,5 quilos para as mulheres. Todos deveriam ser pesados pelo médico da empresa, que manteria os registros sob sigilo; ao final de três meses, antes da próxima reunião trimestral externa, todos deveriam ser novamente pesados. O médico então me diria os nomes daqueles que ganharam e

> **A disciplina se estende por todas as áreas de nossa vida e traz consigo o reconhecimento e prêmios.**

dos que perderam. Não haveria nenhuma outra informação, como: quanto de peso cada pessoa perdeu, ou seu peso absoluto inicial ou final. O objetivo do desafio não era causar embaraço para ninguém ou compilar dados por meios sub-reptícios.

Os ganhadores eram anunciados na reunião e dividiam o montante de dinheiro coletado daqueles que não haviam conseguido atingir a meta e deviam pagar suas apostas de US$ 100. Na maioria das vezes, escolhíamos uma instituição de caridade para doar o produto total dessa aposta.

A ideia geral era promover uma boa diversão. Mas, também enfatizava a importância da disciplina em todas as áreas da nossa vida, que no final das contas trazia consigo reconhecimento e prêmios. Talvez o aspecto mais interessante do Desafio tenha sido o que ele me revelava sobre cada um de seus participantes.

REAVALIANDO A ABORDAGEM DA VITÓRIA

Alguns executivos — vamos chamá-los de *hipercompetidores* — queriam provar que eram melhores do que todos os demais. Queriam chegar à frente de todo mundo na linha final. Nosso ex-astro de futebol da Gillette, Ned Guillet, era um deles. Ned não apenas cortou praticamente toda e qualquer ingestão de alimentos, como começou a se exercitar de duas a três horas por dia. Como era de se esperar, perdeu 4,5 quilos em quatro dias e quase desmaiou no quinto dia, que foi quando decidiu reavaliar sua abordagem.

Outros, os *hiperconfiantes*, decidiram que sete quilos não era um desafio muito difícil. Portanto, não havia necessidade de sofrer três meses de privações; eles conseguiriam atingir a meta total nas duas ou três últimas semanas. Não me lembro de ninguém desse grupo que tivesse ganhado.

Havia alguns poucos — os *fatalistas* — que toparam o Desafio, assumindo de antemão que nunca ganhariam. Não fizeram nada e não ganharam.

E, claro, havia os *vencedores*, aqueles que fizeram o trabalho mental necessário para descobrir como poderiam alterar suas dietas e quais os alimentos que deveriam ser evitados durante todo o período de três meses para que pudessem cumprir ou superar a meta. Desnecessário dizer, os perdedores de peso disciplinados levaram o prêmio, em sua maioria.

Sim, eu competi também. Apesar de estar acostumado a vencer, lembro-me perfeitamente de cada uma das vezes em que não venci. Foram experiências de autoaprendizado.

ALGUNS CONCEITOS SIMPLES

Vou terminar este capítulo por onde comecei. Sendo uma pessoa que gosta de manter as coisas simples, vou resumir meu pensamento sob a firme convicção de que a insatisfação contínua em relação ao *status quo* é a melhor maneira de continuar crescendo como indivíduo, como organização ou como empresa. Um desconforto construtivo com você mesmo, seu trabalho, seu pessoal, seus produtos, sistemas e serviços que abastecerão a mudança em andamento e seu progresso. Entretanto, nunca permita que sua insatisfação torne-se negativa ou disfuncional. Isso porque você descobrirá no futuro que alguns outros conceitos simples — como relacionamentos, lealdade, momentos compartilhados e amor por aquilo que você faz — são coisas que realmente importam.

COISAS QUE REALMENTE IMPORTAM

No dia-a-dia do trabalho, há literalmente dezenas de coisas que parecem importantes. Frequentemente, em meio ao burburinho da ação, com toneladas de conselhos conflitantes e montanhas de informações para selecionar, é difícil reconhecer o que importa. Bem, depois de mais de trinta anos de carreira permeados de desafios, aqui está minha lista de coisas que realmente importaram para mim.

- **Crescimento importa.** A contínua insatisfação com o *status quo* é a melhor maneira de continuar crescendo. Sem assumir uma atitude de que você *nunca é tão bom hoje como será um dia*, você perderá força e energia ao mesmo tempo que seu pessoal colocará o desempenho deles em velocidade de cruzeiro.
- **Relacionamentos importam.** Mentores podem representar a diferença entre você se esgotar, tentando aprender sozinho por tentativa e erro, versus lucrar com os sábios conselhos e a experiência passada de alguém mais velho e mais sagaz.
- **Lealdade importa.** Ser franco com seus colegas e subordinados gera a credibilidade e confiança de que você precisa para ser um líder. E a lealdade vale para os dois lados. Você se beneficia ao contar com o

apoio de pessoas inteligentes que conhecem seu estilo e desejam atingir suas expectativas.
- **Pequenos momentos importam.** Expressar preocupação e interesse com relação à carreira e os esforços de um colega deve ser um ato real e autêntico, porém não deve se transformar em grandes e orquestradas manifestações. Pequenas coisas, como um sanduíche num restaurante de *fast-food*, um cachorro-quente em uma barraca de rua ou uma reunião informal em sua casa — podem produzir uma lembrança para toda uma vida. Seja honesto com o seu pessoal sobre suas expectativas e não use subterfúgios para abrandar as situações, porém esteja disponível para apoiá-los quando precisarem da sua ajuda.
- **Decisões tomadas no tempo certo importam.** Uma das coisas mais difíceis de um negócio é a demissão de pessoas, que geralmente resulta em adiamentos que prejudicam a todos. Lembre-se: alguém que não se encaixa numa determinada posição pode ser um astro em alguma outra função. De qualquer modo, adiar uma decisão difícil não vai torná-la mais fácil nunca. Tomar decisões no tempo certo ajuda seu negócio, seus colegas e, principalmente, a pessoa dispensada que pode seguir em frente em direção a uma nova vida.
- **Fazer o que gosta importa.** Essa era uma verdade para mim quando comecei minha carreira. Mais de trinta anos depois, não posso imaginar um mantra de vida melhor do que este: *Encontre algo que você goste de fazer e depois encontre alguém que lhe pague para fazê-lo.* Se você não gosta do que faz, cada dia parece levar uma eternidade para passar. Se seu trabalho o absorve e arrebata, décadas de carreira parecem passar num curto espaço de tempo. Estou convencido de que quanto mais você gostar do que faz, com mais rapidez, com mais sucesso e com mais satisfação o tempo vai passar.
- **Lições aprendidas quando crianças importam.** Numa época de grandes mudanças e tumultos, que melhor porto seguro você pode ter para seus valores do que as lições aprendidas no colo de sua mãe? Tudo o que você aprendeu desde *jogue direito... seja pontual... trabalhe bastante... fale a verdade... não coloque a culpa nos outros*, e assim por diante. Warren Buffettt diz: *Não faça algo que você não queira ver estampado na primeira página do jornal.* Concordo e acrescentaria: *Não faça algo*

que seus pais ou o clero não aprovariam. Fazer a coisa certa sempre importa.
- **A equipe certa importa.** Como diz Mike Miles: Cerque-se das melhores pessoas. Justa ou injustamente, você receberá os créditos pelo sucesso de sua equipe e será culpado por seus fracassos. Portanto, reúna as melhores e mais brilhantes pessoas e mantenha muitas delas junto com você ao longo de toda sua carreira. Se você fizer isso, você estará provavelmente fazendo o que importa.
- **Confrontar a realidade importa.** Geralmente, o grande desafio é aceitar o fato de que a mudança é necessária para fazer com que as coisas melhorem. Porém, é igualmente importante a sabedoria de reconhecer quando, qualquer que seja o tamanho da mudança, ela não vai funcionar em nada. Como afirma Warren Buffett: Você deve saber reconhecer a existência de "maus negócios"; e más situações de negócios vencem "bons administradores" o tempo todo. Existe sabedoria em reconhecer suas limitações e em aceitar as coisas que você não consegue controlar ou influenciar.

APÊNDICE

Indicadores Financeiros da Gillette, 2001-2005

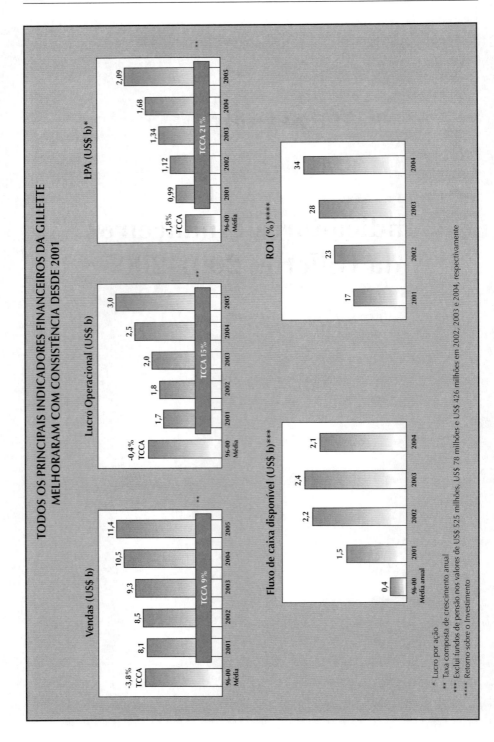

APÊNDICE 311

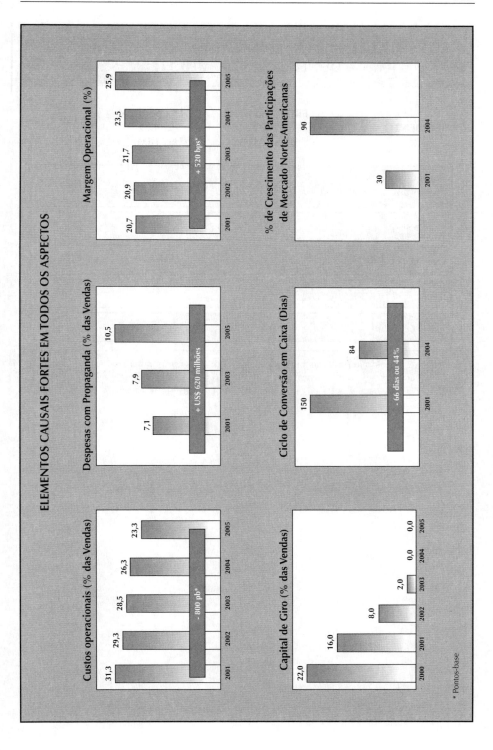

AUMENTO DE LUCROS EM TODAS AS UNIDADES DE NEGÓCIOS DA GILLETTE

SEGMENTO	EBIT* Ano fiscal 2001 (US$ MM)	EBIT* Ano fiscal 2002 (US$ MM)	TCCA** (%)
Aparelhos de Barbear & Lâminas	1.141	1.888	13%
Duracell	218	548	26%
Cuidados bucais	240	362	11%
Cuidados pessoais	68	131	18%
Braun	98	133	8%

* Lucros antes do imposto de renda — exclui custos fixos corporativos
** Taxa composta de crescimento anual

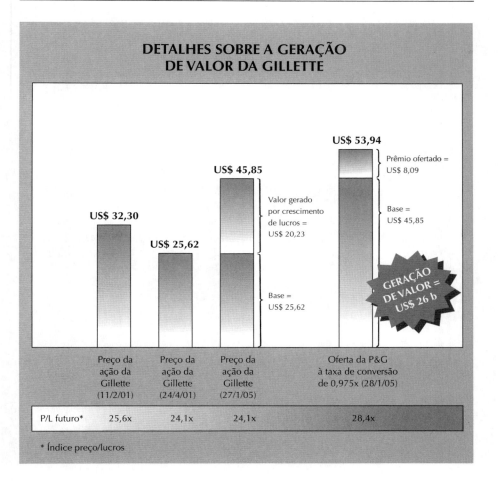

AGRADECIMENTOS

De várias maneiras, este livro é um tributo às dezenas de milhares de colegas que trabalharam nas empresas General Foods, Kraft, Nabisco e Gillette, nas quais os princípios e preceitos constantes de *Fazendo o Que Importa* tomaram forma e foram aplicados. As práticas corporativas nunca surgem completamente formadas. Há sempre tentativas e erros, ajustes e adequações necessárias. Muitos dos nossos colegas participaram diretamente desse processo ao longo dos anos. Todos eles são merecedores de nossos agradecimentos e compartilham dos créditos pelo desenvolvimento da interpretação de *Fazendo o Que Importa*.

Ao descrever os resultados e as realizações, nosso livro pode transmitir a ideia de que apenas duas ou três pessoas foram responsáveis pela concepção das estratégias e também pelo trabalho pesado para fazer com que as coisas funcionassem. Essa ideia não poderia estar mais equivocada ou mais distante da verdade. Dirigir e administrar os negócios são resultados diretos de esforços de um trabalho em equipe. Nas organizações atuais com estruturas matriciais, cada membro da equipe e do grupo corrobora com os demais. Dentre seus participantes críticos estão incluídos os membros dos conselhos de administração e, nos casos da General Foods, Kraft, Nabisco e Gillette, eram pessoas excepcionais e com vasta experiência, que faziam toda a diferença em termos de direcionamento e facilitação dos nossos resultados e realizações.

Em seguida, encontra-se a liderança executiva, e como você pode observar em nosso livro, seja como indivíduos ou em grupos, nossos diretores devotaram intelecto, emoções e incontáveis horas para ajudar na realização de vários objetivos — pequenos e grandes.

Como mencionamos, os esforços, ideias e entusiasmo de todas as organizações também tiveram sua verdadeira importância em cada passo ao longo do caminho.

Dois colegas merecem créditos especiais. Joe Schena, que trabalhou nas quatro empresas mencionadas, participou por todo o período de formação. Além disso, Joe nos ajudou muito na verificação e validação dos dados financeiros constantes deste livro. Peter Klein também esteve presente no início e durante todo o processo de crescimento e de criação de *Fazendo o Que Importa*. Peter trabalhou como consultor de marketing e de marca para a General Foods e Kraft e depois como membro da diretoria-executiva da Nabisco e da Gillette.

Bill Ruffin teve uma importância vital na elaboração das mensagens que transmitem a abordagem de *Fazendo o Que Importa* para as áreas da Nabisco e da Gillette, e preparou várias apresentações e discursos que deram vida aos nossos conceitos. Bill chegou a trabalhar na área de comunicações da RJR Nabisco, mas decidiu que as vicissitudes da atividade como autônomo eram largamente preferíveis ao ambiente corporativo existente antes da aquisição da RJRN.

Um agradecimento especial é dedicado também a cada uma das pessoas que entrevistamos durante a preparação do livro. As ideias e observações de alguns desses amigos e colegas fazem parte do livro. Apesar de muitos outros não terem sido diretamente mencionados ou incluídos, suas palavras influenciaram nosso pensamento ao montarmos o livro.

John Mahaney, nosso editor da Crown Business, esteve conosco durante cada passo do caminho, desde a concepção e desenho das ideias até o rascunho e a revisão final. Sempre nos incentivando, John sabia o momento certo de pressionar, desafiar e exigir. Além disso, nos ajudou a perceber em quais trechos deveríamos introduzir um pouco mais de energia e esforço a fim de gerar mais interesse e reflexão. Também sabia quando o ato de cortar ou eliminar palavras ou partes resultaria em mais, e não menos. John é uma raridade. Foi direto e franco, mas de um modo que nos permitia seguir em frente, sem nos surpreender ou nos deixar imaginando o que fazer em seguida.

Também sempre conosco a cada passo do caminho estava nossa agente literária, Margret McBride, cujo escritório inteiro auxiliou no desenvolvimento de nossas ideias preliminares e transformação numa proposta de livro convincente, que deu origem ao formato atual de lançamento de *Fazendo o Que Importa*. Margret foi uma fonte de conhecimento, apoio e energia durante toda a nossa jornada.

Finalmente, gostaríamos de agradecer as nossas amadas famílias — Sandy, Jimmy e Sarah; Doreen, Kendre, Hadley e Nicole; e Sandy, Tracie, Lindie e Kaylie — por seu apoio e incentivo. Doreen trabalhou com grande diligência e paciência em cada capítulo. Fez críticas gentis, porém construtivas, e foi responsável por toda a revisão e edição do texto. Sem seus esforços incansáveis, os prazos de entrega jamais teriam sido cumpridos.

SOBRE OS AUTORES

JAMES M. KILTS foi, até recentemente, *chairman* e CEO da Gillette, cargo que ocupou de 2000 até a fusão da empresa com a Procter & Gamble. Por todos os lados, ele recebeu os créditos pela recuperação financeira de um grande ícone da indústria que se encontrava em profunda trajetória descendente.

Como CEO da Kraft Foods, era responsável por uma empresa avaliada em mais de US$ 20 bilhões com operações em todos os lugares do mundo. Como CEO da Nabisco, sua carteira de produtos incluía algumas das marcas mais conhecidas do setor de consumo.

No intervalo de tempo entre a Kraft e a Nabisco, Jim Kilts foi palestrante convidado da University of Chicago. Durante sua experiência como professor das mentes mais brilhantes e talentosas, começou a surgir a ideia de escrever este livro — conforme os alunos lhe perguntavam o que acontecia no mundo real dos negócios.

Atualmente, Jim é sócio da Centerview Partners, uma firma da área de investimentos privados. Além disso, participa do Conselho de Curadores da University of Chicago, é presidente do Conselho Consultor da Escola de Graduação em Administração de Empresas da University of Chicago e patrocina o centro de estudos James M. Kilts Center for Marketing. O objetivo do Centro é incentivar a ampliação das fronteiras relativas à pesquisa e ao pensamento analítico por meio da atual utilização e exploração de aplicativos avançados.

JOHN F. MANFREDI foi um dos executivos que participou da virada de jogo na Nabisco e, posteriormente, na Gillette. Como vice-presidente executivo responsável pelas Relações com Investidores e várias outras áreas da Nabisco, John Manfredi ajudou a levantar os recursos necessários para financiar a enorme operação de LBO resultante do famoso ataque dos "bárbaros". Em seguida, trabalhou junto a Jim Kilts para dar uma arrancada no motor da Nabisco depois de sua IPO oscilante.

Ao se transferir para a Gillette com Kilts, John Manfredi restabeleceu as credenciais da empresa com o pessoal de Wall Street e da mídia, além de ser um dos poucos executivos a participar da negociação com a Procter & Gamble sobre a megavenda da Gillette, a maior já realizada em todo o setor de consumo.

Manfredi liderou uma série de iniciativas tanto no mercado americano como no mundo todo, enquanto ocupava o cargo de *chairman* da Comissão de Marketing Global da Câmara Internacional de Comércio, em Paris, e do Conselho Internacional de Informação sobre Alimentos, em Washington, D.C.

Suas atividades profissionais e comunitárias incluem também mais de uma década de trabalho como *chairman* do Comitê Olímpico dos Estados Unidos, em New Jersey, e como membro do conselho administrativo das seguintes associações: United Way of New England, Foundation for Teaching Economics, e Arthur Page Society.

Manfredi cursou a Yale College e a Columbia University onde se formou como bacharel e fez o curso de pós-graduação na língua inglesa.

DR. ROBERT L. LORBER é presidente da Lorber Kamai Consulting Group, criada em 1976. A empresa implementa sistemas para incrementar a produtividade em empresas dos cinco continentes. A lista de clientes da Lorber Kamai Consulting Group inclui empresas como: Kraft Foods, Santa Fe International, Teichert Inc., Occidental Petroleum, Gillette, Sutter Health, American Express, Mattel, AlliedSignal, Raley's, VSP, Maxtor, ETS, Wells Fargo, Pillsbury, Pfizer, Kaufman e Broad, Tower Records, e diversas outras empresas de porte médio, além de empresas constantes da lista das 500 empresas da *Fortune*.

O dr. Lorber é um especialista com reconhecimento internacional e autor de livros publicados sobre treinamento de executivos, administração de desempenho, trabalho em equipe, cultura e estratégia de desenvolvimento. É uma das principais fontes utilizadas por CEOs e diretores-executivos no mundo. Além disso, é coautor dos *best-sellers Putting the One Minute Manager to Work*, de acordo com a lista dos livros mais vendidos do jornal *New York Times*, que escreveu junto com o renomado consultor na área de administração — dr. Ken Blanchard; *One Page Management,* em coautoria com o dr. Riaz Khadem; e *Safety 24/7* com Greg Anderson. O dr. Lorber é um reconhecido palestrante profissional que faz apresentações para públicos de empresas de fins lucrativos, bem como não-lucrativos, ao redor do mundo.

O dr. Lorber trabalha com inúmeros conselhos de administração sobre governança corporativa e com participação efetiva nos conselhos. Atualmente, ocupa o cargo de *chairman* do Conselho Consultor da Reitoria para a Escola de Administração da University of California em Davis; do Conselho de Visitantes da Escola de Medicina da UC em Davis; e de vários outros conselhos corporativos de empresas com fins lucrativos e sem fins lucrativos, a exemplo de instituições como: Tower Records,

The Blanchard Companies, Basic American Industries, The Hugh O'Brian Youth Foundation, The Sacramento Region Community Foundation, Sukut Construction, Sacramento Entrepreneurship Academy, LeadershipTraq, J&M Realty, e o Board of Governors do Ukleja Center for Ethical Leadership.

Além de suas atividades relativas ao treinamento de executivos, consultoria e como escritor e palestrante, o dr. Lorber é professor da Escola de Administração da University of California em Davis, onde se formou e ministra dois cursos sobre liderança. O dr. Lorber recebeu o título de mestrado em Sociologia e de doutor em Psicologia Organizacional. Atualmente, mora em Davis, na Califórnia, com sua esposa Sandy e suas três filhas, Tracie, Lindie e Kaylie.

Rua Serra de Paracaina, 716 – Moóca - São Paulo – SP – CEP 03107-020
Fone/Fax: (11) 3341-6444 - Email: vendas@hrgrafica.com.br
www.hrgrafica.com.br